カウンセリング・スキルを学ぶ
個人心理療法と家族療法の統合

平木典子 著

金剛出版

はじめに

　戦後，アメリカから日本にカウンセリングという言葉と実践が導入されて50年以上が経ち，特に最近10年ほどの間に，日本ではカウンセリング・ブームとも言えるような現象が起こっている。当初，その名さえごくわずかの専門家にしか知られていなかったことを考えると，最近のカウンセラーという言葉の多用，その仕事の人気，多様な場におけるカウンセリング活動の開花は，その働きだけでなく相手の身になって援助しようとする人間尊重の精神の広がりとして，ある意味で喜ばしいことである。

　一方，カウンセリング活動が盛んになったことの裏には，幸か不幸か，そのような心理的支援を必要とする人々が増えたことを意味している。不登校・ひきこもり・落ち着きのない子・集中できない子の増加，いじめ・非行の凶悪化，青年たちの無気力化・心理的問題の身体化，離婚・子女虐待・自殺の増加など，社会的・経済的不安をも反映したメンタルヘルスの問題は後を絶たず，さまざまな場でカウンセラーの対応が求められるようになった。また，カウンセリングという言葉で始まった支援は，心理療法という言葉で理解されている援助とともに，いまや専門家による高度な心理的支援として誰もが認めている。

　筆者がカウンセリングの学習を始めた1960年代の初頭，日本では専門家の間でも，カウンセリングとは来談者中心療法のことだと受け取られ，精神分析は医者の特許といった印象を持たれていたことを考えると，現在の多様な発展には目を見張るものがある。

　ただ，日本の心理臨床・カウンセリングは，日本独自の理論・技法の開発も含めて，臨床家の実践力，指導者の指導力・研究力など，他の心理臨床の先進国に大きく水をあけられていることも確かである。また，欧米に比べて偏った発展の仕方をしていることも否めない。たとえば，欧米では，1960年代に心理臨床家のパラダイムに大きな変換を迫ったとされている家族療法のものの見方が，日本に導入されて10年以上もたった1980年代になってようやく注目され始めていたり，心理療法の多様な理論の戦国時代と目されていた70年代に，日本では，それまで紹介されていたいくつかの理論を後追いすることに精一杯

であったりするなどである。

　このような後れや偏りは，相談とか臨床のような仕事が，親切で，人当たりのいい人の行う善意のサービスと受け取られやすい日本文化を反映していることにもよるところがあるが，心理臨床家にも責任がないわけではない。たとえば，日本における来談者中心療法が，アメリカのカウンセリングの歴史的背景抜きに，また，その創唱者の心理学・精神分析学の深い造詣の理解なしに，いきなり態度と精神だけを強調した形で紹介され，長期にわたって支持され続けたこと，また，心理臨床家の活動や訓練がある流派の理論内にとどまり，隣にある重要な理論や実践を無視したり，周囲の他の学派の営為を軽視したり，敵対視したりして，学会やオープンな場における多様な理論や技法の論争や切磋琢磨が少なかったことなどを指摘することができるだろう。

　かく言う筆者も，ふと立ち止まってふりかえると，その無責任の一端を担っていることに気づかされる。心理臨床の世界に足を踏み入れて40年あまりの間，心理臨床の仕事とは，たとえ市井の片隅でひそかに実践されようと公開されようと，常に相手に対して最良の営為であるべきことに変わりはないことを実感してきた。また，それゆえにこそ，より効果的な支援の術を自分の中にも探り，周囲からもとりいれてしかるべきであると思っていた。しかし，一人の臨床家の働きが，心理臨床の世界に広く影響を与えうることや心理臨床の発展にも責任を負っていることに思いを馳せることは，筆者にとって容易ではなかった。むしろ，臨床の実践現場から臨床家の養成にかかわらざるを得なくなってはじめて，日本の臨床の後れと偏りにあせりを感じ，そこにも責任があったことに，遅ればせながら思い至ったというのが正直なところである。

　本書は，筆者にとって最初の論文集である。上記のようなことに多少とも責任を感じたころから書き始めた個人療法と家族療法の理論・技法を統合する試みにかかわる論文を中心に収めてある。

　第Ⅰ部は，個人療法と家族療法の統合の視点からあらためてカウンセリングとは何か，カウンセリングの実践を担う基本的な考え方と理論はどのように整理・統合され得るのかを論じたもので成り立っている。カウンセリングの理論的統合，カウンセラーの基本的姿勢・倫理などに関心のある方たちがお読みくださることを期待している。

　第Ⅱ部は，技法編ともいえるもので，実践に関心のある人は，むしろこちらから読み始めて欲しい。筆者の実践例を中心に，個人療法と家族療法の接点や

個人療法から家族療法への実践上の移行を探る論文，技法の活用，そして家族療法の視点から見たカウセラー・トレーニングに関するものから成り立っている。筆者が個人療法から家族療法へ移行する時期の家族療法の初心者が体験する困難や失敗について書いた論文，初心者が実践するに当たって身につけるべき基本的なアプローチについて事例を取り上げながら記述したものなども含まれている。後半では，特に同じ症状に対して個人療法と家族療法ではどのようなアプローチの違いがあるかを検討した論文を収めた。また，「家族ロールプレイ」「危機介入事例のスーパーヴィジョン」の項では，家族療法の視点の豊かさは，カウンセラーの訓練にも広がることを紹介した。

　本書の成立は，金剛出版の立石正信氏の勧めによる。立石氏には論文の選択と構成，細かな編集作業に多大のご支援をいただいた。孤独な一人作業を続けてきた一臨床家のつたない歩みをこのような形であらためてふりかえり，心の引き締まる機会を与えていただいたことも併せ，心から感謝申し上げたい。

　2003年6月

平木典子

目　次

はじめに …………………………………………………………… 3

第Ⅰ部　カウンセリングの考え方

1．カウンセリングの話 …………………………………………… 11
2．統合的心理療法──関係療法中心の統合の試み── ……… 26
3．家族臨床：私の見立て──統合的心理療法の視点から── … 44
4．カウンセラーにおけるジェンダーの問題
　　　──隠された家族病理── ………………………………… 50
5．アサーション・トレーニングの理論と方法
　　　──青年のための対人スキルトレーニング── ………… 66
6．カウンセラーからみたしつけ ………………………………… 76
7．カウンセラーとクライエントの間隙
　　　──治療者の孤独と葛藤── ……………………………… 86

第Ⅱ部　臨床現場における実践

8．家族の問題とカウンセリング ………………………………… 95
9．家族療法の過程と技法──初期面接を中心に── ………… 107
10．家族ロールプレイⅠ
　　　──家族療法家のための教育分析の試み── …………… 129

11. 家族ロールプレイⅡ
　　　──家族療法家の教育分析の事例── ………………145
12. 個人心理療法と家族療法の接点
　　　──大学生のカウンセリング事例── ………………163
13. 家族の発達課題とカウンセリング
　　　──一女子学生の同棲をめぐって── ………………179
14. 摂食障害とカウンセリング………………………………188
15. 家庭内暴力のカウンセリング …………………………200
16. 夫婦面接，その留意点・工夫点
　　　──家族療法・多世代理論の視点から── …………208
17. 危機介入事例のカンファレンスとスーパーヴィジョン ……232

あとがきに代えて──変われないことを受け容れること── ……246

初出一覧 ………………………………………………………249

第Ⅰ部
カウンセリングの考え方

1. カウンセリングの話

　本論は，あるカウンセリングの研修会で「カウンセリングの話」として行った講演をもとに書き改めたものである。筆者は同名の著書『カウンセリングの話』(1989) で，主として個人療法の考え方と理論を紹介したが，本論では1980年代後半のカウンセリング界の新しい展開を含めて，筆者がこの10年ほどカウンセリングのエッセンスとして，また心理臨床の姿勢として大切にしてきたことを四つの視点から概説的にまとめることにした。各項目の詳説は他書に譲ることとし，本書の導入として，また筆者の志向性として一読していただければありがたい。

Ⅰ　カウンセリングの基本的考え方

1．認知の個別性を認めること

　第一の柱として特に強調したいことは，ものの見方，考え方の個別性・独自性を認識することである。

　人間はある程度共通の認識能力を持って生まれてきてはいるものの，一人ひとり別々の認知の世界に生きている。つまり，ものの見方は個人個人違うということであり，物や出来事は客観的に存在するにしても，人はそれらを同じようには受け取らないと考えることが重要だということである。

　たとえば，ある人は「私のお母さんは文句ばかり言って，やさしく面倒を見てくれない人だった。私はいつも一人ぼっちだった」と言ったとしよう。では，現実に母親は子どもを一人ぼっちにして，まったく面倒を見なかったかというと，そんなことはないだろう。母親なりに苦労もし，面倒も見たという可能性もあるだろう。

　個人は自分の認知の世界に生きているので，その人が体験し，その人が自分の世界として受け取ったものを経験として生きる。つまり，それまで身に付けてきた自分なりのものの見方で受け取った世界がその人が生きている世界であり，それがその人にとっての真実なのである。その世界を心理学では心的リア

リティ，あるいは心理的リアリティという。

先ほどの例で，母親が厳しく，冷たいと思っている人はそういう心的リアリティの世界に居るわけであるが，母親は冷たくする気はなかったかもしれないし，面倒を見ていたつもりかもしれない。両者は，それぞれの体験と思いで相手や自分を理解しているわけであるが，人を理解するには，その人の内的世界，つまり心的リアリティを理解することが重要であり，そのような理解の仕方の元となるのが「共感性」である。

ロジャーズ（Rogers, C.）の果たした役割の現代的意味の復活は，その個別的な心的リアリティの世界を，人間一般についての理論からではなく，また，ある心理療法の理論からでもなく，その人の視点から，その人の身になって見，感じようとする共感性を強調したことであろう。

今，カウンセリング・心理療法では，世界は一人ひとりの経験とものの見方で切り取られて理解され，すべてはその人の色眼鏡で受け取られていることを前提として面接が進められている。その意味で，人間の目で見ている限り真実は一つではなく，人の数だけあるということができるし，カウンセラーを含めてその交流が人間関係を作るということである。

2．ゲシュタルトを見ること

第二の柱は，ものごとをゲシュタルトとして捉えることの重要性である。ゲシュタルトとは「全体性」という意味であるが，ものごとは全体として，また文脈の中で理解しようとすることが必要だということである。

前節でも述べたように，われわれは非常に主観的で，体験的な世界に生きているのだが，同時に，その体験は常に全体の文脈の中で行われている。

ゲシュタルト心理学は，われわれの体験は，全体的な認知の中でつくられていることを明らかにした。「ルビンの壺」という図を見たことがあるだろう。真中のくりぬかれた白い部分は壺のように見え，外側の黒い部分は顔が向き合っているように見える。つまり，人はこのように全体を見てものを把握するのであり，ゲシュタルトとはこれを指す。白い壺を見ているときは，周りの黒い部分（人の顔に見えるところ）は背景になり，顔を見ている時は，中の白い部分は背景になって後ろに下がる。

つまり，この図は，人間は一つのものを一つのものとして見ているのではなく，全体との関係の中で見ていること，中心の図になる部分と背景を一つのま

とまりとして見ていることを示している。また，人は，図と地（背景）をそのときの必要に応じてうまく入れ替えて，見たいものを見ていることをも示していることになる。その入れ替えが自由な人は，いろいろなものが見えるということでもある。

しかし，われわれの認知は，常に全体を把握することはなく，必要なものを必要なときに見るという構造にもなっている。必要に応じて見たいものを見ることなしには，人はものを覚えたり，考えたりすることはできないだろう。逆を言えば，見たいものを見ることが強化されて認知がつくられていくということでもある。

子どもが，「私のお母さんは厳しく，冷たく，私の面倒は見てくれなかった」と言うとき，その子には母親の厳しく，冷たいと思われる行動が図になって，やさしく面倒を見てくれた動きは地（背景）に追いやられていたかもしれない。母親がその子の要求に応じてないかもしれないが，いつも意地悪をして冷たくしていたかどうか，母親の側に立ってみると違うかもしれない。必要なときにその子の認知の図になるほどのやさしさを示してなかったかもしれないが，母親は異なった図を持っていた可能性は大きいのである。

カウンセラーは，物事を見るとき，図と地の両方が見えるようになる訓練をする必要がある。特に，目前の人が図として訴えていることを共感的に理解しながら，同時にその人の地となっているものは何か，地として遠ざけているものにどんなことがあるか，その理由は何かについても理解しようとすることで，相手の地に意味があることがわかるかもしれない。

人間関係の専門家とはいえすべてを見ることはできない。ただ，悩みや問題に巻き込まれた人よりも，地の部分を図にしてみることがより容易であるだろうし，そこに解決のヒントがあるだろう。ただし，それが相手の地の中から見えてくることが重要であって，カウンセラーの図を相手の地として押し付けても，解決どころか葛藤が生じるだけに終わるかもしれない。共感的理解が前提となって，地の部分への関心が広がることを覚えておきたい。

3．専門知識を得ること

上記の第一，第二の柱が，主として人間の生存にかかわるカウンセラーの人間としての姿勢・態度の基本だとすると，第三，第四の柱は，カウンセラーの職業上の専門性にかかわる基本である。つまり，カウンセラーは，専門職とし

て，カウンセリングの知識と技能を修得する必要がある。詳しくは次の章で改めて述べるが，カウンセラーは，先人が蓄積し，有効だと認めてきたカウンセリングの理論を学び，実践に備える必要がある。カウンセリングに必要な専門知識には，心理的発達理論，カウンセリングの諸理論，そしてわれわれが生きている社会の状況を理解するための理論などが含まれるだろう。

　援助にあたっては，個人がどの発達段階にいて，病理も含めてどこが阻害されているか，どういう特徴を持っているか，どこに援助の手を差し延べればよいかを見極める必要がある。また，カウンセリングの諸理論とは，心理的援助の理論であり，心のメカニズムを含め，心理的な働きかけがどのような効果をもたらすかということに関する理論である。

　さらに，個人は社会の中の存在として生活し，問題にかかわっている。20年前に生きていた子どもの援助と現代に生きている子どもの援助は違って当然であろう。一見，機能不全と思われる個人や家族が，社会の機能不全を表現し，それを訴えているかもしれない。それをどう見極め，どう援助するのか，全体像をつかみながらカウンセリングの方向を考えることが，カウンセリングの専門性であり，「見立て」の問題にもつながってくるだろう。

4．専門的介入のスキルを身につけること

　見立ての次に必要な専門性は，クライエントへのかかわり，専門的な介入の技法修得と選択力の洗練である。介入とは，治療的・教育的変化を起こすカウンセラー側からの働きかけを言う。つまり，問題や症状を持っている状態には変化をもたらすことが必要であり，その状態に対してどのような治療的・教育的な変化へのかかわりや専門的な介入があるかを検討し，選択することである。

　カウンセリングにおける介入とか技法の活用については，1と2の柱ともかかわって万全の注意が必要である。人間観や倫理観の後ろ盾なしに技法やスキルが一人歩きすることのないよう学習・訓練の中でも，臨床実践の中でも慎重でありたい。技法や介入とは，自分の思い通りにクライエントを変えるために活用するのではない。クライエントの必要に応じた変化のために適切に技法を活用できるようになることは，専門家として必須の訓練である。

Ⅱ　カウンセリングの専門知識

　第三の柱であるカウンセリングの専門知識については，その基本となる個人理解，関係理解，社会理解のための指針となる理論について目次的に述べる。章末にあげた参考文献などにあたり，自分の臨床の知として活用できるまで習得することを勧めたい。ただし，個々の理論については，筆者の臨床の柱となっている理論を専門領域のヒントとして取り上げてあり，読者各人の依拠する他のものを選ばれることを妨げるものではない。

1．マーラーの「母子関係の理論」

　先にも述べたように，カウンセリングを行うには，個人の心理的発達に関する知識は不可欠であり，人間の一般的，普遍的な心理的発達の理論を人間のパーソナリティ理解の基礎として学んでおくとよい。自分の参考にできるものであれば誰の理論でもよい。それが正しい発達を示すからというより，それを自分の人間理解の一つのよりどころとしておくことで，さまざまな比較検討ができ，対人理解を進めやすくするからである。

　その一つとして，「分離-個体化の理論」として知られているマーラー (Mahler et al., 1975) の人間の初期発達理論は参考になると考えている。彼女は精神分析のバックグラウンドをもっていて，フロイトの発達理論を基本に置きつつフロイトが詳しく述べてない3歳以前の子どもの心理的発達について，観察研究を基にした理論を展開している。特に，子どもの母親とのかかわりによる0歳から3歳までの発達のプロセスについての詳細な観察とその理論化は，言葉を話すことのない子どもの心の世界がどのように形成されていくかについて，臨床家が想像を働かせるための基本を与えてくれていると思う。

　「三つ子の魂百まで」などといわれるが，それが宿命的に現在に影響するというより，母親，あるいは重要な他者との関係で培われる子どもの心理的発達が，その後の他者とのかかわりの基本として，また，人格障害などの理解を進める上で大きく貢献をしたことは見逃せない。

　もちろん，乳幼児期の心理的発達の探求はさらに進められており，これだけがすべてではない。ただ，より複雑な養育環境にある現代の子どもたちにも母親を父親，他の養育者（たとえば保育士など）に代えて理解して見ることで，

クライエント理解に十分役立つことは確かであり，心理療法の基礎として是非学習しておくことを勧めたい。

2．エリクソンの「生活周期の理論」

3歳までの母親を代表とする周囲とのかかわりについてマーラーから学ぶとすれば，エリクソン（Erikson, E.H.）からは，一生を通じての人間の心理的発達について，一つの見方を学ぶことができる。エリクソンもまた精神分析を基礎として人間の発達を考えた人であるが，人が生まれてから死にいたるまでどのような心のライフサイクルをたどるのか，そして，それぞれのライフステージにおいてどのようなことを経験し，獲得していくのかを漸成理論としてまとめている。エリクソンの理論の中で有名なのが「青年期のアイデンティティの確立」「モラトリアム」といった心理的自立にかかわる考え方である。それが現代の青年に適応できるかどうかはさておき，心の機能が年齢に応じて漸次的に形成されるという考え方は，クライエント理解や臨床実践に大いに役立つであろう。

ただ，マーラーは3歳まで，エリクソンは青年期までと老年期の発達には詳しい理論化をしているが，二人の理論だけでは成人期についての解説が不十分である。それを補う理論が家族の発達理論である。

3．「家族の発達」理論

上記の二者が精神分析理論を中核にした個人の心理的発達論を展開したのに比して，成人期の発達を含めて関係の発達について理論化したのが家族療法家たちである。「家族の発達」理論では，人間は個人としてパーソナリティを発達させるだけでなく，関係の中でも個人の資質と環境との相互作用をくり返して発達課題を達成していくと考える。

家族の発達については，家族療法の特に多世代理論の中で重視され，家族理解に有効な視点を提示している。家族療法では，家族を一つのまとまった単位として成長・発達するものと捉える。つまり，個々に発達する個人が集まったものが家族ということではなく，家族は集団としても成長・発達すると考えるのである。集団力学や集団心理療法の集団の発達という考え方を家族という小集団に適用してみると，集団の発達段階が独自の要素と性質を持ち変化していくことが想像できるだろう。

家族は，人数の変化はありながらも，集団として長い期間，同じ場を共有して過すので，個人の顔が一人ひとり違うように，家族集団も違った顔をつくって変化していく。個人は家族に影響も与えると同時に，影響も受けて，さらに相互作用の中で家族全体も変化するのである。また，家族は個人や家族全体に役に立つ力を発揮することもあるが，機能不全に陥ることもある。
　パーソナリティにさまざまな発達があるように，家族関係にもさまざまな発達がある。個人はその関係の問題で躓き，関係の問題にかかわっている。個人の成長にかかわる過去の家族の影響や関係だけでなく，幾世代もの歴史を経て存在する今・現在の家族の関係や問題を理解することは，個人・家族の問題に取り組む基本的枠組みとなるだろう。さらに，家族の発達の中でも家族関係が最も複雑な親世代の成人期を子どもの成長に応じていくつかの段階に分けて理解することができることは，家族を見る上でも，そこに属している個人を見る上でも現実的な視点を持つことができる。クライエントを個人としても，社会的存在としても理解する手がかりともなるだろう。
　家族の発達と発達課題については，カーターとマクゴールドリック（Carter & McGoldrick, 1999）が3度にわたる改訂を経て，現代の家族の変化をも見据えた家族ライフサイクル論を展開している。訳書はないが，簡単な解説の一つとして筆者のものを参考にされたい（平木，1998）。

4．個人と環境とのかかわり

　このように考えてくると，個人は真空の中で生きているわけではなく，生まれた直後から他者に依存する社会的な存在として，環境とのかかわりの中で生きていることに気づかされる。
　一般に不登校の子どもについての見方には，およそ二通りある。
　第一は，学校にこなくなったことはその子の問題であると捉える見方である。この見方から支援の方向を考えると，その子が登校できるようになるためには，その子が不登校の問題を解決すべきだということになるだろう。このように考えると，その子の問題とは何か，勉学，対人関係，行動傾向，性格などなど，その子のさまざまな問題を探ることになり，遺伝子までさかのぼって問題にしなければならないかもしれない。つまり，個人の問題はあくまで個人の問題として見て，その人が問題を解決する必要があると考えることになる。
　第二の見方は，その子どもが不登校になったのは環境の問題だと捉えること

である。そのような問題をもたらす原因は，学校，家庭，社会など，さまざまなものがあると考え，そちらが変わることが必要だとする。このような見方をするとき，親は，不登校の原因は学校にある，先生の教え方が悪い，クラス運営が下手，いじめがあるなどと思い，一方教師は，親の育て方が悪い，過保護，過干渉，放任，しつけの欠如などと親を責めるといったことが起こる。このような考え方をしている人は，問題はその人が解決することではなく，周りが変わるべきだとする。

　この二つの見方は，一見異なったものの見方であるようだが，ものごとの捉え方としては同じである。つまり，問題にはそれに影響を与える直接・間接の原因があり，それを取り除くか，変えれば問題は解決するといった捉え方である。このようなものの見方をすると，現実の生活の中では，問題の原因探し，問題に影響を及ぼした言わば犯人探しをすることになるだろう。そして，原因探しをしていくと，個人の遺伝子の問題や社会の体制の問題に行き着いてしまうことになる。それが問題だとわかったとしても，現実の生活の中で問題解決に取り組むことは困難である。個人と環境のかかわりについては，次のような見方をすることが必要になる。

5．ものごとをシステムとして捉えること

　近年，心理療法の中でも徐々に認められてきた家族療法（平木，1998）は，ものごとをシステムとして捉えることの重要性を発見して，問題の原因探しによる問題解決が徒労であることを示した。つまり，問題は個人や環境に一方的に依存して起こるのではなく，個人と環境の関係に注目する必要があることを強調したのである。

　AさんとBさんが，それまで過してきたそれぞれの環境（たとえば実家）では何の問題もなかったとしても，二人がかかわりをもつ（たとえば結婚する）と問題が起こることがあり得る。つまり，個人が問題を持っていたから問題が起こるわけではなく，かかわりが問題を引き起こすことがあるのである。極端な言い方をすると正常と思われた者同士でも問題は起こりうるし，異常同士でも問題は起こらないかもしれないといってもいいほど，関係が問題をつくることがあり，その側面からも問題を見ることが重要なのである。

　上記AさんとBさんを例として考えて見よう。結婚して一緒に生活を始めた途端，お互いに相手を責めるような問題が起こりうる。妻は，夫のことを「こ

の人は何のために家庭を作ろうとしたのかわからない。毎日夜中に帰宅し，家庭生活はまったくないも同然。早く帰ってくるよう言っても，一向に変わらない」と言えば，夫は「自分は家族のためにがんばって働き，疲れて帰ってくるのに，妻は全然わかってくれない。労うどころかふくれっ面をして文句を言うようなところを家庭とは思えない」と言う。妻は「ちゃんと帰ってくれば，文句など言わない」と反論し，夫は「仕事なんだから仕方がないだろう。にこやかに迎えたらどうだ」となる。

　お互いに相手に対して「あなたが変われば私は変わる」と言って，こんな生活になっている原因はお互いに相手にあると思っている。この夫婦の本心は，二人とも和やかに，落ち着いた生活がしたいのだろうが，そのためには，相手が変わるべきであると考えている。もちろん，どちらかに同意すれば問題解決になるが，同意できないとき，同じ反論をエスカレートさせているだけでは，本来の「和やかな家庭を作る」という目的から離れて，言い募る相手を問題と見るようになっていくだろう。つまり，かかわり方が問題をエスカレートさせていることになり，関係が作る問題が生まれていくのである。

　こじれた関係の問題が，最初は日常の瑣末な出来事への対処の仕方の葛藤から始まり，相手の問題へ，相手への苛立ち，憎しみへとエスカレートしていることは多い。本人たちは，それがいつ始まったかも自覚してないほどであるにもかかわらず，問題は一緒にやっていけないといった結果になることもある。関係の問題は，かかわっている人がいつのまにか作っている問題であり，どちらか一人の問題ではない。解決法は関係の仕方をエスカレートさせないようにすることにある。つまり，妻の「夫が遅く帰ってくることが原因」とする考え方と「文句ばかり言っている妻が原因だ」とする夫の考え方のどちらが正しいかを判定することが問題解決につながるのではなく，そのような葛藤のある問題にどのようなかかわり方をするかが先決となる。関係の問題は，かかわり方そのものが作る問題であるので，誰かに，あるいは誰かの言動に原因をたどろうとしたり，原因を見つけようとしたりするだけでは，問題の人を作るだけである。つまり直線的因果律で問題をみても解決の糸口は見つからないのである。むしろ，相互に影響し合っている要素の相互作用の中に解決の手がかりがあるだろう。

　ものごとをシステムとしてみるということは，相互にかかわりあったものごと，人々の相互作用をみようとすることであり，問題の解決にはそこにも視点

を注ぐことである。

6．症状・問題の意味を多面的に考える

　カウンセリングには問題や症状を持った人が，それを解決しよう，なくそうとして訪れる。簡単に言えば，その問題や症状がなくなることを願って，カウンセリングという援助を求めるのである。しかし，カウンセラーは個人が表現している症状や問題をすぐなくすことが援助だとは考えない方がよい。症状や問題には一つ以上の意味があるからである。

　第一の意味は，SOSだと見ることであろう。問題や症状は，多様な意味合いを含んだ「助けてほしい」という信号である。たとえば，不登校，摂食障害，その他の子どもの症状や問題は，その問題を治してほしいという信号であることは確かである。ただ，加えて，そこに象徴される他の意味も含まれている。

　たとえば，時にはその症状で自分を守っていて，すぐ症状を取り除くことを望んでいるとは限らないこともある。学校に行かないことによって学校で傷つくことや親への不満を訴えている可能性があり，そうであれば，すぐさま学校に行かせようとすることは，自分を守るすべを失うことになるだけでなく，周囲へのSOSを受け取ってもらえてないことになる。一方，学校に行かないことは勉強の遅れ，友人関係の欠如を招いていることでもある。親や教師の立場に立つと，この問題のほうが大きく見え，遅れをとらないようにと積極的に対処する道を勧めることになりやすい。

　子どもが問題や症状で訴えていることが，単純にその問題や症状がなくなればいいといったことだけではないとすると，その意味を探り，子どもが必要としていることを見極めてから，援助の方法を決める必要があるだろう。その結果，学校に行けるように直接働きかけるよりも，子ども自身の対処する力をつけることに時間をかける必要がある場合もあれば，子どもの環境調整に力を貸すことによってすぐさま問題に対処できることもあるだろうし，その両方が必要なこともあるだろう。

　さらに，子どもたちは問題や症状によって，自分の問題のみならず，より大きな問題を訴えている場合もある。「助けて！」という信号は，親，教師のみならず世の大人に，あるいは社会に，「これは自分だけの問題ではないのだ」と問題提起しているかもしれない。

　学校で友達ができないとか，つきあいが下手といった問題は，その子の性格

や対人スキル，それまでの親子関係などの問題を示している可能性があると同時に，遊ぶ場や時間の少なさ，一人遊びの道具の普及，受験競争や課題達成優先の社会にもの申しているかもしれない。現代社会のしわ寄せを受けた子どもたちが問題や症状で問い掛けていることは，自分がこの社会に適応することはおかしい，社会が変わるべきであるということかもしれない。

　カウンセラーは，症状や問題行動が何を意味しているのか，表からも裏からも考え，問題を多角的に見る目を養う必要がある。問題や症状は本人を苦しめないよう除去する必要はあるだろうが，同時に，除去する前にその問題がカウンセラーを含めて周囲に問い掛けている意味を理解し，それも含めて問題の解決を支援しない限り，的外れになることを心得ておく必要があるだろう。

7．家族と社会の変化の中で考える

　上記のことからも推察されるように，問題や症状を示している個人は，家族，それを取り巻く社会の影響を受けながら，同時に環境に働きかけて生活している。ということは，個人を取り巻く社会，つまりラージャー・システムを無視して個人の問題を理解することはできないということである。

　たとえば，家族の変化は，子育てに大きな影響を及ぼしている。核家族化という現代の家族生活の形態は，小回りのきく，かかわりが見えやすい，コントロールのしやすい小集団ではあるが，家族全体の力の低下を招いてもいる。支援が得やすい余裕のある子育ては，複雑で，時には面倒な人間関係があっても，ネットワークが広いコミュニティのほうがやりやすい。育児不安や虐待などの現象は，母親だけの問題ではなく，家族の力が弱くなったことの一つの表現であり，核家族化の影の部分であろう。

　それに加えて，現代の能率と競争優位の職業生活は，父親，あるいは親が家族の外でほとんどのエネルギーを使い果たす状況をつくっている。周囲の支援が得にくい核家族で，母親一人，あるいは親だけの力で家族を支えるには，これまで以上のエネルギーが必要であるにもかかわらず，それが家族の外に注がれているという現実は，社会が少子化のみならず，育児や養育の問題をつくり出す温床になっているともいえるだろう。

　それに加えて，競争社会は偏差値で人を輪切りにして評価する傾向に拍車をかける。人間の価値を測る尺度は偏差値だけではないにもかかわらず，あたかもそれだけであるかのごとき錯覚を子どもたちに植付け，幼稚園から知的能

力・あるいは記憶力偏重に駆り立てる教育は，心の柔軟な子どもたちにとってはもちろんのこと，人間本来の生き方を大切にしようとする人々の葛藤の源になっていると考えられる。

個人の問題や症状は，より広い環境との関連なしには考えられないことが上記の例でわかるように，カウンセラーは個人が問題・症状として表現していることが個人の状態を訴えていると同時に，変化する家族や社会の状態を示唆していると捉える必要のあることを心得ておきたい。

以上述べた7項目にはカウンセリングの理論は含まれていない。この他，カウンセリングの専門知識としては，カウンセリングの方法論を含めて，自分のカウンセリングの基本的アプローチを選択し，習得する必要がある。

それについては，著者の支持する理論を含めて本書の第2章以降で触れていくつもりである。

Ⅲ　カウンセリングの技法

カウンセリングの技法は専門知識ともかかわる問題として，次に，カウンセリングの技法の選択について，その基本となる筆者の考え方を述べることにしたい。

一般にクライエントは，症状や問題を何らかの痛みや苦しみ，あるいは悩みとして体験し，その苦しみや悩みから開放されるべくカウンセリングを受けようとする。つまり，カウンセラーは，クライエントが悩みや苦しみの元と考えている症状や問題を取り除き，苦しみや悩みから開放してくれる助けをする人として期待されているといえる。

カウンセリングは，クライエントの立っているところ，言わば主訴から出発することが基本であるので，カウンセラーはクライエントがどのような問題をどのように捉え，どのように援助してもらいたいと思っているかを理解する必要がある。つまり，クライエントはどのように苦しみ，悩んでいるか，その元や原因についてどんな捉え方をしているか，そしてどんな援助がしてもらえると思っているかを知ることである。その結果，問題によって，捉え方によって，援助法によって，カウンセラーは引き受けない決断をすることもありうる。簡単な例をあげれば，あるクライエントが，家族関係で悩んでいて，家族関係を

修復するために家族療法を受けたいと望んでも，カウンセラーが家族療法をしない人である場合，引き受けない可能性があるだろう。

初回のコンタクト，あるいは面接については，他の章で詳しく述べることになるが，その意味で，面接の契約には主訴と援助法の確認が必要になるということである。

カウンセリングの方法や技法は，カウンセラーの依拠する理論によって異なり，理論に沿った技法の活用が必須であるが，さまざまな理論と技法を大きくまとめると二つの方向性があると考えることができる。その一つは，個人の変化を促す技法であり，もう一つは関係の変化を促す技法である。

1．個人の変化を促す技法

問題や悩みは何であれ，仮にクライエントが自分の変化を望んでいるとするならば，個人の変化を促す方法が活用できる。

活用できる理論・技法の中には，精神分析や来談者中心療法，論理療法，認知療法など個人の内的世界の現実（intra-psychic reality）を変える助けをするものと，行動療法，森田療法，遊戯療法など具体的な行動の変化を促すものがある。

前者は個人の認知や行動の癖や深い意味，影響などを知ることで，それまで見ていた現実を異なった見方で見られるようになったり，それまでとは異なった受け止め方ができるようになったりして，結果的に行動が変わるといった方向を取る。後者の場合は，クライエントが具体的に変えたいと望んでいる行動を変えるための方法を具体的に提示し，プロセスをフォローしながら，変化を援助していく。行動が変化することによってものの見方や考え方が変わるという影響も出てくる。

つまり，個人の認知の変化は行動の変化に，行動の変化は認知の変化に循環的に影響を及ぼし，両者は相互作用の変化を促していく。さらに，個人の変化はその人を取り巻く人々にも影響を与える可能性があり，個人が変われば関係も変わる可能性もでてくる。

個人へのアプローチの中には，認知や行動の変化を促す前に，個人の傷つきや痛みを癒す必要がある場合や過去の体験などを語る必要がある場合があって，そのための技法も多く開発されている。

技法の選択には，このような循環的変化の相互作用の中で，カウンセラーは

クライエントの主訴や希望とどこで折り合いをつけ，どこの変化を起こすことにかかわればいいのかに関係してくるだろう。

2．関係の変化を促す技法

心理療法とは，その歴史が始まってほぼ50年の間，個人の内的変化を促して問題や悩みを解決する方法であると考えられてきた。結果的にはそれは行動や関係の変化につながっていることがあるため，心の内なる世界の変化で問題は解決すると受け止められていたと考えることができる。

ところが，50年の間には，内的な世界を語らない人や語れない人，あるいは行動の変化を望んでいる人がいること，また他者の影響や関係の悪循環が個人の変化を阻害していることなどがあることがわかってきた。

心理学が行動の科学として再考されたり，人間関係の相互作用の中で起こる問題があることが確認されたりするに及んで，相互影響関係の世界を心理療法に取り入れる必要が生じてきた。

先に述べた個人と環境とのかかわりの循環性やものごとをシステムとして捉える見方の導入によって，心理療法は個人の変化を促して関係の変化につなぐ方法だけでなく，いきなり関係の変化を促す方法の開発へと広がっていった。

その代表的なものが，家族療法，コミュニティ・アプローチなどである。先にも述べたように，関係がつくる問題，関係の悪循環などは，かかわっている者たちがその現実を認識し，よい循環をつくるべく言動を変化させる試みをすることで問題解決に至ることがある。心理療法は個人の訴えから始まることが多いが，その個人は環境との関係の中に生きていることを視野に入れ，関係の中には豊かなリソースもあることを認めて，技法の選択を図ることが重要である。

本論は，筆者がクライエントのニードとカウンセラーの支援法のマッチング上，人間の問題の捉え方を個人療法と家族療法の統合に求めたことのエッセンスである。読者が心理療法の中で，どこに介入や支援の視点と方法を定めるかを探るヒントにしていただければ幸いである。

文　献

1) Carter, B. & McGoldrick, M. (ed.): *The Expanded Family Life Cycle ; Individual, Family, and Social Perspectives* (3rd ed.). Allyn & Bacon, Boston, 1999.
2) Erikson, E.H.: *Childhood and Society* (2nd ed.). Norton, New York, 1963. (仁科弥生訳：幼児期と社会 I・II． 1977, 1980.)
3) 平木典子：カウンセリングの話．朝日新聞社，1989.
4) 平木典子：家族との心理臨床．垣内出版，1998.
5) Mahler, M.S., Pine, F. & Bergman, A.: *The Psychological Birth of the Human Infant; Symbiosis and Individuation*. Basic Books, New York, 1975. (高橋雅士，織田正美，浜田紀訳：乳幼児の心理的誕生——母子共生と個体化．黎明書房，1981.)

2. 統合的心理療法
──関係療法中心の統合の試み──

はじめに

　心理療法の歴史の中で，1980年代は，ポストモダニズム・社会構成主義によるセラピー観の変化，実証研究による心理療法の効果研究の成果，心理療法の理論・技法の整理・統合の試みなど，際立ったいくつかの動きが見られる時代である。その一つである心理療法の理論・技法の統合の試みは，第二次世界大戦後雨後の竹の子のごとく生まれた400以上の理論・技法の乱立を経て，「精神保健界における変質」(Norcross & Arkowitz, 1992) とも呼ばれた大きな動きであった。それは，eclecticism（折衷主義），integration（統合），convergence（収斂），pluralism（多元主義），rapprochement（再接近），unification（統一），prescription（処方主義）など多様な呼ばれ方をしたが，理論的・実証的・そして実践的な観点から確実性のある理論・技法を選択し，洗練しようとする試みと同時に，多様な理論・技法を積極的に整理・統合する試みであった。

　その統合の動きは，今日では，単一学派の理論・技法によるアプローチの限界を克服し，単なる直感による雑多な技法のつぎはぎ細工を避け，多様な理論・技法の矛盾と実証性の欠如を補うことを目指して，心理療法の理論・技法の基本と共通点を確認する研究・実践の一翼を担っている。

　本論では，まず，心理療法における理論・技法の統合の歴史を概観し，特に最近の動きとして統合的エコシステミック家族療法の考え方を簡単に紹介し，併せて筆者の家族療法中心の統合モデル追究の試みを述べることにする。

　なお，本論においては，一般的に心理療法理論やアプローチとその実践者を指すときには心理療法，心理療法家という言葉を使い，臨床実践を意味するときはセラピー，セラピストという言葉を使うことにする。

I 心理療法統合の歩み

1. 初期の試み

アーンコフとグラス（Arnkoff & Glass, 1992）によれば，心理療法の統合の試みが盛んになったのは1970年代に入ってからということであるが，その動きは比較的早くからあったとして，以下に要約するような解説をしている。

1930年代には，精神分析とレスポンデント条件付けの比較（French, 1933; Kubie, 1934）や心理療法における共通因子の働きの重要性（Rosenzweig, 1936）を述べた論文がすでに存在し，1950年代に入って，有名なダラードとミラー（Dollard & Miller, 1950）の精神分析の方法を学習理論で説明した著書や，ガーフィールド（Garfield, 1957）のその後の研究の基盤ともなる共通因子について述べた著書が出されている。これらの統合や共通因子の探索の背後には，精神分析におけるフェアバーン（Fairbairn）による対象関係論やホーナイ（Horney），サリヴァン（Sullivan）ら新フロイト派による対人関係的アプローチの発展の影響があることは言うまでもない。

1960年に入ると，フランク（Frank, 1961）が，心理療法を含むすべての治癒過程は共通のプロセスを経て行われていると画期的な主張をした著書 *Persuasion and Healing* を著している。また，アレクサンダー（Alexander, 1963）は，精神分析療法には学習の原理が働いていること，そしてマークスとゲルダー（Marks & Gelder, 1966）は行動療法と精神力動療法の類似点と相違点が相互に貢献し合っていることを認めた論文を発表している。また，スタンプフルとレビス（Stampfl & Levis, 1967）は精神分析と学習理論の統合による回避行動の治療のための Implosive Therapy と呼ばれる方法論を開発している。

その後，ラザルス（Lazarus, 1967）は，異なった学派の心理療法の方法論が最大の治療効果をあげるための技法的折衷主義を主張し，また，ワイツマン（Weitzman, 1967）は精神分析における系統的脱感作の活用を，クラフト（Kraft, 1969）は脱感作によって無意識が引き出されることを証明して，技法的折衷の可能性を論じている。

2．1970〜1980年代

　1970〜1980年代は，先にも述べたように心理療法の理論・技法の戦国時代である。1960年代半ばに60ほどあった心理療法のアプローチは，1980年代には400を越え（Karasu, 1986），おまけにそれぞれのアプローチが優を競っている状態をもたらしたため，心理療法家のみならず，その利用者をも混乱させることになった。この混乱は，心理療法家たちが実践している内容の吟味と心理療法の効果研究を刺激し，また，心理療法の理論・技法の整理・統合の必要性を高めた。

　折衷・統合が必要になった理由は，主に3点あるとされている（Arnkoff & Glass, 1992）。第一は，単一学派による臨床実践に対する不満足である。多くの理論・技法の激増それ自体が不満感を裏付けしているわけだが，一方，にもかかわらず満足する方法論は何も見出されなかったことが整理・統合を促したといえるだろう。

　第二は，多様な心理療法の効果研究における相互の類似性と共通因子の発見である。ランバート（Lambert, 1986）らは，軽度の精神障害をもつ外来患者の治療において，どの心理療法も他に比べてより効果があったという結果は出てないことを発表し，後に心理療法の共通因子への多くの関心を高めた論文に結晶させている（Lambert, 1992）。その中で，ランバートは，心理療法の成果に関する膨大なリサーチをまとめ，どのセラピーにも存在するクライエントの変化に有効な治癒的要素を，①セラピー外の変化（クライエント自身が持っている自我の強さやホメオスタシス維持機制などとクライエントをとり巻く環境が提供するソーシャルサポートや幸運な出来事など）が40％，②セラピストの治療理論とは無関係なセラピーの共通因子（共感・暖かさ，受容，危険を冒す上での激励など）が30％，③セラピー独自の技法（催眠，バイオフィードバック，系統的脱感作など）が15％，④プラセボ効果（クライエントのもつセラピーやセラピストへの知識や期待など）が15％とまとめている。

　第三は，特に米国における医療保険制度とのかかわりが大きい部分であるが，心理療法を提供する側のアカウンタビリティへの要求の高まりである。つまり，心理療法の支払いが個人から第三者機関に移行したこと（managed care）による心理療法に対する支払い効果を証明するために，治療効果の明確な心理療法を開発することが急務になったことによる。

　もちろん，この間に，心理療法の統合の動きは続けられ，行動療法の統合的

発展としてのベック（Beck）の認知療法やエリス（Ellis）の論理療法（RET）が生まれ，これらは認知行動療法（CBT）として現在，臨床的，理論的，そして実践上も最も注目され，広く活用される理論に発展している。

　また，心理療法の理論的統合に最も影響を与えたといわれるワクテル（Wachtel）の *Psychoanalysis and Behavior Therapy : Toward an Integration* (1977) が出版され，いまだに精神分析と行動療法の包括的，かつ綿密な統合理論として影響を与えつづけている。

　1983年には多様な考えを探求するための学会としてSociety for the Exploration of Psychotherapy Integration（SEPI）が設立された。1985年以来毎年大会を開催し，1991年には *Journal of Psychotherapy Integration* の出版を開始し，2002年には米国を始め29カ国のメンバー670名を擁する学会になっている。

3．心理療法の統合のレベルと最近の動向

　さて，このような歴史を経て発展してきた心理療法の統合の動きは，1980年代の後半から1990年の初めにかけて，大きく四つの異なったレベル，方法で進められるようになった。それらは，①理論的統合，②共通因子，③技法的折衷，④エコシステミックな統合（平木，1996）である。

　理論的統合においては，一つ以上の理論を結合，調和させて概念的にも理論的にもよりよい一つの理論を創造しようとする。文字通り，心理療法の基底にある理論を統合した上に，それぞれのセラピーの技法を活用することに力点がある。この先駆的なものが先述のダラードとミラー（1950）やワクテル（1977）の試みである。また，ワクテルの統合理論 Cyclical Psychodynamics は，家族システム理論の文脈で再構成され（Wachtel & Wachtel 1986, Wachtel 1997），個人療法と家族療法の理論的統合の試みとして注目を集めている。

　共通因子のアプローチでは，異なった心理療法が基本的に共有する要素を探ろうとする。このアプローチの特徴は，異なった心理療法は独自の要素をもちながら，同時に，各心理療法には共通の治療効果を発揮する要素があること，それがセラピーの基礎となることを強調するところである。既述のフランク（1961）やガーフィールド（1957）の試みはランバートら（1986）による心理療法の共通因子の発見によってますます促進され，ガーフィールド（1995）に実り，さらにミラーら（1997）の心理療法における統一言語の発見と短期療法

へ引き継がれている。

　技法的折衷は，理論的統合や共通因子と比べれば理論よりは実践に寄与する方法であり，クライエントや問題に最も適した技法選択の能力向上を図ろうとする。つまり，過去に効果のあった技法が同様な問題や特徴に適応できるかを探り，実証的なデータに基づいてカウンセラーの特徴（経験，態度，価値観など）とクライエントの特徴（症状の程度，適応状態，影響への抵抗など）の変数の組み合わせを考えようとする。この代表的なものがラザルス（1967, 1981）の Multimodal Therapy である。また，近年，心理療法のアカウンタビリティと短期化が問われ，有効な技法の選択を迫られる中で，技法的折衷の方法としてプロチャスカ（Prochaska, 1995）に代表される Transtheoretical Model が注目を集めつつある。

　エコシステミックな統合とは，1990 年代に入って注目されてきたモデルである。上記に述べた三つの動きが主として個人療法の分野におけるものであったのに対して，この動きは，主として 1950 年代にシステム理論を基に発展した家族療法の分野から生まれた方向で，人は独自の内的経験と行動様式をもつ存在ではあるが閉鎖システムではなく，家族そして家族をとり巻くラージャー・システムとの相互作用の中で開放システムとして存在すると捉える。このような考え方は，対人的，文化的要素を重視した精神分析のサリヴァン（1954），エコロジカル・アプローチを提唱したオーズワルド（Auerswald, 1968），精神内的，対人的，文化的要素を統合してより広い文脈から人間の問題にアプローチしようとしたベル（Bell, 1975）などの理論の中にすでに萌芽が見られると言われているが，ポストモダニズム・社会構成主義の影響を受けて，特に近年になって必須のものの見方・セラピー観として注目されている。この代表的な理論として統合的エコシステミック家族療法（McDaniel, et.al,. 2001）があるので，次にその概要を紹介する。

II　統合的エコシステミック家族療法

　統合的エコシステミック家族療法の中核となる考え方は，システム内外の複数の要素の相互作用，相互影響関係を重視し，それに基づいたセラピー論と実践を展開することである。たとえば，個人，家族，その他のラージャー・システム（社会システム）は，相互依存的相互交流をくり返して時間と空間を共有

し，バランスを維持したり，進化したりしながら共存すると考える（Imber-Black, 1988）。社会システムの要素には，個人，家族，拡大家族のほかに職場，保険制度，社会保障や法的システム，ジェンダー，宗教，人種，民族，文化などがあり，われわれはこれらのレンズを通してものごとを見，理解していること，したがってそのレンズを通してものごとを理解する必要があることを強調する。実際のセラピーでは，階層をなすシステムの中で最も注目すべきレベルのシステムに焦点を当て，そのレベルに最も適した技法を活用することになる。

この考え方とアプローチの詳説については，マイクセル（Mikesel, 1995）らの編著とマクダニエル（McDaniel, 2001）らの編著に譲るが，マクダニエルらはその序章で，特に現代の統合的エコシステミック家族療法の実践に必須の7原則を提示し，アセスメントと介入に活用することを勧めている。それらは，①家族の能力，②コラボレーション（協働），③中立性とその限界，④コーチング，⑤秘密保持の限界，⑥力の行使，⑦セラピストの自己の活用である。以下にその7原則を筆者の解説も含めて要約しておく。

①家族の能力（competence）
エコシステミック療法は，基本的にヒューマニスティクな心理療法である。つまり，人間・家族の可能性を信じると同時に，すべてのラージャー・システムも潜在的には健康であると考える。したがって，個人レベルではクライエントの心理的病理や内的葛藤と同時に長所を認め，家族のレベルにおいても相互の長所を認める対話を促進し，同時にそれぞれの痛み，弱さに共感して，バランスの取れたアセスメントと介入を行うことを目的とする。つまり，個人，家族，ラージャー・システムは基本的に健康であり，肯定的な意図をもった存在だと考えるので，リフレーミング，肯定的意味づけ，症状処方などそれぞれのシステムの資源や潜在力を引き出すような技法を活用する。

エコシステムのレベルでは，たとえば拡大家族，仕事のグループなどにしても，非常に複雑で無限のヒューマンエラー，対人関係の困難，リーダーシップの問題，行政上の混乱などがあり得る。セラピストは，ラージャー・システムの理念，価値観，課題などを含む文化を理解し，尊重しながら，そこにかかわる個人，家族の見方をも重視し，それぞれの長所を認め，建設的なチームワークを生み出すべく橋渡しをする。

②コラボレーション（協働）

最近の心理療法でことのほか重視されてきた実践の方法にコラボレーション（協働）がある。コラボレーションとは，"co"「共同の」と"labor"「働く」が合成された言葉（亀口，2002）とされ，最近，協働と訳されることが多くなったが，相互信頼のパートナーシップ・力の分かち合いを意味する。つまり，情報，意味，方法の決断を個人，家族，専門家が分かち合って行うことである。たとえば，問題のアセスメントや介入について何らかの決断をする際，クライエント，家族，専門家はそれぞれの立場でその問題の専門家であり，それぞれの力を大切にして，問題の理解と解決にあたり，受けいれることができる結論を出す。さらに，エコシステミック・アプローチを志すセラピストは，他の専門家，たとえばホームドクターや弁護士，社会福祉士などとの協働も行う。彼らとの関係づくりや共通の目的のためにコミュニケーションを促進する。異なった専門用語と異なった仕事のスタイルを持った専門家同士は，協働が困難だといわれるが，違いを認め橋渡しをするための話し合いや，ネットワーク会議などを活用することが奨励される。

③中立性とその限界

エコシステミック・アプローチでは誰もが完全な中立を維持することはありえず，中立性とは，セラピストの価値観をクライエントに押し付けないことを意味する。セラピストの目標は，問題解決のためにクライエントのリソースを引き出すことであり，セラピストはそのために自己の価値観にセンシティブであり，セラピーにおいて自分の価値観をいつ活用するかについては慎重に考慮する必要があるとする。

システミックなレベルでの中立性は三つの観点から検討することができる。第一は，価値観や信念のレベル，第二は，どの家族メンバーの味方をするかのレベル，第三は，家族が変わる選択をするかのレベルである。家族メンバーの誰に味方をするかという問題はシステム論独特なジレンマを引き起こす問題でもある。多方向への肩入れ（Boszormenyi-Nagy & Krasner, 1986）はそのヒントであるが，虐待などの場合など時に，それが可能でない場合もありうる。

④コーチング

コーチングはエコシステミック・セラピーの重要な役割機能である。セラピストはクライエントに新しいスキルを教え，面接中にも，面接と面接の間にもそれを使えるようにすることが重要である。コーチングは，心理教育，モデリ

ング，ロールプレイなどにより人々が問題解決に直接かかわることができるように働きかける方法である。個人に対しては，認知行動療法を活用して，自己認知のゆがみを変えたり，適切な自己表現ができるようにアサーションを教えたりして，自己ケアに役立てる。家族システムのレベルでは，家族が共通の目的に向かってかかわり合うためのコミュニケーションスキルの向上，葛藤解決や歩みよりの方法，言動の変化などにコーチングを活用し，家族のためにメンバーが協力したり，個を失わずに健やかな関係を続けたりできるようにする。エコシステミックなレベルでは，他のシステムのもつ期待，価値観，言語，行動，などについてコーチし，人々が自信を持ってその世界に臨むことができるようにする。たとえば，クライエントに医者へのかかわり方を教えるとか，ジェンダーの解説者になるなどである。

⑤秘密保持（confidentiality）の限界

秘密保持については，今だに多くのセラピストが混乱している。プライバシーとは，個人が本人の同意なく身体的，精神的，情緒的に他者に侵されることはないという権利である。そして，秘密保持とは，個人的に明かされたことが守られるという保証である。

エコシステミック療法では，個人療法で意味のあったプライバシーや秘密保持は必ずしも実践上適応できるとは限らない。カップルや家族が来談した途端，また，それらを録音，録画・ライブ・スーパーヴィジョンを行う時，他者の前でプライバシーが公開されることがあり得，また，常に同じメンバーで面接するとは限らないゆえに，倫理上の問題を再考する必要に迫られる。

システム間の秘密保持の問題はさらに複雑になる。たとえば，学校に知られたくない家族の問題，家族に知られたくない学校の問題をセラピストが知った場合，果たしてどうするべきか，ケースに応じた対応が必要になる。

⑥力の行使

家族療法では，力の問題は家族力動の重要な側面であり，注目されてきたが，個人療法ではそれほど大きな問題にされたことはなかった。しかし，最近では，セラピスト（権威者や専門家）の力の問題，ジェンダーの問題などで，セラピーにおける力の問題が取り上げられ，「援助」と「コラボレーション」の違いが強調されるようになった。コラボレーションにおいては，そこに参加する人々はクライエントであれ専門家であれ同じ目標，同等の立場と力をもつことになる。ただし，目標を達成するために異なったスキルや知識を活用するので

ある。
　⑦セラピストの自己の活用
　セラピーにおいて自己をどう活用するかということは常に課題であったが，一般にセラピストのよって立つ理論，技法によってその活用の仕方は異なってきた。
　個人セラピーにおいては，自己の活用は，たとえば逆転移のように主として気づきとふりかえりを中心に行われる。しかし，家族システムのレベルでは，セラピストは，家族とのセラピー関係に影響する可能性のあるセラピストの源家族や夫婦関係に気づいている必要があり，また，セラピーにおけるセラピストの自己開示のタイミングや意味も考慮する必要があるだろう。エコシステムのレベルでは，セラピストは自己のものの見方，価値観，期待などが職業，ジェンダー，生まれ育った社会などのエコシステムに影響されてつくられていることを自覚している必要がある。一方，同様なエコシステムの背景を持つクライエントには共感できる経験や知識を背景にした自己の活用が可能になることもある。
　いずれにしても，エコシステミック・セラピーでは，自己に気づき，自己を活用することは強力，かつ不可欠なセラピーの一翼である。

　これらの原則に一貫して流れる理念は，システムの相互作用の中でクライエント，家族，セラピスト，その他の専門家は誰もが問題解決や変化にかかわるスペシャリストであり，目標設定を含めて目標達成のために協働して個人・家族の能力を引き出すこと（原則①②），そのためにセラピストができることは，専門家の不可避に持つ権威や力を意識しつつ，必要に応じてクライエントに必要な新しい知識の伝達やスキルの訓練を行い，また独自の個人的立場や背景（民族，ジェンダーなど）を活用すること（原則②③④⑥⑦），複数の参加者がかかわってくるシステミック・セラピーでは，プライバシーや秘密保持に関して個人療法の場合とは異なった視点が必要なこと（原則⑤）である。
　統合的エコシステミック家族療法はセラピーの技法というよりセラピストの態度（McDaniel, et al., 2001）だとも言われているように，その理論化，実践方法の開発の歴史は20年足らずであり，まだ完成されたものがあるわけではない。その探求は今後も続けられ，活発な議論が交わされていくことが期待される。

Ⅲ 関係（家族）療法中心の統合の試み

　その議論の一つとして，筆者らは，かつて統合的エコシステミック・セラピー・モデル（平木，野末，2000）を提示したが，筆者らが志向する統合は，換言すれば家族療法中心の統合モデルである。つまり，臨床の主たる基礎理論を家族療法，特に多世代理論におき，その理論に矛盾しない必要な考え方と技法を他の心理療法から導入するという方法である。なお，筆者のものとはかなり異なったアプローチであるが，フランケルとピンソフ（Fraenkel & Pinsof, 2001）は，家族療法中心の統合を試みている。

　筆者の考え方は，上記の心理療法の統合の方法をさらに一歩進めたモデルとして注目されているメッサー（Messer, 1992, 2001）の Assimilative Integration に最も近い。メッサーの主張する統合は，技法的折衷と理論的統合の妥協とも言われる方法で，セラピストの持つ基礎理論の文脈を重視しつつ多様な心理療法の観点，技法，態度などを組み入れること（assimilate：同化）である。つまり，セラピストは自己のセラピーの基盤となる理論・実践に他の理論によって概念化され実践されている方法を取り入れるわけであるが，その際，それが自分のセラピーにとって概念的に適合性があり，臨床上も意味があり，その効果の実証的妥当性が証明されることを重視するのである。この方法が単なる技法的折衷と異なるところは，概念や技法が新たな理論の文脈の中で考慮される（accommodate：調節）必要性をも強調する点である。メッサーの方法論の背景には，明らかにポストモダニズム，文脈主義のものの見方があり，経験の意味づけや解釈の多様性を認め，事実は文脈との関係でのみ評価されるという主張があることをうかがうことができる。

1．関係療法中心の統合モデル

　さて，筆者の考える関係（家族）療法中心の統合モデルとは，図2－1の概念図に示されるような領域を含んだ統合的エコシステミック・セラピー・モデルを基盤にしたものである。

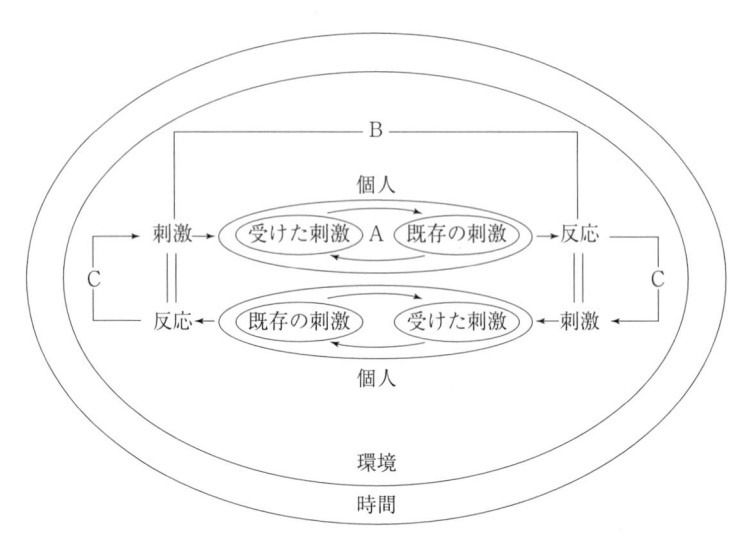

図2−1　エコシステミックなセラピー統合モデル

　図中のAは個人の内的システムのプロセスを表しており，ある個人が受け取った刺激が，個人内の体質や気質，すでにつくられた性格傾向や認知・イメージ・無意識などと相互作用している心理内（intra-psychic）力動の部分である。この力動については，精神分析など内省を中心とした心理療法理論が解明を試みてきた。Bは，個人システムの動きを個人への外からの刺激と外への反応の関係で捉えて，個人の内的システムの作用を具体的，客観的，数量化可能な言動のデータで理解しようとする部分である。動物や人間の行動の観察と実験などから導き出された学習理論・行動療法が貢献してきた領域である。Cは，二人の人間が集まるシステムが起こす相互作用の循環の部分である。対人関係を強調した心理療法，家族及び集団療法，集団力学などが解明し，貢献してきた円環的，循環的因果律のメカニズムであり，Cは対人間力動の最小単位を示している。そして，これらが環境とも相互作用し，その相互作用が時間の流れの中で進行していると考えることができる。このような視点は，これまで開発された心理療法の各論が解明しようとしてきた特色を全体として統合する道を開いたともいえる。

このモデルは，二人以上のメンバーが存在する相互作用場面の基本型であり，家族，学校，職場など複数の人が集まる場面にも，またクライエントとセラピストの相互作用にも適用することができる。ただ，階層をなすシステムにおけるさまざまなレベルの循環的相互作用は，二人以上の人間関係の問題を解明しようとしたとき初めて見えてきた力動であり，個人内，対人間，システム間など各システムのレベル内，レベル間の循環的相互作用が，問題をつくり出しもするが，変化や解決のリソースでもあることを認めるモデルでもある。
　心理療法とは，システムのさまざまなレベルに変化を起こす作業である。クライエントとセラピストは，心理内力動，心理内力動と行動との相互作用，対人間力動，そしてそれをとり巻くラージャー・システムとの相互作用を，時間の流れの中で捉え，体験し，意味ある変化を遂げる必要がある。
　そして，この統合理論は，心理療法家の教育・訓練においても理論学習から実践にいたる全体の文脈の中に適切に位置づけられ，理論と訓練，実践，研究が同時進行的に一貫したプロセスとして組み入れられることの可能性と重要性を示唆している。

2．関係療法中心の統合モデルの基本的アプローチ

　このモデルの基本的アプローチは，①個人の心理内力動，②個人システムの言動，③対人間力動，④集団システム間力動を時間の流れの中で捉え，これらの階層をなすシステムの複雑な循環的変化の中で問題解決を志向することである。ただ，アプローチの基本は，クライエント・システムとセラピスト・システムの相互作用をいくつかの位相で理解し，セラピーを進めることである。
　クライエント・システムとは，問題を維持し，あるいは解決することにかかわっているすべての人々（たとえば，不登校の子ども，親，同胞，先生，校長など）であり，セラピスト・システムには，クライエント・システムを支援するすべての人々（セラピスト，スーパーヴァイザー，家族療法チーム，コンサルタントなど）が含まれる。セラピーでは，双方がそれぞれのもつ特徴や機能を発揮して協働して問題解決にあたることが要請される。
　セラピーのプロセスは，原則として「今・ここ」から「未来」そして「過去」へ，「関係」から「個人」へ，そして「意識」から「無意識」へ進められる。「今・ここ」とは，クライエント・システムがセラピスト・システムにセラピーを求めた時点のことを指す。その時点では，クライエントの主訴とセラピス

トのアセスメントが総合され，見立てが伝えられ，治療契約が成立する。セラピストの見立てには，セラピー仮説に基づいたセラピーの位相が選択されていることになる。

セラピーの位相とは，見立てを具体的アプローチにつなぐ作業の次元のことであり，セラピーにかかわる階層をなす生態システムの複雑な相互作用の循環の中から選ばれるセラピーの介入の方向性ともいえる。たとえば，初回以降の面接では，どの問題を，どのシステムのレベルで，どのようにとりあげていくかといったことである。システムの複雑な相互作用にかかわる統合的アプローチでは，クライエントのニードと治療仮説にしたがって位相を選択することが非常に重要である。なぜなら，位相は，クライエントのニードから出発した問題の特色，クライエントの特徴，進行上の必要性などに最も効果的と思われる作業次元であり，同時にセラピーの進行を見極める手がかりでもあるからである。

関係（家族）療法中心の統合モデルでは，以下に述べるおよそ四つの位相が想定されており，セラピーはその中から適切と思われる位相が選択されて開始される。しかし，セラピーの進行に応じて位相の移動が必要になることもあり，それを見極めることもセラピストの重要な役割である。

ところで，このアプローチは関係やシステムを重視しているとはいえ，セラピーにかかわる人々は一人ひとりユニークなパーソナリティを具えた存在であることを重視する。したがって，セラピストは，依拠する理論的枠組みを活用して個人の発達と特徴（パーソナリティと病理）を理解し，特徴ある人々の相互作用にかかわることを前提として見立てをし，位相を選択することになる（平木，2002）。

セラピーの位相Aでは，面接場面で治療同盟が形成され，その時点で問題となっている主訴が明確化され，問題解決に最も有効な方法が選ばれ，それが実行に移される。もし，変化の鍵となる人がセラピーに来て，セラピストによる何らかの介入で主訴の解決が得られれば，未来への道が開かれ，この位相でセラピーは終結することになる。

ここでは，家族関係を背景とした個人，または家族の問題がテーマとなるだろう。たとえ主訴が個人の心理的な問題や症状の解決であっても，セラピストは，クライエントが現在かかわっている家族との関係にも配慮し，将来かかわることになる可能性のある家族をも視野に入れて現在の問題解決を支援する。

その意味で「今・ここ」から「未来」の家族を含む関係を重視し、「過去」・「個人」を深く探索することはしない。ここでは、セラピストは、共感、受容、多方向への肩入れ、ジョイニング、スターティング・クエスチョン、スケーリング・クエスチョン、ミラクル・クエスチョン、問題の外在化、例外さがしなどの技法を活用して変化の土俵づくりをし、心理教育やスキル訓練、宿題などによって問題解決の新たな方向性を探る手伝いをし、生理的、情緒的、認知的、行動的、人間関係などの変化を得て、形態発生的変化につなぐ。

　位相Aの作業で、問題の解決が得られない場合、セラピストは、「問題維持のメカニズム」を探るBの位相に移ることを考える。「問題維持のメカニズム」とは、問題解決を阻んでいるのだがクライエント・システムがまだ気づいてない家族の人間関係的、構造的、ラージャー・システムとのかかわり上のメカニズムであり、ひいては個人の生理的、心理的、情緒的、認知的、行動的問題維持に及ぶメカニズムでもある。

　ここでも、まずクライエントが家族関係について「今・ここ」で直面し、気づいていることを聴き取ることから始めて、それらの相互作用の中にいわゆる悪循環ともいえる問題維持のメカニズムがないかを観察し、協働して読み取っていく。主訴にかかわる問題維持のメカニズムが家族関係の次元で判明したら、そのメカニズムをより健康なメカニズムに変える方法を、まず家族のこれからのかかわり方に求める。ここで活用できる技法は、円環的質問法、エナクトメント、バランス崩し、リフレーミング、肯定的意味づけ、対抗逆説、動的家族描画法などである。また、投薬治療、スキーマの変容も含まれる。この段階では、個人的にも家族関係、その他の関係においてもそれまで気づかなかったことに気づき、新たなものの見方や行動が取れるようになり、それまでにも増して、あらたな伝え合いやかかわり合いができるようになる。一人の変化が家族や集団システムを変えるきっかけとなることもあれば、システム全体が問題解決メカニズムの循環を創っていくこともある。

　位相AやBの作業で解決が得られない場合、多世代の問題を仮定してみる位相Cに移ることを考える。つまり、「今・ここ」の問題にかかわりのある「過去のあそこ」の意味ある体験、未解決の問題、心理的外傷体験などを見なおす機会をつくる。ジェノグラムや家族システムの発達と発達課題の検討、家族彫像化法（家族造形法）、源家族とのセッション、源家族訪問の宿題、セラピストの自己開示などが活用され、それぞれの家族の歴史を背負った一人ひとりの

言動の意味や痛み，未解決の課題などを深く理解すると同時に，癒しや許しの体験を得る。この段階でクライエント・システムは「今・ここ」のかかわりの問題や意味だけでなく，人やシステムが過去から現在，そして未来に至る歴史の中でそれぞれのストーリー（自分の経験を枠づける意味のまとまり）を生きていること，そのストーリーがセラピストを含む身近なシステムのメンバーとの対話の中で変化していく体験をする。つまり，自分を支配していたドミナント・ストーリーから解放され，自分にふさわしい新たな意味づけを持ったオルタナティヴ・ストーリー（改訂版）が生成され，それを生きる勇気を得ることになる。この体験は，人が個人として独特な存在であると同時に，関係の中で生きていることを味わう体験にもなる。

　位相Cで主訴の解決が得られない時，セラピストは，「現在の家族関係」と「個人の過去」の対象関係と結びつけ仮説を立て，そこからの問題解決を試みる位相Dの作業に入る。つまり，過去の未解決な問題の解決や癒しを必要とするセラピーを進めていくことになる。これは最近の統合的システミック理論で支持されているもので，個人力動と家族力動，つまり精神分析の内的対象関係と家族療法の顕在的対象関係とを投影性同一視の概念によって結びつけようとする試みである。カップル・セラピーには比較的早い段階で導入すると効果がある場合や，特に投影や転移が現在の家族関係を複雑にしている場合，個人セラピーを導入してこの作業をすることも可能である。

　ここでは，個人内の無意識の心理力動が現在の関係の問題に何らかのかかわりがあることが仮定され，特に投影や転移といった人間関係の解釈の仕方がテーマになる。ただし，このアプローチでは，古典的精神分析の固着・退行といった早期の経験を決定的とする見方はせず，むしろ早期の経験はその後の，あるいは現在の他者や社会的・文化的環境との相互作用によって強化され，現在の個人の期待や行動傾向を維持しているといった悪循環の視点から理解する。生育歴における対象関係の成立過程や躓き，病的防衛機制など無意識の心的過程が対話の中で解釈され，直面化されることはあるが，それはある決定的真実を見つけるためというよりは，現在起こっている投影や転移による人間関係の解釈の幅を広げ，より広い適応が可能な解釈を獲得するために行われる。この位相でセラピストは無意識のプロセスの同伴者となるゆえに，特に自分の言葉の選び方，自分の力とバイアス，セラピー観などがプロセスに影響することに意識的であり，また，いつでも予測を超えた人間の営みや変化があることを覚

悟している必要がある。

　以上，筆者らが考える関係（家族）療法中心の統合モデルのアプローチについて概説した。ただし，このアプローチと考え方はあくまでも原則的なものであり，また，位相AからDへと順に進むものでもない。クライエントによっては初めから位相Dの作業を望んでセラピーを開始することもあれば，問題によって，セラピーの進行によって，位相AからCへ，位相CからBへ，時には位相の往復などもあるだろう。その変更が，理論的にも原則に照らし合わせても適切であるかどうかの判断が重要になる。また，この理論と方法は筆者ら[註]の約10年に及ぶ統合的心理療法の実践と研究の中で生まれたものであり，実践上の成果は認められてきたが，今後，質的研究を含めた臨床研究によってその効果が裏付けられていく必要性もあることを付記しておきたい。

註：筆者らとは，筆者を含めた統合的心理療法研究所（IPI）の研究員と研究生を指す。

引用文献

1) Alexander, F.：The dynamics of psychotherapy in light of learning theory. *American Journal of Psychiatry* 120：220-448. 1963.
2) Arnkoff, D.B. & Glass, C.R.：Cognitive therapy and psychotherapy integration. In D.K. Freedheim (Ed.) *History of Psychotherapy ; A Century of Change*. American Psychological Association, Washington, D.C., 1992.
3) Auerswald, E.：Interdisciplinary versus ecological approach. *Family Process* 7：202-215, 1968.
4) Bell, J.E.：*Family Therapy*. Aronson, New York, 1975.
5) Dollard, J. & Miller, N.E.：*Personality and Psychotherapy*. McGraw-Hill, New York, 1950.
6) Frank, J.D.：*Persuasion and Healing*. Johns Hopkins University Press, Baltimore, 1961.
7) Fraenkel, P. & Pinsof, W.M.：Teaching family therapy-centered integration: Asimmilation and beyond. *Journal of Psychotherapy Integration* 11：59-85, 2001.
8) French, T.M.：Interrelations between psychoanalysis and the experimental work of Pavlov, *American Journal of Psychiatry* 89：1165-1203, 1933.
9) Garfield, S.L.：*Introductory Clinical Psychology*. Macmillan, New York, 1957.
10) Garfield, S.L.：*Psychotherapy: An Eclectic-Integrative Approach* (2nd Ed.). Wiley, New York, 1995.
11) 平木典子：個人カウンセリングと家族カウンセリングの統合．カウンセリング研究 29, 68-76, 1996.
12) 平木典子：家族臨床；私の見立て——統合的心理療法の視点から．家族療法研究 19, 169-172, 2002.（本書第3章に収録）

13) 平木典子, 野末武義：家族臨床における心理療法の工夫――個人心理療法と家族療法の統合. 精神療法 26：334-343, 2000.
14) Imber-Black, E.： *Families and Larger Systems; A Family Therapist's Guide through the Labyrinth.* Guilford, New York, 1988.
15) 亀口憲治：コラボレーション――協働する臨床の知を求めて. 現代のエスプリ 491 至文堂, 2002.
16) Karasu, T.B.： The specificity versus nonspecificity dilemma ; Toward identifying therapeutic change agents. *American Journal of Psychiatry* 143：687-695, 1986.
17) Kraft, T.： Psychoanalysis and behaviorism ; A false antithesis. *American Journal of Psychotherapy* 23：482-487, 1969.
18) Kubie, L.S.： Relation of the conditional reflex to psychoanalytic technique. *Archives of Neurology and Psychiatry* 32：1137-1142, 1934.
19) Lambert, M.J., Shapiro, D.A. & Bergin, A.E.： The effectiveness of psychotherapy. In S.L. Garfield & A.E. Bergin (Eds.) *Handbook of Psychotherapy and Behavior Change* (3rd ed.). Wiley, New York, 1986.
20) Lambert, M.J.： Psychotherapy outcome research ; Implications for integrative and eclectic therapies. In J.C. Norcross & M.R. Goldfried (Eds.), *Handbook of Psychotherapy Integration.* Basic Books, New York, 1992.
21) Lazarus, A.A.： In support of technical eclecticism. *Psychological Reports* 21：415-416, 1967.
22) Lazarus, A.A.： *The Practice of Multimodal Therapy.* McGraw-Hill, New York, 1981. (高石昇監訳：マルチモード・アプローチ. 二瓶社, 1999.)
23) Marks, I.M. & Gelder, M.G.： Common ground between behavior therapy and psychodynamic methods. *British Journal of Medical Psychology* 39：11-23, 1966.
24) McDaniel, S.H., Lusterman, D-D. & Philpot, C.L.： Introduction to integrative ecosystemic family therapy. In S. McDaniel, D-D. Lusterman & C.L. Philpot (Eds.) *Casebook for Integrating Family Therapy ; An Ecosystemic Approach.* American Psychological Association, Washington, D.C., 2001
25) Messer, S.B.： A critical examination of belief structures in integrative and eclectic psychotherapy. In J.C. Norcross & M.R. Goldfried (Eds.) *Handbook of Psychotherapy Integration.* Basic Books, New York, 1992.
26) Messer, S.B. (Ed.)： Special Issue ; Assimilative Integration. *Journal of Psychotherapy Integration*, 2001.
27) Miller, S.D., Duncan, B.L. & Hubble, M.A.： *Escape from Babel ; Toward a Unifying Language for Psychotherapy Practice.* Norton, New York, 1997. (曽我昌祺監訳：心理療法, その基礎なるもの――混迷から抜け出すための有効要因. 金剛出版, 2000.)
28) Norcross, J.C. & Arkowitz, H.： The evolution and current status of psychotherapy integration. In W. Dryden (Ed.) *Integrative and Eclectic Therapy ; A Handbook.* Open University Press, Buckingham, 1992.
29) Prochaska, J.O.： An eclectic and integrative approach ; Transtheoretical therapy. In A.S. Gurman & S.B. Messer (Eds.) *Essential Psychotherapies ; Theory and Practice.*

Guilford, New York, 1995.
30) Rosenzweig, S.：Some implicit common factors in diverse methods in psychotherapy. *American Journal of Orthopsychiatry* 6：412-415, 1936.
31) Stampfl, T.G. & Levis, D.J.：Essentials of implosive therapy; A learning-theory-based psychodynamic behavioral therapy. *Journal of Abnormal Psychology* 72：496-503, 1967.
32) Sullivan, H.S.：*The Psychiatric Interview*. (H.S. Perry & M.L. Gawel, Eds.), Norton, New York, 1954.（中井久夫他共訳：精神医学的面接．みすず書房，1986.）
33) Wachtel, P.L.：*Psychoanalysis, Behavior Therapy, and the Relational World*. American Psychological Association, Washington, D.C., 1997.（杉原保史訳：心理療法の統合を求めて——精神分析・行動療法・家族療法．金剛出版，2002.）
34) Wachtel, E. & Wachtel, P.：*Family Dynamics in Individual Psychotherapy*. Guilford, New York, 1986.
35) Weitzman, B.：Behavior therapy and psychotherapy. *Psychological Review* 74：300-317, 1967.

参考文献

Freedheim, D.K. (Ed.)：*History of Psychotherapy ; A Century of Change*. American Psychological Association, Washington, D.C., 1992.
Gurman, A.S. & Messer, S.B. (Eds.)：*Essential Psychotherapies ; Theory and Practice*. Guilford, New York, 1995.
McDaniel, S.H., Lusterman, D. & Philpot, C.L. (Eds.)：*Casebook for Integrating Family Therapy ; An Ecosystemic Approach*. American Psychological Association, Washington, D.C., 2001.
Mikesell, R.H., Lusterman, D-D. & McDaniel, S.H. (Eds.)：*Integrating Family Therapy ; Handbook of Family Psychology and Systems Theory*. American Psychological Association, Washington, D.C., 1995.
Norcross, J.C. & Goldfried, M.R. (Eds.)：*Handbook of Psychotherapy Integration*. Basic Books, New York, 1992.

3. 家族臨床：私の見立て
―― 統合的心理療法の視点から ――

I　あらためて「見立て」とは

　一般に，「見立て」とは，初回面接，あるいは初期の数回の面接後に行われるセラピストによるアセスメント（または診断）と予後を含む全体の見通しとされ，セラピストが問題の仮説と介入（または処遇）方針として，クライエント，あるいは家族に伝えられることになっている。それなくして面接の契約は成立しないという意味で，ごく初期の面接において，来談者の主訴がセラピストの見立てに総合されて，治療方針として伝えられることはセラピーに不可欠であろう。ただし，問題の仮説形成と介入の方針は最初のものが決定的というわけではなく，セラピーの進行に応じて相応の変更や修正がありうるという意味で，見立ての作業はセラピー全体を通しても行われていると考えられる。
　また，アセスメントと介入を見通し，修正していく作業には，セラピストのそれまでの臨床経験と知識，その場で働いている感覚などをダイナミックに総動員して，総合する作業が含まれている。その意味で，見立ては，「今・ここ」でのセラピーの中に常に働いている臨床家の側の思考的，情緒的，身体的，感覚的作業とも考えられる。
　特に家族臨床では，たとえクライエントが一人で来談したとしても，複数であっても，さらにIPと呼ばれる症状や問題行動を表現しているメンバーが特定されていたとしても，IP個人の心理力動や症状・問題行動の把握と変化に焦点を当てるだけでなく，その時その時の家族メンバー同士やラージャー・システムとの相互作用を視野に入れたアセスメントと介入を行うので，変化がないことも含めたシステムの変化を見通しつづける作業（それを見立てと呼ぶかどうかは別として）が不可欠となる。家族臨床では，より全体を通しての見立て，特にセラピストと家族の相互作用による変化に関心を持ち続けた，より広義の見立ての作業をしているといえるであろう。

家族臨床における見立ての作業には，クライエントや家族をとり巻く心理的，関係的問題に，セラピストがそのよって立つ臨床理論と技法，アセスメントの視点と観察，介入の能力，そしてセラピーの経過全体と関係者のかかわり全体を総合的に捉えようとする志向が働いていると考える。

　筆者にとって見立てとは，上に述べたような包括的でダイナミックな作業であり，言わば，セラピストがクライエントや家族を体験し，知るようになり，またクライエントや家族が自分自身と関係を体験し，知るようになるという相互作用の文脈の中で生まれる複雑で，探索的，統合的な作業でもあるという前提がある。しかしここでは，筆者が自分の見立てのよりどころとしている作業を敢えて三つに分け，それぞれの視点からどのような見立てをしているかをまとめてみたい。

II　個人のパーソナリティのアセスメント

　筆者の心理臨床の専門領域は，当初，青年期大学生の個人カウンセリングであったこともあって，筆者にとって見立ての訓練は，青年期という心理的自立を発達課題とする個人の心理力動と青年の家族からの心理的自立を支援するための家族関係の影響の把握といった視点から始まった。特に，初めて受けたミネソタ大学における臨床訓練の中には，MMPIを活用した個人のパーソナリティのアセスメントが，病理の査定だけでなく，個人のパーソナリティがどのような特性因子の組み合わせによって形成されているかを理解する方法として取り入れられており，MMPIを使おうと使うまいと，パーソナリティを特性因子の組み合わせとして理解することが，ある程度身についたものとなっていた。

　同時に，精神力動理論から学んだことは，パーソナリティを歴史的に形成されたある時期のダイナミックな構造として捉える見方であった。たとえ特性因子理論によって査定されるパーソナリティであっても，それは固定したものでなく，気質的な要素と環境的な要素によって発達・形成されたある時期のパーソナリティの構造と機能を示すものであり，パーソナリティとは，変化が困難で，あるいは大きな変化はむしろ好ましくない特性（気質）と，変化がより容易で，変化させることが適応に貢献する可能性が高い特性（症状や行動傾向など）が一つのまとまりとして機能していると捉える。また，抑圧，投影など防

衛機制と呼ばれる諸概念と生育史における発達課題の考え方は，クライエントがもつ一貫性のある諸傾向のパターンと変化に気づく道具となる。クライエントを観察し，知覚することから得られたデータとセラピストの想定・推論をつなぐこれらの道具は，完全な予測や見立てを保証するわけではないが，その場の諸現象と未来に起こり得る諸事象をより的確に知覚し，効果的な介入を予測する助けになると考えている。

　それに加えて，家族療法を学んで間もなく，1980年代になって知ることになったミロン（Millon, 1981）のパーソナリティ・スタイルという考え方は，上記のパーソナリティのアセスメントと理解の方法をさらに促進し，統合する役割を果たしてくれた。ミロンの考え方は，特にDSM-Ⅲ，ⅣにおけるⅡ軸の人格障害を理解し，治療する中で生み出され，人格障害に関心を持つ臨床家たちから注目されてきたbio-psycho-socialな視点からのパーソナリティ・アセスメントであるが，パーソナリティの構造を認知，情緒，対人行動という基本的なスタイルの特徴的な組み合わせとして捉え，それぞれのスタイルには，高度の適応機能から人格障害に見られるような不適応機能までが含まれるとするものである。また，人格障害を「障害」と捉えるよりも "disorders of the entire matrix of the person"（個人の全体構造の乱れ，Millon, 1997, p.9）として捉え，それは「パターン」あるいは「スタイル」と呼ぶにふさわしいものであるとする。システム理論に出会ったばかりの筆者にとってこのパーソナリティ・スタイルの考え方は，個人の気質と学習された心理・社会的性向（character）という視点を取り入れることを可能にし，そのアセスメントを認知レベル，情緒レベル，対人行動レベルで行うという視野を提供してくれたのである。この考え方によって，心理内界システムを想定する道具を得たように思えたのである。

　その関心と見方を一層促進させてくれたのが，スペリー（Sperry, 1995）のパーソナリティ・スタイルの捉え方である。彼は，それを人格障害の治療におけるパラダイム・シフトと称し，ミロンのパーソナリティ・スタイルの考え方を踏襲しながら，基本的治療目標を「人格障害機能（personality-disordered functioning）からパーソナリティ・スタイル機能（personality-style functioning）」（p.11）への変化に置く考え方を提示した。つまり，人格障害の各カテゴリー名を使って，対応する適応的パーソナリティ・スタイルを提示したのである。たとえば，反社会性人格障害はDSM-Ⅳの診断基準によって特徴

づけられる機能を意味するが，反社会的パーソナリティ・スタイルとは高い適応機能を備えながら，その傾向が特徴的に表現されるタイプを意味する。
　また，治療の困難性という観点から人格障害を3段階に分け，より治療が容易なものとして依存性，演技性，強迫性，回避性，中程度のものとして自己愛性，境界性，分裂病型，そして，困難性の高いものに，妄想性，受動攻撃性，分裂病質，反社会性を入れている。また，困難なものほど，より多様な治療様式・アプローチの統合的活用が必要だとしている。さらに，人はいくつかのパーソナリティ特性を混在させており，より困難な三つ目のカテゴリーの障害がどれくらい残っているかで予後を見るとしている。
　人格障害とパーソナリティ・スタイルの違いをわかりやすくするために，その一例としてスペリーの「反社会性」の説明を要約しておこう。

　　反社会性人格障害の行動スタイルは，衝動的で，苛立ちやすく，攻撃的であり，仕事や経済面に責任を負わず，ルールを守らない。衝動的な怒り，欺き，ずる賢さが目立ち，危険やスリルのある言動を取りやすい。対人スタイルとしては，敵対的であり，他者のニードや安全に不注意である。負けず嫌いで，他者に競争と不信で対応する。口がうまく，計算高い商売人や政治家，犯罪者に見られるように情緒的に永続する関係を作ることはできない。他者の痛みや苦しみに対して無関心である。認知スタイルは，感情に支配されやすく，柔軟性に乏しく，外界指向的である。他者の顔色や状況を読もうとし，社会的なヒントに敏感である。権威，規則，社会規範を軽蔑し，自分の行動を合理化する。衝動性，苛立ちやすさ，攻撃性による論争や時には攻撃的行動がある。感情的・情緒的スタイルは，浅薄で，表面的であり，暖かさとか親密さといったソフトな情緒を「弱さ」のサインとして避ける。罪悪感をもつことはほとんどない。退屈さ，うつ的気分，欲求不満への耐性は低く，外的な刺激を求める。自分の逸脱した言動に対する罪意識，恥を持つことはほとんどない。
　　一方，反社会的パーソナリティ・スタイルを持つ人は以下のような適応的行動をすることができる。他者や社会の規範によらず自分の価値観で動く傾向があり，フリーランサーとしてうまくやれる。思春期・青年期には，不満分子，あるいはいたずら者であるが，金銭には寛容である。他者に対する余計な心配はせず，相手に任せ，他者を利用しようとする人に対しては立ち向かう。話がうまく，友人を得るのもうまい。現在に生き，後悔しない。強いリビドーの持ち主で，勇敢で，放浪癖があるが，限られた短いスパンで計画を立てたり，ものごとにコミットしたりすることはできる。

現在，筆者にとって臨床とは，「その人らしく環境に適応して（反社会的適応であっても）生きること」への言わばオルタナティヴ・ストーリーを探す手伝いをすることであり，見立ては，それを目標として行うことになる。

III　家族関係のアセスメント

筆者にとっての家族臨床は，上記の考え方の延長線上にある。つまり，家族とは，それぞれの特徴的パーソナリティ・スタイルの人々が相互作用しながら成り立っているシステムであり，家族メンバーは不可避的に関係のネットワークの一部となっていると理解することである。構造理論やコミュニケーション理論は，今・ここにおける家族メンバーのかかわりや行動パターンの連鎖を観察する道具を提供してくれたが，特に多世代理論は受けいれやすいものであった。つまり，家族メンバーの関係はその時，その場における相互作用・相互影響関係として捉えられると同時に，生育史の中での対人相互作用と個人的経験をも反映した関係と捉えるのである。それは，人生の早期の出来事や経験が決定的に生涯にわたって内在化され，影響を及ぼし続けるというのではなく，それらが個人のある時のものごとの選択に影響を与え，その選択の結果がさらにその後の出会いや体験を形成し，特徴づけていくという意味である。生育史とは，変化し，発展していく関係の文脈の中で相互に影響を与えつつ形成されていくものだからである。

家族の見立てには，今・ここの相互作用の中に，生育史，あるいは家族メンバーのパーソナリティ・スタイルの特徴的なサインを理解していくことが大きな助けになると考える所以である。

IV　個人・家族とセラピストのかかわりのアセスメント

ここまで考えてくると，さらにもう一つ見立てをする必要がでてくる。それは，面接におけるセラピストと来談者との相互作用の見立てである。

セラピスト自身と来談者がどのような相互作用をしているか調べることは，セラピーにとって非常に役立つヒントを与えてくれる。それらは，力動理論では転移・逆転移の利用とか抵抗・投影といった無意識の防衛や対象関係の理解の重要性として捉えられてきたことでもあるが，むしろセラピストの特定の介

入がクライエントや家族に特定の意味を喚起するその場の出来事としても把握していく必要がある。

　換言すれば，ある特徴的な表現を示すセラピストのパーソナリティ・スタイルが，クライエントや家族の特徴的パーソナリティ・スタイルと相互作用している家族臨床の場の出来事に，セラピストは有用な臨床概念とその場の体験を活用して常に敏感に，できる限り柔軟に反応することも忘れてはならない。

　そのような相互作用による変化とアセスメントが，クライエントや家族と同時に，セラピストをも成長させると考えている。

文　献

1) Millon, T.：*Disorders of Personality, DSM-Ⅲ, Axis Ⅱ*. Wiley, New York, 1981.
2) Millon, T.(Ed.)：*The Millon Inventories ; Clinical and Personality Assessment*. Guilford, New York, 1997.
3) Sperry, L.：*Handbook of Diagnosis and Treatment of the DSM-Ⅳ Personality Disorders*. Brunner/Mazel, New York, 1995.

4. カウンセラーにおけるジェンダーの問題
——隠された家族病理——

はじめに

　ジェンダーの問題が「隠された家族病理」となるのは，それが多くの人々——セラピストも含めて——に意識されにくい差別の問題を含んでいるからである。一般に認められているように，差別されている側は不利な状況に置かれていることを敏感に意識するものだが，差別している側は自己の有利な立場や抑圧的言動を意識することはほとんどない。さまざまな差別意識の中でも，特に男女差別については，男と女の違いが，一見，生態学的に明白であるかにみえるために，単なる違いとして受けとられ，そこに潜む差別は見過ごされがちになる。

　ジェンダーの問題には，個々人の内に潜む無意識の差別意識だけでなく，歴史的，社会的に日常生活の中に埋め込まれ，強化され，常識化された差別意識が含まれている。そして，ジェンダーは，最も基礎的な生態システムの一つであるゆえに，人種，民族，権力などによる差別の問題と併せて，人類が取り組むべき最も重要な課題の一つとなる。今後，この問題を意識化することは，家族のみならずセラピストにとっても，何にもまして重要な課題であることは間違いない。

I　ジェンダーと社会構成主義について

1．フェミニストによる心理療法批判

　ジェンダーへの問いは，1970年代からフェミニズムの運動の中で提起され，心理療法の世界でも社会的，文化的背景に常に隠され，気づかれてこなかった問題としてフェミニスト・セラピーの重要なテーマとなってきた。

　家族療法の世界においても，ジェンダーの問題は，1970年代後半から1980

年代前半にかけてアメリカの女性家族療法家たちによって自己批判を含めて指摘され始めていた。実は，その時期は家族療法の隆盛期とも重なり，多くの家族療法家たちはシステム理論を基盤とした家族療法の斬新で，効果的なアプローチに自信と満足を得始めていた時でもあった。ただ，一方で女性の家族療法家たちは，自分たちも引き込まれた魅力的な理論と実践にもかかわらず，ジェンダーにかかわる問題がその中に潜んでいることに気づき始めていた。その気づきは，1970年代後半に始まったウォルターズ（Walters, M.），カーター（Carter, B.），パップ（Papp），シルバースタイン（Silverstein）のWomen's Projectによる「セラピールーム内における性差別」を「目にみえないくもの巣」(1988)として指摘した著書や，ヘア-マスティン（Hare-Mustin, 1978）による家族療法批判の論文となって結実し，家族療法の基盤であるシステム理論批判にまで発展していった。さらにホフマン（Hoffman, 1990, 1992）は，それらの論議を要約する形で，システム理論に潜むジェンダー差別の問題をより大きな社会的文脈で捉える必要性を訴えて，家族療法家たちの自己批判を促していった。そして，これらの動きは，ポストモダニズム（モダニズムの一元論的な立場を拒否する多元論的，相対主義的立場）の流れに位置づけられるsocial constructionismの理論と強化し合って，現在でも大きな論議を巻き起こしている。

2．社会構成主義とコンストラクティヴィズム

ところで，social constructionismは，上記の論文でホフマンも指摘しているとおり，constructivismと混同されやすい。日本においてもその違いは正確に理解されておらず，曖昧に論じられることが多いので，ここでホフマンの解説を引用して，二つの立場の違いを明確にしておきたい。

constructivism（以下，コンストラクティヴィズムと書く）は，ヨーロッパで生まれた考え方で，「認識とか概念は，人が環境と接触する時に形成される神経系の作業」という観点を強調する。つまり，われわれの世界像は個々人の閉鎖機構としての神経系の働きによってつくられるというものである。ホフマンは，この考え方によれば，認識とは視覚障害者がある部屋を探るような働きであって，もし木にぶつからなければ森にいるのか平原にいるのか，あるいはたまたまぶつからなくて済んだのかわからないということを意味すると説明している。

一方，social constructionism（以下，社会構成主義と書く）とは，アメリカで広まった考え方で，「概念や考え方，記憶は，人々の社会的交流，つまり言語を媒介として編み出される意味」であると捉える。認識とは，「社会的な解釈，言語，家族，文化などの産物であり，世界についての主観的解釈以外のなにものでもないと考える。二つの立場とも，ものごとは各人の色メガネを通してしか知ることができず，世界の実在とか客観的真実は存在しないとしている点は共通である。しかし，前者は，人が直接知ることはできないながら「ものの存在」を認めているのに比して，後者は，われわれの世界についての確信は社会的に創作されたもので，人間はただその認識・知識の争いをしているだけであるとするところが異なっている。

社会構成主義は，どちらかというと認識形成上の神経系の働きは重視せず，世界についての論述が世界をそのまま表現しているわけではないこと，特に，世界についての概念が人々の対話の中で形成されることを強調する。

3．理論のつくり手を問題にする社会構成主義の視点

このような社会構成主義の考え方が，心理療法の理論と実践に新しい視点を提示したことは，容易に想像できるであろう。もし，ものごとの認識が，個人の歴史的，社会的，文化的プロセスの中で，言語を通して形成されるものであるとすれば，心理療法の理論もまたそのようなプロセスの産物だということになる。つまり，それらは「事実」というよりは一つの「意見」であり，心理療法の実践もまた相互主観的な対話以外のなにものでもないことになる。

そこで，社会構成主義は，社会を動かしている「意見」のつくり手を問題にする。つまり，主流となる意見をつくった人や，対話の参加者の立場が問題となるのである。社会的交流には，容易に支配的立場と服従的立場が形成される。先に述べた人種，民族，ジェンダーに加えて年齢，力，知識などの違いは，より有利な立場，より支配的な立場を生み出し，より力があり，より優れている立場を獲得した人は，より強い影響力をもつことになる。その結果，その人々の言説は服従的な立場の人々の思考を支配していく。

多くの近代科学，学問の担い手は白人の男性であった。そして，心理療法の理論も主に白人の男性の経験と価値観によって形成され，実践されてきた。肉体的に力が弱く，社会的，経済的，政治的，法的にも劣っていると位置づけられてきた女性の認識，経験，価値観，特徴は，男性とは異なった，しかし同等

の価値があることは長い間見過ごされ，科学や学問の発展に女性の独自性が寄与するとは考えられなかった。つまり，力の差が生み出す男の優性，女の劣性という認識は，それ自体で偏った認識の強化という悪循環をつくっていたのである。その悪循環は，心理療法の世界においても例外ではなく，治療の言語それ自体が女性差別的なバイアスをもつという論拠になる。

当然，家族療法にはジェンダー差別の問題が含まれているわけだが，それらは大きく二つの視点から考えてみることができる。家族療法理論に潜むジェンダー差別と家族療法実践上のジェンダー差別である。理論は認知の問題であり，実践は行動上の問題なので，両者は相互に作用しあって人間の言動にかかわるわけだが，以下，とりあえず二つの視点に分けて論ずることにする。

II 家族療法理論に潜むジェンダー差別

まず，理論上の差別，特にシステム理論そのものがはらむジェンダー差別について考えてみよう。その主たる論議は，1990年代にほぼ出そろったと思われる。ここでは，ヘア-マスティン（Hare-Mustin, R., 1987）とホフマン（Hoffman, L., 1990）の説を紹介しながら，論議の主旨を見直すことにする。

1．ヘア-マスティンの提起した家族療法におけるジェンダー問題

ヘア-マスティンは，家族療法の理論が，まず歴史的に一般化されてきた伝統的，理想的家族関係の概念を基盤としてつくられていることを批判する。家族にかかわる心理療法の理論構築には，ジェンダーにまつわる家族内の不平等がかかわってきたにもかかわらず，そのことが見逃されてきたというのである。そして，家族療法に最も影響を与えてきたと思われる精神分析とシステムズ・アプローチは，ジェンダー・バイアスを典型的に示している二つの理論モデルだと指摘する。

a．精神分析批判

彼女は精神分析理論のもつジェンダー・バイアスを「アルファ偏見」と呼び，その問題は，ジェンダーの違いを強調し過ぎる点であるとする。つまり，精神分析理論は，ヴィクトリア時代風に理想化された家庭生活観を基盤にしてつくられており，男性は主として賃金労働に従事するために家庭を休息と余暇の場にし，女性はその場を整え，育児を担当するという役割分業観を反映して構築

されているとする。その発達理論は、男性の「自立」をモデルにしてつくられ、対象関係論とてその「対象」は女性・母親である。精神分析が示唆する家族の理論と臨床は、男性が女性の服従的立場を無視してつくりあげられたものであるにもかかわらず、あたかも普遍的なものであるかのように受けとめられ、しかも女性の心理を対象に男性によって活用されてきたのである。当然、この理論に基づいたセラピーは、男性の規範を女性が補完するという見方を反映したものになり、ジェンダーによる偏見のアプローチとなって、女性差別を強化していることになる。

b．システムズ・アプローチ批判

システムズ・アプローチに潜むジェンダー・バイアスは「ベータ偏見」と呼ばれ、その問題は、男女は平等に扱われるべきであるという見方を強調しすぎるあまり、男女の力の違いをなくそうとする立場で理論が構築されている点である。システム理論は、男女の違いが存在するところでもそれを無視して、男女を同等に扱おうとし、家族を抽象的、機械的な構造体として捉える。そこでは家族の再帰的因果関係、家族内の円環的因果律が強調され、家族の機能不全は文脈とはかかわりのない家族内のできごととして取り扱われる。セラピーにおいてセラピストは、単に推定されているにすぎない「中立的位置」から問題をリフレームする。つまり、セラピストは家族に自分の現実認知を教えるわけである。家族を取り巻く社会的、経済的、政治的文脈を無視したところで家族の内的機能が変わったとしても、家族療法家は家族を変えない方向に社会と共謀していることになり、社会のレベルでみれば、家族療法は「同じことのくり返し」"more of the same"をしていることになる。

さらにベータ偏見は、家族メンバーは平等であるというセラピストの仮定に則った取り引きの中で、セラピーにおける女性の望む変化が男性のそれよりもかなえられにくい構造をつくっていると指摘する。その構造の中では、たとえ男が十分な変化を得られたと感じても、女は不満である可能性は高い。その理由は、多くの男女の違いの議論の中で女性の特徴として指摘されている関係への欲求が満たされないからだけでなく、女性の愛と理解の要求は、男性やセラピストが直ちに受け入れる行動の変化よりも到達が困難だからでもある。

また、システムズ・アプローチ、特にヘイリー（Haley, J.）とミニューチン（Minuchin, S.）のそれは、家族内におけるヒエラルキーを年齢のみにおくことで、同年代の、男女が家族の中で必ずしも平等に比較できる位置にいないと

いう事実を無視することになっていると批判する。

　家族の中で，年齢とジェンダーは非常に複雑に作用し合う。一般に女性は男性よりも低い地位におかれており，社会からは成熟した人間として扱われにくい上に，夫よりも妻の年齢が低いことも多い。その点で，夫との連合を欠いた母子連合は，ミニューチンの理論が主張するほどヒエラルキーの侵害にはならないかもしれない。むしろ，家族内の世代的違いにのみ焦点を当てるセラピストは，すでにバランスの崩れたヒエラルキーを強化しているようなものである。つまり，ヒエラルキーの決定的な要素であるジェンダーを見過していることになるのである。

　システム理論は，家族メンバーを，再帰的，相補的に同等に作用し合う部分とみなすことによって，家族メンバー間の力，資源，欲求，関心の差を無視してメンバーを同等に扱ってしまい，結果的に，実際の家族メンバーの違いを認めないことになっている。

　ヘア-マスティンは，家族にかかわる心理療法理論は，規範とされてきた伝統的な男女の違いを強調する家族像と，男女の違いを無視した理想化された家族像に依拠してつくり上げられ，両極端のジェンダー差別を含んだ理論となっていることを指摘している。

2．ホフマンの家族システム療法批判

　ホフマンは，「現実の構成：レンズの技巧」という論文の中で，主に三つのレンズの重要性を論じている。一つ目のレンズは，すでに本論の最初に紹介した社会構成主義の考え方というレンズであり，自分のものの見方，自分の意見が社会的，文化的に会話のプロセスで構成されたものであることに注意を向けるレンズである。これは，「レンズについてのレンズ」ともいえるもので，自分のレンズには独自の色がついていることを自覚させるレンズである。二つ目のレンズは「第二次的視点」というレンズで，ものごとを一歩離れた位置からみることを意味する。人はものごとをみたり，理解したりする時，そこから一歩離れたところから把握しようとする。ということは，その把握をまた一歩離れた位置からみれば，人の見解は捉えた対象との関係の影響を受けていることに気づく。これは「見解についての見解」ともいえるレンズで，自分の見解・解釈は，多くのその他の見解や考え方の中の一部にすぎないことに気づかせてくれるレンズである。三つ目のレンズが「ジェンダー」というレンズである。

a．ジェンダーへの感受性

彼女は，ジェンダーのレンズの重要性に気づくに当たっては，ギリガン（Gilligan, C., 1982）による男性的価値システムに色づけられた世界観，特に自立，自律，コントロールを強調する見方と，それと対象的な女性の関係性と結びつきを強調する価値観を明らかにしたリサーチに強烈な影響を受けたと述べて，ギリガンの立場を「フェミニスト」の見方というよりは，男女のバランスのとれた文化のレパートリーについて論じた「ジェンダーに敏感な」見方として支持している。さらに，家族療法の世界におけるウォルターズら（Walters, et al., 1988）の著書の他に，カーターとマクゴールドリック（Carter, B. & McGoldrick, M., 1999）の著書，デル（Dell, P.F., 1986），上記のヘア-マスティンの論文などによる心理学と心理療法の基礎理論に対する挑戦を高く評価し，批判に賛同している。

たとえば，男性の成熟についての発達理論がすべての人間に適応されていること，家族ライフサイクルの概念に埋め込まれたバイアスは異性の男女によって形成される家族を想定しながら，家父長制を規範にしていること，依存，保護といった女性と関連づけられる性質が常に価値下げられてきたことなどの問題に注目する。また，システム理論は，個人は家族に，家族は地域社会に適合し，すべてがより大きな生態系に適合しなければならないと理解されがちな理論であり，個人はあたかもより大きな全体のために犠牲になる必要があるかの印象を与えることに疑問を発している。そして，家族療法が，1990年代に入ってやっとジェンダー・バイアスを意識し，「過保護な母親」とか「てんめん状態の家族」といった表現に攻撃が加えられ始めたと述べている。

特に，ミラノ派のシステミック・モデルにおける「円環的因果律」「相補性」などの概念が，フェミニストたちに批判されているとおり，男女関係の中の要素間の相互依存性を意味することに注目している。つまり，不公平で，虐待的な関係において上記の表現は，男性の責任と女性の弱さの両方を隠蔽してしまうという。システム理論には，経験されるできごとを説明する言語がなく，暴力の扱いにおいて弱点があると指摘する。つまり，科学的説明の世界では，力が力を制することがあり得，個人の責任や道義的判断を問題にする必要はないことがあるが，人間関係の中での力やコントロールの行使では，科学的説明と人間の経験の世界――人々が犠牲になったと感じ，語る世界――とは区別する必要があることを強調している。

b．フェミニスト批判

しかし，ホフマンは，フェミニストの立場にも批判を加えている。フェミニストの立場は，ジェンダーに結びついた考え方や家族の構造について激しく攻撃することで，心についてすでにわれわれがもっている病理像にもう1枚レッテルを加えているようなものであり，家族に対していかにあるべきかを説く「新たな専門家」をつくりあげることになっているという。彼女は，女性の抑圧と戦うために自分たちのスキルを活用しない家族療法家は政治的に「正しく」ないというメッセージには特に異論をもち，理想主義に陥らないよう警告を発している。その意味で，ヘア-マスティンの「ベータ偏見」批判と同じ立場を取っていると考えることができるであろう。ただ，フェミニスト家族療法家たちは，性差別論者の家族に対する態度に変化をもたらし，また他の家族療法家たちの意識の改革にも貢献したことは認めている。

以上のような観点から，ホフマンは，フェミニストの立場をとるというよりも，女性も男性も「ジェンダーへの感受性」をもった立場を維持する必要性を主張する。そして，これまで女性を軽蔑するために使われてきた言葉を男女が分かち合うこと，文化の守備範囲が両性にとって広がること，そして正義という理想に忠実でありながら自分の「問題」の定義を家族に押しつけないことが「ジェンダーへの感受性」をもつことだと自らに言い聞かせている。

3．日本の心理臨床理論におけるジェンダー問題

アメリカにおけるシステム理論の発見は，家族理解に大きな認識の変換を迫ったが，それに次ぐ家族理解を揺さぶる動きについて要約した。社会構成主義は，家族を歴史的，社会的，文化的文脈から捉え直す視点を提示し，論理的実証主義，合理主義，客観主義，本質主義の批判とともに，家族療法理論と実践の背後に存在する人種，民族，権力，ジェンダーなどによる政治的，経済的，法的差別の問題に敏感になることを促した。

a．フェミニスト・カウンセリングの矛盾

一方，日本の心理療法の世界では，ジェンダー問題のみならず，差別についての議論は非常に低調である。もちろん・フェミニストからの問題提起は1970年代後半から日本でも盛んに行われ，河野貴代美を始めとするフェミニスト・カウンセリングの動きは見逃せない。その批判と立場は，確かに差別されてきた女性の悩みという視点を明確にし，女性の自己受容，自己変革を促し，

性差別論者の態度を意識させ，変えることに貢献した。しかし，その動きは，多くの心理療法がそうであるように，特定の個人や家族の変化に役立ってはきたものの，心理臨床の世界を動かすようなものにはなっていない。その理由は，特に初期の段階におけるヘア-マスティンのいう「ベータ偏見」を主張するものが多かったこと，女性の見方のほうが正しく，男性が間違っているといった主張の中に，男性が犯したと同じ失敗をくり返していることに違和感をもった女性が多かったこと，などがある。つまり，フェミニストの見解と運動は，確実に被差別者の失望と怒りの理解，意識改革と正当な地位の確保に貢献してきたにもかかわらず，残念なことに，全体としてはその範囲にとどまっており，そのメスは心理療法の理論批判，心理療法家たちの意識改革に達するまでの衝撃になってはこなかったのである。

ただし，フェミニスト・カウンセリングがミクロの世界の変革にとどまってきた背景には，カウンセリングを始め学問，心理学の世界におけるジェンダー差別というより大きな問題があるということを見逃すわけにはいかない。この問題には，フェミニストたちの責任というよりは，フェミニスト・カウンセリングが抱える矛盾ともいうべき側面がある。

フェミニスト・カウンセリングが抱える矛盾については，河野(1991)が論じている。女性は，フェミニスト・カウンセリングによって個人的な悩みや問題が社会の問題に還元できることに目覚め，自己受容，自己変革を達成していく一方で，カウンセリングが個人や家族の私的問題の解決で終わる作業になりがちなために，社会の問題が個人の問題に還元されてしまう危険性をはらんでいる。そして，自己変革を遂げた女性でも，いや，自己変革を遂げた女性であればあるほど，あいかわらず，かかわるシステムが抱える差別の問題に直面し続けるのである。ジェンダー差別の問題から抜け出すことは，フェミニスト・カウンセリングにとっても，現在の日本全体にとってもなかなかエネルギーのいる作業なのである。

b．学会におけるジェンダー差別の悪循環

学問上，理論上で，ジェンダー差別がなくならない日本の現状には，日本の学会のあり方を含む心理臨床の世界の問題がかかわっている。

第一の問題と考えられることは，心理療法の各理論間の相違の比較や，各アプローチの効果に関する研究・議論が低調なことである。臨床関係の学会で，異なった理論・技法を支持する心理療法家たちがその違いや効果を論争した

り，切磋琢磨する様子はほとんどみられない。たとえ学会などでその場面が構成されたとしても，時間不足を理由に異なった理論・技法の羅列，意見の陳述に終わることが多い。論争まで発展しない理由が時間的制約によるだけでないことを，参加者は察している。

　日本の学問の世界における議論下手と権威主義が深くかかわっているのである。権力，権威のある人の意見，考えについて年齢，地位の低い者が反論すべきではないという日本文化の中では，反論は不利な状況を招きかねないがゆえに抑圧され，権威者の説は聞かれたままで終わる。その伝統の下では，相互交流による思考刺激の交換もなければ，新たな理論の創造も生まれにくく，権力構造に支えられた学説が旧態依然として残り続けることになる。つまり，単に自分が知らない意見や説を知り，受け継いでいくという刺激しか得られないのである。

　あえて極端な表現をとるならば，日本の心理臨床の世界における権威は，学説の独自性や斬新さ，論者の説得力，実践上の実力によって確立されているというよりは，権力をもつ閥によって維持されているといえるだろう。そして，その権威は，主としてフロイト，ロジャーズ，ユングの紹介者と支持者によって長い間占有され，一方で行動療法家はそこにはかかわりなく別の地位を確立してきたといっても過言ではあるまい。その動きは，挑戦されることの少ない男性の権威者とそれに従う弟子たちによって支えられ，いまだに大きく変わることはない。

　皮肉なことに，他の世界と違って，心理臨床の世界に入ってくる多くの弟子たちは女であり，この世界で活躍している臨床家も半数以上が女である。にもかかわらず，心理臨床関係の学会の理事や評議員の8～9割が男であり，多様な女の見解が論じられたり，聴かれたりして，男が無意識の権力・ジェンダー差別に気づき，問題に取り組むチャンスはほとんどない。確かに，女性自身が理事や司会者を選ぶに当たって無意識に男の先生を選ぶなど，ジェンダー差別を意識して学会活動を行っていないことにも問題はあるが，それに加えて，権力も権威もない，軽視されやすい立場にいる女性の「声」が聴かれないことで，男性優位が温存されるという悪循環が起こっている。

　この傾向は，日本学術会議の会員210名中女性の会員がただの7名（2002年現在）といった日本の学会全体のありようとも重なっており，心理学，心理臨床の世界だけの問題ではないのだが，もっぱら人間の不完全さ，心の世界が

つくるヒューマン・エラーにかかわった研究と仕事をしている心理臨床が，あいかわらず権力，ジェンダー差別の問題を克服できないでいることは，大きな問題だといわねばならない。

III　家族療法の実践におけるジェンダー差別

それでは次に，家族療法の実践中に起こるジェンダー差別について，具体的に考えていこう。

これまで述べてきたような心理臨床，家族療法の理論に潜むジェンダー差別は，当然，その実践の中で，多くの女性，ひいては多くの男性を苦しめ，問題や悩みの解決に相も変わらぬ悪循環を起こしている。それは，セラピストによるジェンダー差別，そして家族メンバーによるジェンダー差別として表現される。

1．セラピストによるジェンダー差別

あるワークショップで，カナダの家族療法家カール・トム（Karl Tomm）が「自分が，白人の，アングロサクソン系の，男性の，精神科医であることは，大きな問題である」と述べて，有利な人種，民族，ジェンダー，そして職業を保持する人間のはらむ危険性を意識することの必要性を強調したことがある。心理臨床の仕事は，個人療法，家族療法を問わず一般的に専門的な実践と考えられているので，心理臨床家といえどもその危険性から簡単に逃れることはできない。特に専門家のジェンダー差別には，意識的に取り組む必要がある。

専門家の実践は，専門の学問を基盤にした知識に裏づけられている。それは，社会構成主義の見方からすれば，ある知識を身につけた人の一つのものの見方の表現にすぎないわけだが，現実の社会では，臨床の科学という抽象化，一般化された権威ある知識として，具体的なケースに応用されていく。つまり，現存の社会的，文化的文脈の中では，セラピストがより優位な立場に立つ現実から逃れることは非常に難しい。

もしジェンダー差別の不平等という弊害を少しでも減らそうとするならば，具体的な面接の場面でセラピスト，特に男性のセラピストは，個人あるいは家族が属する社会のジェンダーの問題が，他の優勢な文化のジェンダー観にどう影響されているかを見極めようとすることと，そしてジェンダー差別のある社会におけるセラピスト自身のジェンダーと優位性を自覚することが必要であろ

う。
　次に，多くの家族療法家が陥りやすいいくつかのジェンダーの問題の例を取り上げて，セラピストのジェンダー差別の自覚の助けとしたい。

a．男性セラピストのジェンダー差別

　本来，心理臨床の仕事は，常に目前にいる個人とか家族といった唯一無二の存在の特有の悩みや問題に，最も適した変化を起こす援助をする作業であるから，常に「今・ここ」の現場が要求する対応を生み出し続けなければならない。それは，臨床家が学んだ一般化された専門の理論や方法を「正しい見方」の名のもとにクライエントに適用して，その枠組みで相手や問題を理解したり，相手にその理論に合った変化を遂げさせようとすることではないはずである。しかし，男性のみならず，自分の優位性に無自覚なセラピストは，男性優位社会の差別構造を面接場面にも持ち込む危険性がある。
　もし，男性の臨床家が，専門的知識をもつことと男性優位の社会的枠組みの中で仕事をしていることに無自覚である時，「お母さんの放任が子どもの問題と関係ある」「妻が外に出ることは夫の浮気を誘った可能性がある」「夫たる者そんなに妻に甘えることは問題だ」「お母さんが面倒をみることが何よりも子どもを立ち直らせる」といった表現が出てくる。また，夫婦療法の中で言い分を理解しない夫に怒りをぶつけ言いつのっている妻に，セラピストが圧倒されるとか，「激しい女性」とレッテルを張るということもある。そこには，女は激しく怒るべきではないといった見方があり，妻の怒りの裏にある理解されたい願望や理解されていない失望をセラピストは受けとめ損なう可能性もある。

b．女性セラピストにとってのジェンダー問題

　以上，男性のセラピストが起こしやすい無意識のジェンダー差別の例を取り上げたが，この問題は，女性のセラピストにとっても，容易に解決できる問題ではない。そして，女性といえどもジェンダーへの取り組みは，個々人の家族，社会，文化的背景によって異なって当然である。そこで，ここでは筆者にとってのジェンダー問題を簡単に紹介することにする。女性のジェンダー問題の一例として理解していただきたい。
　筆者は，人は未熟な誕生を宿命とするがゆえに成熟を目指しており，人間としての成熟は自己信頼の基盤であると考えていた。筆者（1998）は，長い間，自分の自信のなさは，人間としての未熟さからくるのか，女性として差別され，劣った存在として見なされてきた結果によるのかを区別して把握することはで

きなかった。

　幼い時から身長も体重も平均よりはるかに低かった筆者は，個人的に暴力を受けたことは全然なかったにもかかわらず，男の生徒や大人同士の暴力的な言動には本能的に危険を感じており，青年期になって半ば無意識のうちにとった安全な道は，男性とは関係なく自己の成熟（自律と自立）にひたすら取り組み，それが達成できた時には言論の世界でなら男性と論争できるかもしれないというものであった。一般に男性より筋力が弱い女性は，男性と争うことで身に危険がふりかかることを恐れ，筋力と権力をもつ者に対抗することを回避し，身を守っていると思われる。

　つまり，筆者は，力の上で男性とは平等になれないので，男性と筋力で争う危険からは逃げるしかないと思っていた。その点で，初期のフェミニストたちの好戦的ともみえる言動には不安を感じ，同時に男性の差別意識を一方的に攻撃しているような態度には自律性が欠けていると批判的にもなっていた。その反面で，フェミニストたちの主張には同感するところも多く，その勇気には感嘆し，運動ができる人たちを密かに支援してもいた。つまり，「運動をしてくれてありがとう」という気持ちをもちながらも，自己の自律を棚上げにして男性批判，社会のジェンダー差別批判にすべてのエネルギーを注いでいるかにみえる言動には疑問をもったし，男性とてジェンダー差別の犠牲者でもあるのにそれを自覚していないのではないかなどと横目でみていた。そして，フェミニストを批判しながら，自分も含めた女性の直面すべき問題解決を任せてしまっている自分のずるさを恥じてもいた。しかし，自分としては，自己理解と自己受容をなしとげた上に確立できるであろう自立に向かって，ひたすら自分の問題に取り組むしかないと思っていた。

　その時は，自分が男性に生まれてこなかったことを悔やみ，それ故に自律や自立という男性に必要な価値を重視していること，男性優位の文化に影響されて自分の問題をみていることには気づいていなかった。また，フェミニストたちの"personal is political"という主張が，女性のおかれている状況をより広い視野から見据えており，私たちが男性優位の社会の中で，権力と差別の下で生活している現実を認識することなしに女性の自立もあり得ないことにも気づいていなかった。

　個人としても，女性としても自分が満足いく自律などそう簡単には達成できないことがわかり始め，進むべき方向を見失いかけていた時，アサーション

（自他尊重の考え方と自己表現法）に出会ったのは筆者にとって大きな事件といってよい。アサーションは，女性はもちろんのこと男性といえども相手を大切にし，同時に自己を大切にした対人関係のあり方を説く。攻撃をやめ，しかし自分の主張は明確に，かつ相手にわかりやすい表現で伝えてみようとする。それは理解されないことも，同意されないこともあることを前提とした表現である。そこでは，自分は理解されるように率直に，素直に発言し，相手に対しては理解しようと耳を傾けることが要求される。また，そのかかわりには，自分を明確にし，述べたいことを自分の中でしっかり確認する作業が不可欠である。アサーションのプロセスは，自分を生き，相手を生かす関係の世界を創り，自律的親密さ，すなわち個別性と関係性を両立させようとするかかわりを追求する。現在，筆者は，アサーションの精神を生かしてセラピーに取り組むこと，特にジェンダー差別にはこの思想とアプローチをしっかり身につけることが大いに役立つと考えている。

2．家族メンバーによるジェンダー差別

家族メンバーによるジェンダー差別は，これまで述べてきたセラピストによるジェンダー差別の応用問題と考えることができる。その例をいくつか上げておく。

a．コミュニケーションと葛藤解決

セラピーの中でよくみかけるジェンダーの問題の一つは，男女のコミュニケーションである。家族は親密さを求めるが，日本文化の中で創り上げられてきた親密さの表現は，男女で異なっている。男性は往々にして行動を共にすること，女性が自分の要求に応じてくれること，問題解決を助けることなどの課題に二人で取り組むことを親密さの証しとする。しかし，女性にとっての親密さは，話し合うことであり，理解されること，かかわりをもつことなど，コミュニケーションによる関係が維持されることである。かくして，妻からは「夫は自分の話を聞いてくれない」「話を聞いて，励ましたり，共感したりしてくれればよいのに，アドバイスをしたり，方法を教えたりする」と訴えられる。また，妻は関係を維持するために葛藤を避け，批判されると関係が壊れるかと恐れる。反対に夫からは「妻は感情的だ」「妻は愚痴ばかりこぼして，アドバイスどおりに動かない」「ぐずぐずしていて，決められない」といった訴えが出される。自分の意図に反した変化を要求されると無意識に抵抗し，自分の優位

性を保とうとする。

　家族がジェンダー差別にどれほどとらわれているかを意識化することは，家族援助の重要なポイントとなるだろう。

b．性役割意識と個別性

　家族はオープンで，気楽な関係を結びたいと望んでいる。だから，正直に，素直に自分の意見や気持ちを伝え合うかというと必ずしもそうではない。男性も女性もジェンダーの仮面をいつのまにかつけて，性役割意識で家族関係を創っていく。男性は自分の弱さや痛みをみせることを恐れて，特に気持ちの表現を避け，女性は自分の強さや怒りを見抜かれないように自分を抑える。子どもが生まれると妻は夫を「お父さん」と呼び，夫は妻を「お母さん」と呼んで，夫と妻の夫婦としての関係を軽視していく。子どもが自立する時がくると父母の役割を失うことに未練が残り，また夫婦としての関係を再確立することができず，離婚になることもある。

　家族生活には必ず役割関係が存在し，役割を果たすことによって関係が成立している部分も多い。しかし，同様に家族が重視すべきことは，一人ひとりの個別性である。個人のユニークさを理解し，ユニークな存在である個人を受け入れることなしに，家族生活は成功しないだろう。

　そして，家族こそ最も個人を深く理解し，自然で，自由に振る舞える場を創ることができる集団であろう。家族内の性役割意識が個別性を消し去らないようにすることも家族療法の課題であろう。

文　献

1) Carter, B. & McGoldrick, M.：*The Expanded Family Life Cycle ; Individed, Family, and Social Perspectives* (3rd ed.). Allyn & Bacon, 1999.
2) Dell, P.F.：Why do we still call them "paradoxes"? *Family Process* 25：223-234, 1986.
3) Gilligan, C.：*In a Different Voice*. Harvard University Press, 1982.（岩男寿美子監訳：もうひとつの声——男女の道徳観の違いと女性のアイデンティティ．川島書店，1986.）
4) Hare-Mustin, R.：A feminist approach to family therapy. *Family Process* 17：181-194, 1978.
5) Hare-Mustin, R.：The problem of gender in family therapy theory. *Family Process* 26：15-27, 1987.
6) 平木典子：こころに優しい男と女の関係——心理臨床のアカウンタビリティの視点から．こころの健康 13：3-11, 1998.
7) Hoffman, L.：Constructing realities ; An art of lenses. *Family Process* 29：1-12, 1990.
8) Hoffman, L.：A reflexive stance for family therapy. In McNamee, S. & Gergen, K.J.

(Eds.) *Therapy as Social Construction.* Sage, 1992.（家族療法のための再帰的視点．野口裕二，野村直樹訳：ナラティヴ・セラピー——社会構成主義の実践．金剛出版, 1997.)
9) 河野貴代美：フェミニスト・カウンセリング．新水社, 1991.
10) Walters, M., Carter, B., Papp, P. & Silverstein, O.：*The Invisible Web ; Gender Patterns in Family Relationships.* Guilford, 1988.

参考文献

Julien, D. Arellano, C. & Turgeon, L.：Gender issues in heterosexual, gay and lesbian couples. In Halford, W.K. & Markman, H.J. (Eds.) *Clinical Handbook of Marriage and Couple Intervention.* Wiley, 1997.
柏木恵子, 高橋恵子編著：発達心理学とフェミニズム．ミネルヴァ書房, 1995.
Kim, B.C.：Marriage of Asian women and American military men ; The impact of gender and culture. In McGoldrick, M. (Ed.) *Revisioning Family ; Race Culture, and Gender in Clinical Practice.* Guilford, 1998.
Knudson-Martin, C. & Mahoney, A.R.：Beyond different worlds ; A "postgender" approach to relational developnment. *Family Process* 38：325-340, 1999.
McNamee, S. & Gergen, K.J.：*Therapy as Social Construction.* Sage, 1992.（野口裕二，野村直樹訳：ナラティヴ・セラピー——社会構成主義の実践．金剛出版, 1997.)
大野祥子：家族役割とジェンダー．東洋，柏木恵子編：社会と家族の心理学．ミネルヴァ書房, 1999.
Parker, L.：Bringing gender issues in couple work ; Bringing "Mars and Venus"back to earth. *Journal of Family Psychotherapy* 10(2)：1-15, 1999.
Philpot, C.L. & Brooks, G.：Intergender communication and gendersensitive family therapy. In Mikesell, R.H., Lusterman, D. & McDaniel, S.H. *Integrationg Family Therapy : Handbook of Family Psychology and Systems Theory.* American Psychological Association, 1995.
Rider, E.A.：*Our Voices ; Psychology of Women.* Wadsworth, 2000.
斎藤学，波田あい子編：女らしさの病——臨床精神医学と女性論．誠信書房, 1986.
柴谷篤弘：生物学者にとっての構築主義とは何か．家族療法研究 16：161-168, 1999.
Simon, R., Carter, B., Papp, P., Silverstein, O. & Walters, M.：Fearless foursome ; An interview with the women's project. *Family Therapy Networker,* Nov./Dec. 58-68, 1997.
Werner-Wilson, R.J., Zimmerman, T.S. & Price, S.J.：Are goals and topics influenced by gender and modality in the initial marriage and family therapy session? *Journal of Marital and Family Therapy* 25：253-5262, 1999.

5. アサーション・トレーニングの理論と方法
―― 青年のための対人スキル・トレーニング ――

はじめに

　いつの時代でも思春期，青年期の若者にとって，対人関係の問題は重大な関心事である。なぜなら，この時期の若者をとりまく人間関係はそれまでの家族中心から同年代の仲間へと拡大し，日常生活の大部分が仲間との交流によって占められるようになるからである。若者はそこでの人間関係に，心の安らぎと真の親密さを望むのだが，それを得ることは容易ではない。しかし，多くの若者はその体験を通して，仲間との人間関係を作り上げるには，意志と努力，そしてスキルを必要とすることを学ぶのである。

　大学の学生相談においても，対人関係の問題は常に相談数の上位を占めてきた。しかし，それらの対人・心理に関する訴えは，対人緊張，赤面恐怖などの一過性の対人恐怖から，統合失調症（精神分裂病）の発症を疑わせるものまで青年期に特有の広い範囲の症状を秘めている。さらに，青年の対人・心理の問題は，時代や文化の影響を非常に強く受けて多様な表現形態を取る。したがって，一口に対人関係の問題といっても，その症状の現れ方や意味するところは複雑であり，援助方法の選択も慎重になされなければならない。

　学生相談の分野で対人関係の悩みが修学相談を越え，第1位になったのは，1970年代の後半に入ってからである。それは，若者について，「幼稚化」「少年化」の傾向が指摘され，また彼らの「社会性の欠如」が問題とされるようになった時期と一致する。その傾向は1990年代に入って境界例が増加するに及んで，多少下がり始めるが，軽妙になった人づき合いの裏には，1970年代に存在したと同じ対人関係と対人心理が潜んでいるのをうかがうことができる。それは，傷つくことを怖れてきちんと向き合うことができず，真の親密さに到るには程遠い人づき合いであり，その結果，味わわざるを得ない後味の悪さや孤立感である。

学生相談の現場には，そのような問題を背景にした対人関係の悩みが「周囲の人が気になって講義に集中できず，すごく疲れる」「人との会話に入っていけないので，休み時間やコンパがつらい」「人に傷つけられるのではないかと怖くて大学に行けない」「先輩（先生）に叱られたので，あの人のもとではやってゆけない」「人が自分のことをどう思っているかが気になって，自然な言動がとれない」等の訴えとなって現れる。

　もちろん，このような一見深刻そうでない訴えの中には，問題の根が深く，一朝一夕には解決できないものもある。そのような場合は，長期的な個別のカウンセリングの中で，心理的な自立を促しながら社会性を獲得していくための援助が必要である。しかし，それほどの深刻さはないにもかかわらず，人間関係に対する直接の援助がないところでは，不安が先行し，回避的行動を取り続ける場合も多い。このような学生には，他の多くの学生にとって社会性や対人技能を身につける場であるサークル活動やゼミなども，ほとんど助けにならない。

　各大学の学生相談室は，対人関係スキルの未熟な学生や自己成長を希望している学生に対して，エンカウンター・グループ等の合宿プログラムを提供している。このような非構造化されたグループによる対人関係訓練は，安全な雰囲気の中で自己を開示し，ありのままの姿を確認し，その姿を相互に受け容れる体験となり，学生のアイデンティティ形成や自己信頼の獲得に大きな効果がある。

　一方，構造化されたグループによる訓練は，具体的で，目標の明確な対人スキルの学習などに最適である。そのようなトレーニングの中には，構成的エンカウンター・グループやアサーション・トレーニング，SST（ソーシャル・スキル・トレーニング）などがある。それらの中からここでは，対人スキルのトレーニングの代表的なものの一つとして，アサーション・トレーニングを取り上げ，その理論と方法を紹介したい。

I　アサーション・トレーニングとは

　アサーションとは，自己主張と訳されることもあるが，その真意は単に自己主張というよりは，「相互尊重の自己表現」に近い。定義するならば，「自分の意見，気持ち，価値観，欲求などを，率直に，素直にその場に適切な方法で表

現すること」とか,「他者の基本的人権を犯すことなく,自分の基本的人権のために立ち上がって自己表現をすること」となる。このような考え方の中には,すべての人間が基本的アサーション権を持ち,それは誰もが犯すことなく尊重されるべきであり,そのためにスキルや態度を発達させようということがある。アサーションの中には,それぞれの文化,状況,関係する人々にそった適切な,基本的自己表現の精神とスキルが含まれていることになる。

　筆者がはじめてアサーション・トレーニングに出会ったのは,1975年の夏,ロジャーズとその仲間が主催する第1回のPCA (Person-Centered Approach) に参加した時であった。インタレスト・グループの一つとしてアサーション・トレーニングが提案されていて,私は参加しなかったが,そのグループの人たちが,昼食事や立ち話の中に,「入ってもいいですか」とか「あなたの名前は何でしたっけ」等と言って入ってきたり,話しかけたりしていた。そして,それがアサーションの練習だというのを聞き,関心を持ったのである。

　その後,1979年に,研究休暇を過ごしている時,サンフランシスコ州立大学で,学生相談室の主催する「アジア系学生のためのアサーション・トレーニング」に参加する機会を得た。そこではじめて,このトレーニングが,ある程度構造化された対人スキルのグループ体験として,優れた方法論を持っていることを学んだのである。現実的には,アサーション・トレーニングにはさまざまな実施方法がある。ここでは,このトレーニングの中核となる考え方を中心に,この10年間に筆者が開発してきた日本人向けのアサーション・トレーニングの概要を紹介したい。

Ⅱ　トレーニングの概要

　アサーション・トレーニングには大きく分けて五つの領域がある（平木,1993）。それらは,
　1）アサーション理論の学習
　2）基本的人権――アサーション権――の確認と自信の獲得
　3）認知・考え方の上でのアサーションの獲得
　4）言語レベルのアサーション・トレーニング
　5）非言語レベルのアサーション・トレーニング
である。この五つの要素をどのように組み入れてプログラムを立てるかは,そ

れぞれのトレーニングの対象，期間などによって異なるが，大まかには，理論的な学習の部分と実習的トレーニングの部分とによって成り立っている。

アメリカにおけるトレーニングは，10人前後の小グループ形式で行われることが多く，事前に予備面接をして，参加者のスクリーニングを行うと同時に，特徴やニードを把握してプログラム作成に活用している。スクリーニングとは，セラピー（アサーション・セラピーを行う場合もある）を必要とする人か，アサーション・トレーニングに受け入れられる人かを判別するのである。

この形式のトレーニングは，エンカウンター・グループと類似しているところが多く，個人の自発性を尊重しながら，各人のアサーションを課題に，ロールプレイを中心とした訓練が進められる。したがって，この方法によるアサーション・トレーニングは，アサーションをテーマにした半構成的エンカウンター・グループということもできる。

このような方式によるアサーション・トレーニングも日本に紹介されており（河野，1982），トレーナーがその場や相手に応じてトレーニング法を自在に運用できるという長所がある。しかし，この方式にはトレーナーの高い力量が要求されること，多くの人々へのトレーニングができないこと，事前面接などセラピー並の手間と時間がかかるといった短所がある。さらに，日本人には事前面接によるスクリーニングは自尊心を傷つける可能性もあって，馴染みにくい。そのような欠点を補うために，筆者の開発したトレーニング方法は次の通りである。

まず，トレーニングを基本的には理論編と実習編の二つに分ける。理論編では，先に上げた五つの領域について，簡単な実習を含みながら，アサーションの考え方や方法を理論的に学ぶ。そして，もしそれをさらに進めて自己のアサーション能力を高めたい人は，実習編に参加して実際的な訓練を受ける，という方式を取る。これによって，理論を学んだ後，参加者自身が自分のアサーションの問題をある程度判断して，実習まで進むかどうかを決めることができる。さらに，理論編では，少なくとも30人までの人を参加者として受け入れることができる。

ただ，一つの大学内の学生を対象とし，学生相談室でこのトレーニングを主催する場合は，実習の人数を中心に見込んで，理論，実習を合わせた一つのプログラムとして実施してもよいと思われる。なぜなら，一般公開のプログラムに比べて，口コミによる宣伝も含めて内容のPRが行き届く可能性が高く，ま

た，トレーニング後のフォローもしやすいからである。

Ⅲ　アサーション理論

　アサーション理論とは，アサーション・トレーニングの基礎であり，アサーションとは何か，アサーションとそうでない表現法との違いはどこにあるか，それぞれの表現法の背景にどのような心理が潜んでいるかを学ぶ部分である。
　ここでは，行動療法のウォルピ（Wolpe, J.）が述べている三つの対人関係の方法であるアサーティヴ，非主張的，攻撃的の三つの表現の違いを学習する。すなわち，自分だけのことを考えて，相手を無視するような対応としての攻撃的言動，常に相手を優先し，自分のことは二の次にする対応としての非主張的言動，そしてこの二つの言動の黄金率とも言うべき自分も相手も大切にした対応としてのアサーションである。
　日本人には非主張的な言動をする人が多く，特に対人関係の問題を持った人の中には，非主張的言動が目立つ。非主張的言動とは，いわば相手の人権は尊重するが自分の人権を自ら踏みにじっている自己否定的自己表現によって特徴づけられ，言いたいことを言わなかったり，言い損なったり，言ったとしても相手に伝わらないような遠回しや自信のない言い方をしたりすることである。そのような自己表現をする人は，その時は相手を立てているつもりで，もめごとを起こさないいい人になり，嫌われない振る舞いをしているつもりであるが，その結果，欲求不満がたまったり，自己嫌悪に陥ったり，心身症になったり，鬱になったりし，挙げ句の果てには，立てたはずの相手を軽視したり，怨んだりもするのである。
　日本人に比べてどちらかというとアメリカ人に多い攻撃的言動とは，相手の人権を無視して，自分の人権のためにのみ動いている利己的自己表現によって特徴づけられる。この表現をする人は，相手の存在や相手の言動を無視したり，否定したりし，相手に自分の意見を押しつけ，相手と争い，相手を支配する姿勢を取る。つまり，相手を負かして，自分が勝とうとする態度といえよう。この言動の中には，皮肉や侮辱，相手の希望や気持ちの無視，自分の思い通りに相手を動かそうとする態度なども含まれる。
　アサーションとは，自分の人権を自ら守りながら，相手の人権も尊重するさわやかな自己表現ということができる。この表現の目標は，フェアプレイと相

互尊重の精神によるコミュニケーションであり，葛藤を怖れず意見を述べ，歩み寄りの道を探そうとする話し合いである。そこには，自分の気持ちや意見の自己確認があり，葛藤が起こって自分の意見を変えるときも，自分の責任で行うために相手に怨みを残さない態度がある。

トレーニングの第一歩は，まず，これらの三つの言動の区別がはっきりできるようになることである。そのために，たとえば次のような練習問題を行う。それぞれの反応について，アサーション，非主張的，攻撃的の区別をする。

［例］
試験が明日に迫って，友達がノートを貸して欲しいと言いました。あなたは今になって貸すわけにはいかないと思っています。そこで言います。
A：「いいよ，でもあまりきちんととってないし，字もきたないよ」
B：「いったいどうなってるんだ，今ごろになって，人のノートを借りようなんて！」
C：「君が困っているのはよくわかるけど，今から帰って勉強しようと思っていたんだ。この次には早目に言ってくれたら協力するよ」

Ⅳ　アサーション権と自己信頼

アサーションにとって大切なことは，ある程度自信が必要だということである。スキルを学んで練習し，身につけることで自信が得られることもあるが，自信を得ることでスキルを活かしやすくなることもある。そこで，自信を得るための助けとして，基本的人権の確認と行使を勧める。それらの主なものは，
1）人は誰でも，欲求を持ち，それを大切にしてよい。
2）人は誰でも，感情を持ち，それを表現してよい。
3）人は誰でも，相手の期待に応ずるか否かを自分で決めてよい。
4）人は誰でも，過ちを犯すことがあり，そのことに責任をとってよい。
5）人は誰でも，支払った価に見合ったものやサービスを要求してよい。
などである。これらの人権は，自分が所与のものとして保持していると同時に，他者も所有している。したがって，頼む権利と断る権利の間では葛藤が起こりうる。しかし，そのようなときにも，葛藤を怖れて自己表現を控えたり，逆に有無を言わせず意見を押しつけたりするのではなく，相互に意見を出し合って，歩み寄ろうとする話し合いが重要であることを学ぶ。トレーニングの中では，

この部分の影響が大きく反映して，明るくなっていく学生が多い。

V 認知，考え方のアサーション

　この部分は，論理療法のエリス（Ellis, 1975）の影響を大きく受けている。論理療法の中で提示されている「非合理的思い込み」は，認知レベル，考え方のアサーションを測るうえで，よい助けとなる。この領域では，非合理的思い込みのインベントリーによって，自己の考え方の非合理性をチェックし，メンバー相互間の話し合いによって，合理的考え方を理解していくようにする。
　つまり，人間の悩みや問題は，周囲の出来事や他人の言動によって起こされるのではなく，それを自分がどう受け取ったかに影響されるということを学ぶのである。そして，人間の行動のもとには，論理的，理性的，現実的な考え方が必要であり，それがない時，アサーティヴでない，主体性のない言動になるということを学ぶのである。学生たちにとって，論理的な考え方というアイディア自体が非常に馴染みやすく，多くの参加者の意識革命とアサーションに役立つようである。
　特に多くの対人関係の問題を持った学生に共通する非合理的思い込みは，
　　1）人には好かれねばならぬ。
　　2）いつも，物事はきちんとしなければならぬ。
　　3）人を傷つけるのはよくない。そんな人は非難さるべきである。
　　4）思い通りにことが運ばないということは，致命的である。
　　5）危険や恐怖に向かうと，不安になり，何もできなくなる。
　　6）困難や責任は直面するよりも避けるほうがやさしい。
などである。これらの考え方を持った学生が，「そんなことはないのだ」と考えられるようになることで，かなり自由になっていく。

VI 言語上のアサーション

　この部分は，アサーション・トレーニングの中核を占める。特に実習では，場面によって，相手によって苦手な状況を具体的に選び出し，ロールプレイをしながら練習をくり返して，アサーティヴな言動を身につけていく。ここでは，参加者はお互いに練習をする役になったり，相手役になったりしてお互いに助

け合う。このプロセスが，相互理解，相互援助関係の確立に大きな効果をもたらす。この部分の練習可能な言動の領域としては次のようなものがある。
 1）人を誉める。
 2）自分の長所や，成し遂げたことを言う。
 3）知らないことや，わからないことについて説明を求める。
 4）自分が神経質になっていたり，緊張しているとき，それを認める。
 5）人と異なった意見や感じを持っているとき，それを表現する。
 6）会話をしている人の中に加わる。
 7）自分が間違っているとき，それを認める。
 8）人に助けを求める。
 9）自分の行為を批判されたとき，うけ応えをする。
 10）長電話や長話を切る提案をする。
 11）押し売りを断る。
 12）人の誘いを断る。
 13）援助や助言を求められたとき，必要であれば断る。
 14）話を中断されたとき，それに対応する。
 15）不良品を返す。

Ⅶ　非言語上のアサーション

　言語的には言い方がわかり，表現はできたとしても，それに伴う非言語上の聴覚的・視覚的部分がアサーティヴでないと，アサーションの効果は半減する。表現の流暢さ，速度，調子，明確さ，余分な音（アー，そのーなど）の有無，反応のタイミングなどは聴覚的な要素として気をつけることを学ぶ。また，視覚的なものとして，視線，表情，姿勢，動作等が重要な影響を及ぼすことにも注目する。
　実習の中では，言語と非言語の双方を見ながらの練習ができることになる。

Ⅷ　トレーニングの日程

　トレーニングは，実習の参加人数によるが，大まかに3種類の日程の組み方があると思われる。

1）毎週1回。1回につき2時間半を，10回（理論編5回，実習編5回）とる。
2）集中で土曜，日曜の2日を2回とる。
3）合宿で3泊4日とる。

なお，実際のすすめ方については，平木（2002）を参照のこと。

IX　アサーション・トレーニングの効果

次に，このトレーニングに参加した学生の感想文を載せて，その効果を紹介したい。

「〈数人の中で雑談に加われるようになること〉が，私のロールプレイの課題でした。このテーマを出す時に，どのようにしたら自分が話せるようになるのだろう，どのようにしたら相手の話がわかるのだろうと考えて，それに解決をつけようと思っていました。

実際にロールプレイをやってみて，自分を表現するということと自分が話すということは同じではないのだ，ということがやっとわかりました。自分がその場にいるということと，自分が話すということは違うのですね。集団の中で自分も参加しているんだという信号として発言する，ということは確かに非常に大切なことですが，その発言の方ばかりに気を取られていたところがあるようです。

私が他人（誰か）と話をしていて，いつも何かぎこちない，釈然としないものを感じていたのは，私があまりにも言語的な表現ばかりにとらわれて，自分の非言語的なものの力を信じていなかったからだということがわかりました」

「学んだことは多かった。失敗する権利は自分にもあるということ。マイナス感情を切り捨てることは，自分を殺す結果になること。

周囲の人間のぐちや怒りをすべてうけとめようとした自分には当然無理があった。

今の自分にはとりあえず，人間関係に関してはゆとりをもつことができる。実際アサーティヴに行動できているわけではないが，心構えとしてゆとりをもっていることでもかなり違ってくる」

「今までこのように自分をさらしたことはなかった。くよくよ考えていたこともこの集まりの中では案外笑って話せたし，同じような悩みを抱えている人がたくさんいるということがわかっただけでも，大変有意義だった。10回で終わってしまうのが非常に残念な気がする。もう半年くらいたったら，もう1度集まりをもって，今どうしているかなど話し合いたいと思う。このような形での集まりは，他の形式ではまず持てない。過去のいろいろなことの中でも，最高に有意義だった」

これらの感想の中から，アサーション・トレーニングは対人スキルのトレーニングとして，そこに伴って発揮されるさまざまな効果とともに，非常に有効なトレーニングであることがわかる。今後の課題としては，トレーナーの養成が急務なことであろう。

文　献

L.Z.ブルーム他：(斎藤，河野訳：自分を変える本．BOC出版，1977.)
Ellis, A. & Harper, R.A.：*A New Guide to Relational Living*. Prentice Hall, 1975.（国分康孝訳：論理療法——自己説得のサイコセラピー．川島書店，1981.）
平木典子：アサーション・トレーニング——さわやかな〈自己実現〉のために．日本・精神技術研究所，1993.
平木典子編：カウンセラーのためのアサーション．金子書房，2002.
河野貴代美：引込み思案をなおす本．PHP研究所，1982.

6. カウンセラーからみたしつけ

　まず，しつけをめぐるいくつかのメモから筆者の関心事を抽出してみたい。文中，特に心理臨床家としての筆者にとって，関心を引くしつけについての考え方を太字で記しておいた。それらの考え方を後半の議論のテーマとするつもりである。

I　しつけをめぐるメモから

1．しつけの語源・意味

　日本語の「しつけ」は，もともと「田に稲を植え付ける」，「衣服を仕立てる」などの意に用いられていた「仕付け」と同義だという。田植えにおいては，「稲を縦横正しく，曲がらないように植え付ける」であり，裁縫では，「縫い目を正しく整え，きれいに仕上げるために，本縫い前に仮にしつけ糸で縫いつけておく」の意である。一方，英語でしつけは，discipline（訓育），disciple（使徒・弟子）に通じ，ここでも「教えに従った正しい行動の習得」といった意味が付されている。

　ここから連想されることは，「折り目正しく」とか「きちんと」といった価値と，大人や師の養育，訓練といった役割行動である。いかにも堅苦しい，厳しい訓練をイメージさせる一方，本縫い前の「仮縫い」からは，「**仮の訓練**」というイメージも浮かび上がる。昔の人は，「しつけ」は大人が子どもに対して行う「**仮の訓練**」と考えていたのだろうか。とすると，本当の訓練があるのだろうか。

2．しつけの内容

　しつけとは，大人や教師が年少者に対して「望ましい行動様式」を身につけさせることを意味するわけだが，その「望ましい行動様式」がしつけの内容となる。一般に，子どもが「一定の社会の構成員として生活するために求められる価値，規範に基づく行動」，「社会生活に参加する上で，習慣的に取れるよう

になる言動」がしつけの内容とされる。それらは，基本的生活習慣と技術，基本的な価値，社会的態度と行動様式などである。基本的生活習慣と技術には，**食事・排泄・睡眠・着脱衣・清潔に関する自立**が含まれ，基本的な価値とは，**生命の尊重，健康，安全，自立**など社会の秩序を維持するための価値であり，社会的態度と行動様式には，適切な挨拶，規則や順番を守る，共有物を共有するなど，**円滑な社会生活を営むための社会的スキル**が含まれる。

　これらが，個人の生活に不可欠な具体的言動とスキルの習得，道徳・倫理・価値などの内面化のプロセス，そして社会人としての態度・言動の獲得という相互に関連し，複雑に重なり合う側面を含んでいることは，心理療法の中でよく取り上げられるマーラー（Mahler, M.）の分離‐個体化の理論，エリクソン（Erikson, E.H.）の心理・社会的発達の漸成理論などを連想させる。

　また，その内容は，価値を含んでいるゆえに集団・社会・文化・時代によって異なってくることも当然ある。しつけのどの面を強調するかによって，学問的立場，研究者の理論に違いがあるのも特徴である。

3．しつけの方法

　しつけの方法に関しても多くの議論がある。しつけは，人間としての基本的な資質と行動の体得であるので，現実生活のさまざまな場面で，直接的な経験を通して行われるのが特色である。特に，しつけの中核は家庭の親子関係とされ，**幼児期の発達課題**との関係で論じられてきた。そこには，成人と子どもの人間関係の発達の側面が加味される必要があり，**他律**から**自律**，そして**自立**と**共生**への非常に複雑なプロセスが含まれている。しつけの方法には，学習理論，行動療法の理論などが大いに貢献してきた。しかし，現実には，親の人間観，子ども観によってしつけの方法は異なり，さまざまな問題となって取り上げられることも多い。

　つまり，一つの極には，社会的に期待される一定の価値と規範・行動様式を体得したとされる成人が，強制あるいは期待の働きかけの主導権を一方的に持って，子どもを意のままに動かすという形をとる場合がある。問題となる例は，最近のしつけと称する子どもに対する親・教師の虐待・暴力に見ることができる。

　もう一方の極は，親や教師自身が，社会的に期待される一定の価値と規範・行動様式を体得しておらず，あるいは，自分たちの役割としてそれを伝えるこ

とや，子どもが人間として基本的な言動を体得することに関心がなく，子どもの人格形成に対する成人の参加が欠如している場合である。これにも虐待の中に見られるネグレクト，子どもの発達課題の無視・軽視，他者への依存・責任転嫁などがあり，子どもはしつけの欠如による被害者的立場に追い込まれていると見ることができる。ここには，マーラーの分離 - 個体化の過程における自閉期，正常な共生期，分化期，練習期，再接近期の問題やエリクソンの漸成理論における基本的信頼・自律性・自主性・勤勉さ・自我同一性の確立などの問題が連想される。

　しつけは人間の自立に向けての成長にとって不可欠であるものの，それを獲得するプロセスには，**個人の社会化の方向**と**個人の個性化の方向**が拮抗する過程が含まれ，その統合が達成されることが望ましい。ここでは心理療法の基本的かかわりの概念としての「抱え環境」「治療関係または治療同盟」「**共同で構成し進化する対話**」「**カウンセラーのアカウンタビリティ**」などが連想される。

Ⅱ　カウンセリング・心理療法におけるしつけ

1．しつけと「中立性」

　しつけは，上記のように社会的，時代的価値を含む考え方であるゆえに，いわゆる「中立性」を標榜する心理臨床家にとっては，常に気になりながら，直視したり，議論したりすることを避けてきたテーマだったように思う。そして，長い間その問題を回避してきた結果は，セラピストとしての自己認知の歪みやクライエントへの対応の未熟さとなって現れ始めている。

　長い間，カウンセラーは，価値から自由であり，クライエントに対して中立を保つことができる職業であると信じられてきた。その信仰は，カウンセラーという職業につけば，中立に振舞えるかのような誤解を招き，また自分が持っている色眼鏡からしか見えない現実とそれに影響された自己の言動の独自性や，「専門家」という色づけのレッテルによって見られる自分の姿に対する無頓着な態度をつくってきた。しかし，人は何か解決すべき問題に直面した時，それをただありのままに見ることは決してない。来談したクライエントに出会った時，カウンセラーといえども目の前のその人をありのままの状態で見るよりも，カウンセラーが人間についてもっている知識や問題の捉え方に左右されてその人を見ることは避けられない。つまり，われわれは，それまでの人生で

得てきた体験と知識，そしてそれを正当化する言語を通して物事を見ているのである。

1980年代に入って広まってきたモダニスト（近代主義者）の科学者としてのあり様への批判的見直しによって，ポストモダニストや社会構成主義者たちは，「科学者としての治療者」や「優位に立つ専門家」という存在はありえないことを説得してきた。そして，セラピーとは，優位に立つものがいない協力関係の中で，会話の性質が変わり，参加の倫理が成立するプロセスとして捉える。この考え方は，言わば相対主義の立場であり，いかにも中立性を強調しているようでありながら，中立性という立場の不在を語っている。つまり，心理療法やカウンセリングとは，問題をめぐる会話が新たな意味を生み出す言語活動であり，協働的な対話の中で意味を創造していく過程なのである。

とするならば，しつけも，ある人の価値や社会で認められている言動の表現とそれを受け取る人の価値と言動の表現との交流の中に生まれるものであるだろう。

ところが多くの場合，これまである社会で生き，社会化され，生活してきた成人の言動はしつけの基準となりやすく，その社会への新参者であり，社会化されてない子どもの言動は成人によってしつけられるべき対象となってきた。そこには，心理的障害，不適応が生まれる可能性がある。心理療法家は，実はこの人間の現実からくる不可避の問題と矛盾を解決する役割を負って，心理療法という作業をしているといっても過言ではないのではないだろうか。

2．しつけのカウンセリング

かつて，筆者のカウンセリングの師であるウィリアムソン（Williamson, E.G.）は，1949年に *Counseling and Discipline* という著書で，カウンセリングとしつけが必ずしも矛盾しないばかりか，人間が人間らしさの極みに到達するには，可能性の発達の援助としての discipline が不可欠であることを主張し，それ以後もカウンセリングとしつけの関連を議論しつづけた。

彼は，ロジャーズ（Rogers, C.）との non-directive counseling 対 directive counseling の議論の中で，カウンセラーがクライエントの発言に頷くことも，カウンセラーの価値観を表現していることであり，non-directive counseling ということはあり得ないとロジャーズに対抗したことでも有名である。

そのような彼の志向性は，学校におけるカウンセリングの中に disciplinary

counselingという分野を設けることに発展し，学校や大学が「親代わり」を果たすことは，集団教育が始まって以来の教育者の務めであり，「democratic humanization＝民主的人間化」にとってdisciplineの果たす役割は非常に重要であると主張する。そして，もしカウンセラーがchange agentの役割を負う者だとするならば，対人相互作用の中で影響を与え合うカウンセリングのプロセスでは，カウンセラーが自分や他者，社会的現実に対する意見や見方を提示したり，時にはクライエントと対立するような考え方を述べたりすることはあり得ると説く。もちろん，その際，配慮すべきカウンセリング関係の要素や対応のあり方についても細かく述べており，むしろカウンセリングでカウンセラーが「好き」と「同意」，「嫌い」と「反対」を混同しないこと，つまり，たとえカウンセラーがクライエントに明らかな反対表明をしたとしても受容的関係は維持できることを強調する。

彼はまた，disciplineを含むカウンセリングのプロセスは，一種のリハビリテーションのプロセスであり，カウンセラーが社会が掲げる価値，知的発達，審美的洗練，人間的成熟にコミットすることだという。しかし，disciplineを含むカウンセリングには，明らかな「反対」を含むフィードバックが予期されるゆえに，多くのカウンセラーは，社会的に問題となる言動を扱うことを避ける傾向があることを認め，クライエントの問題への気づきと援助を望む気持ちの発達というカウンセリングにおける変化のプロセスは，disciplineにおいても変わらないことを再確認するよう勧めている。ただし，カウンセリング関係の最初の段階では，特に（a）カウンセラーの専門性と信頼性を示すことによる信用の確保と，好ましい態度，類似性，適合性による魅力の醸成，そして（b）クライエントの変化への積極的な関与が不可欠だと述べている(Williamson & Briggs, 1975)。

さらにまた，有名な精神科医ファーンズワース（Farnsworth）から引用して「倫理的に不謹慎な行為を犯した人に対応する時は，寛容さ，理解，暖かな好意と同時に，間違った行為に対する断固たる不承認によって示されるより高度な達成へのひと押しが必要」だと述べて，「失敗から学ぶ」ことへの援助はカウンセラーの使命であると説く。

ここから連想されることは，不登校への対応を画一的な「登校刺激」の禁止として伝えるカウンセラーや，多動児の言動をしつけの失敗と捉えて一方的な叱責で対応する教師の姿である。また，時間と場所，料金の設定，日時の変更

やキャンセルの手続き，破壊行動の禁止，治療目的の確認などの治療契約の確立は，広い意味で，カウンセリングにおけるしつけの適用であり，また同時に日常のしつけがカウンセリングで生かせる場面だということもできる。

Ⅲ　カウンセラーが行うしつけとは

さて，それではカウンセラー・心理療法家は，どんなしつけをどのように行うのだろうか。ここでは，最初に述べたしつけをめぐるメモから，筆者が抽出した重要だと考える概念を中心に考えていくことにする。

1．「仮の訓練」と「本訓練」

筆者は，しつけとは，未熟で社会化されてない赤ん坊が，社会化された成熟した成人から受ける人間として社会で生きるための「仮の訓練」だと考える。

人間は人間になるために，その可能性を最大に発揮して生きることを試みる。そのプロセスでは，人間になるための食事，排泄，睡眠，着脱衣，清潔といった基本的生活習慣の確立が不可欠である。心理臨床家としての筆者には，この部分のしつけができていれば，人間のかなりの問題を防止することができると思われる。食事，排泄の一側面の障害としての摂食障害，睡眠障害を含む気分障害，着脱衣，清潔の一側面の障害としての強迫性障害などは，適切なしつけの失敗として見逃すことはできない。

また，人間は一人では生きてゆけないがゆえに，他者とともに生きるための授受のスキル・社会性を必要とする。基本的生活習慣の確立のためのしつけのプロセスは，同時に社会性・授受のかかわりの発達のプロセスでもある。最近目立ってきたパニック障害や対人不安・対人恐怖，人格障害などの人間関係にまつわる症状は，社会的生活を営むための社会性と社会的スキルの未熟性が強く現れたものと見ることができる。

基本的生活習慣や社会性，社会的習慣の獲得を援助する方法は，心理的発達課題の体得の方法，つまりしつけのあり方として捉えることができるだろう。

まず，しつけは親からすべてを与えられることで基本的信頼を確立した子どもが，離乳，トイレット・トレーニング，歩行，言葉の獲得などの他律的訓練を経て，子ども自身の自律的コントロールへ向かう。しかし，その自律性はあくまでも「仮の訓練」と練習の結果得られた「仮縫い」の姿であり，再び自発

的,自主的言動を試す期間と,知識と手順を習得する勤勉さの獲得の期間を経て,初めて自立に向かうことができる。つまり,「仮の訓練」の成果は,再び問われることになる。この時期,青年は個人の個性化・同一性の獲得を志向し,進路選択の作業とともに,失敗の修復,未開発の自己の啓発に取り組むが,しつけという観点から見れば,自己と社会の現実に照らし合わせて,これまで受けてきたしつけの有用性,意味を再確認し,必要なもの,不必要なものの取捨選択をすることになる。ある程度自立を獲得した若者は,自分と他者の違いを理解し,異なっている他者を受容することと,他者への適応のための自己変革を試みることを通じて,個性化と社会化の統合を達成しようとする。しつけの「本訓練」とは,このあたりから始まる言わば「自己しつけ」のことなのかもしれない。

　このようにして獲得された自立・共生・親密さの中で,若い大人は源家族から自己分化し,配偶者を選び,自立する準備を整える。成人した大人は,子どもを産み,あるいは社会的に貢献する仕事につくことで,次世代を養育し,しつける立場に立つことになる。ただし,このしつけは次世代にとって,「仮の訓練」である。

2．しつけの補償としてのカウンセリング

　さて,これまで,大人が子どもに対して行うしつけは,基本的には「仮の訓練」であることを述べてきたが,その「仮の訓練」は,人間が社会で生きていくために必要な言動や規範の訓練として,訓練される側にとってよりふさわしく,納得いくものであり,「本訓練」において多大の時間や労苦を伴わないようなものであることが望ましい。しつけのプロセスでは,大人と子どもの間に,人間らしさの極みに到達するための共同で構成し進化する対話,相互に選択し合い,変化していく過程,そして新たな意味の創造があって欲しい。

　しかしながら,人間は不完全であり,失敗をする。いわゆるしつけの失敗は,先にも述べたように,さまざまな精神的症状や障害と関連した形で表現される。語弊があるのは覚悟の上であえて言うならば,人格障害における認知や感情,行動の不安定さや,行為障害などに見られる攻撃性や破壊性などは,しつけの失敗の表現であり,専門家の援助を必要とする失敗であることを知らせるSOSと捉えてよいかもしれない。ただしその場合,責められるべきは親と教師,と責任を追及するつもりはない。人間には失敗する権利があり,同時にそ

の失敗を償う権利もある。その権利を認め合い，最大に活用しようとすることに，人間が人間らしく生きる道があるのだろう。

そして，現代のカウンセリングは，ますますしつけの失敗を償う方法として活用され始めていると考えることができる。認知・行動療法や短期療法の発展は，その優れた理論・方法の他に，しつけの修復という時代のニードにも合っていたということができるのではないだろうか。また，多世代にわたった虐待のケースなどには，精神分析的アプローチが必要なことも見えている。

今，親や教師ができることは，もちろん自分たちのしつけの内容と方法を吟味し直すことであると同時に，多少とも発達課題や心理的発達のプロセスにかかわった体験を持つカウンセラーのもとを訪れ，しつけの害と不足を償い，補う共同作業を始めることであろうか。また，先にあげたような基本的生活習慣，対人関係，生き方にまつわる問題を意識している青年や大人は，「仮の訓練」から「本訓練」への支援としてカウンセリング・心理療法の活用を考えてもよいのではないだろうか。

そしてカウンセラーは，カウンセリングの中で，しつけの「本訓練」にかかわることの意味と方法を改めて吟味してもよいだろう。

Ⅳ　カウンセラーのためのしつけ

そこで重要になるのは，カウンセラー・トレーニングの一環としてのカウンセラーのしつけ（カウンセラーの基礎訓練）であろう。そこには，カウンセラーの職業倫理にまつわる言動の問題がある。それらについては他書に譲るとして，本論では，カウンセラーの人権感覚の育成として考えてみたい。

筆者は，しつけの基礎は，食べる・排泄する・眠る・清潔に，安全に過す，という生活の基本的行動ができるようになることで，それは人権意識を身につけることで成立すると考えている。最初に述べた生命の尊重，健康，安全，自立といった社会的秩序を維持するための価値とは，言わば人権意識である。誰にも人間として，してよいことがある，その権利は自分にもあると同時に他者にもあるという人権意識をもつことで，人は社会的規範や価値を創りだし，発展させていくことができると考える。

自己表現の訓練としてのアサーション・トレーニングでは，自分の人権と他者の人権を大切にした自己表現を重視するが，生活にまつわるさまざまな人権

の中で特に重要なものは、「失敗する権利」と「他者と違っていてよい権利」だろう。筆者がアサーション・トレーニングを始めた当初、多くのカウンセラーは人権に基づいた自己表現という考え方に対して居心地の悪さを感じたようである。その理由は、先ほど述べた、人権意識をもつことが中立性を侵すことだという印象をもったためではないか。しかし、カウンセリングの目標である「自己実現・自分らしく生きるための援助」とは、その人の人権を大切にして生きる援助ではないだろうか。

　そして、先にも述べたが、人間は完璧ではない。だから、「人間である権利」として、誰もが過ちをし、そのことに責任を持つことができるのである。他者によって教え込まれる人間のあり方は、しつけという「仮の訓練」として、まず受け取ることが必要だろう。しかし、その中には、最終的には自分に不必要なもの、ふさわしくないものがあるかもしれない。不適切なものを取捨選択したり変えたりする権利は個々人にある。つまり、しつけの内容、受け取り方は、社会の中で、個人が個性化し、社会化する統合の作業の中で決まっていくだろうし、人が交流し合う中で相互に認め合い、助け合うプロセスを通じても創られていくだろう。そこには授受の心があり、かかわり合い、助け合うことなしには人が生きてはいけない現実がわかるだろう。

　かかわり合い、助け合うことは、人間がみな違っており、だから違った感じや考え方を持ってよいことを知らせてくれる。違いは表現し、わかってもらい、わかろうとするしかない。他者と同じでないことに罪悪感や劣等感を持つ必要はなく、逆に違いを雑音や脅威として敬遠することもない。違いをわかり合い、変えることができるものは変え、変えることができないものは受容すること、これはカウンセリングの基本であるが、しつけの基本でもあるだろう。

　カウンセラーのしつけは、人間の不完全さと違いを認めることから始まるだろう。その事実を直視し、受け入れたとき、人権感覚が芽生える。カウンセラーのしつけとは、人権感覚に裏づけられたカウンセリング・心理療法の訓練であり、それこそが、カウンセラーのアカウンタビリティにつながるのではないだろうか。

文　献

1) 平木典子：アサーション・トレーニング――さわやかな〈自己表現〉のために．日本・精神技術研究所，1993．
2) 平木典子：自己カウンセリングとアサーションのすすめ．金子書房，2000．
3) Williamson, E.G. & Foley, J.D.：*Counseling and Discipline*. McGraw Hill, 1949.
4) Williamson, E.G. & Briggs, D.A.：*Student Personnel Work ; A Program of Developmental Relationships*. John Wiley & Sons, 1975.

7. カウンセラーとクライエントの間隙
──治療者の孤独と葛藤──

　最近，カウンセラーになりたいという人が増えた。カウンセリングの学校や研修会はいつもカウンセラーになりたい人で一杯の盛況である。私の所にもカウンセラー志望者がカウンセリングの勉強の仕方を聞きにくることが多くなった。一般にカウンセリングの勉強をしたい人の中には次のような人たちがいる。

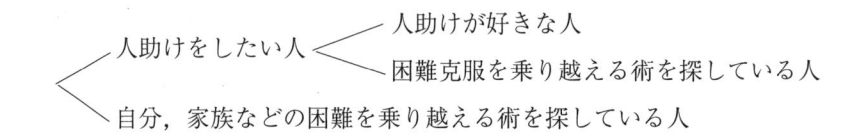

```
人助けをしたい人 ─┬─ 人助けが好きな人
                 ├─ 困難克服を乗り越える術を探している人
                 └─ 自分，家族などの困難を乗り越える術を探している人
```

　「人助けをしたい人」がカウンセラーになりたいと思うわけだが，そういう人には，私は「止めといた方がいい」と伝える。そういう人たちのほとんどはカウンセラーという仕事を誤解し，神聖視して，憧れや意気込みだけで飛びついている人が多いからである。カウンセラーという仕事は一般の人にはもちろんのこと，ほとんどのカウンセラー志願者にも誤解されている。最近では，カウンセリング関係の本が次々と出版され，カウンセラーと呼ばれる人があちこちで仕事をしているにもかかわらず，カウンセラーという仕事についてはまだまだ十分に理解されていないことを再認識させられることが多いのである。それはおそらくカウンセリングという仕事が理解しにくいという性質を持つことにもよるのであろうし，日本におけるカウンセリング職の歴史の浅さにもよるのであろう。しかし，そこにはカウンセラーをしている人たちの仕事ぶりやカウンセラー・トレーニングをしている者の責任もあると思われる。
　これまで，カウンセリングについて書かれたものには，カウンセラーの仕事を肯定的な側面からのみ表現してあるものが多かった。仕事の困難性や心理的訓練の必要性について書いてある場合でも，それに挑戦することを奨励するよ

うなものが多い。それはある意味で当然のことなのだが，私は常日頃から，カウンセラー職の苦悩や矛盾，二律背反性についても少し考えられ，触れられてもいいように思っていた。

この際，あえてカウンセラーの仕事の裏側，その一端としてのカウンセラーの孤独について考えてみたい。

I　挿話——ある医者のジレンマ——

A君はある特定のメジャーの抗精神薬を欠かすことのできない不安反応の強い学生であった。その薬を飲んでいる限り，居たたまれない不安感からは解放され，どうにか大学生活を送ることができていたが，同時に，A君は酒を大量に飲むという癖があった。

A君の症状を緩和するのに最適なその薬は，飲酒により作用が過度に増強され，好ましくない事態を招く恐れがあるというので，医者からは飲酒を強く禁じられていた。しかし，彼は，再度の医者の勧告にもかかわらず，飲酒を止めなかった。

そのようなクライエントに出逢った場合，おそらく医者は，処方のたびに葛藤を感ずるに違いない。A君はその薬を飲まなければ日常生活に支障が出るほど，不安が高くなる。その不安を軽減するために薬を出す必要がある。しかしA君が飲酒を止めないので，処方した薬が正常な働きをしなくなる可能性があり，医者としては薬を出さずに彼を不安のままにしておくか，悪影響が出たとしても，彼の不安を低減するために薬をあえて処方するか，その狭間にいつも立たされるのである。

もしA君に飲酒を止めさせることができるとすれば，話は簡単である。しかし問題は，A君は不安を軽減するための薬を飲むことも，飲酒を続けることも，自分で決めてしまえるところにある。つまり，たとえ医者の指示が医学上妥当なものであったとしても，クライエントは別の人格として自由意志を行使することができるのである。

医者には，人を救うという役割がある。助けを求めてきた人を助けないわけにはいかない。しかし助けようとして出した薬が1度相手の手に渡った時から相手の自由意志に委ねられるのである。この場合，医者はひとりの人間としての相手の意志を尊重しようとすれば，相手を助けられないかもしれないという

危険に直面しなければならないのである。

　医者には医者としての社会的責務があり，クライエントにはクライエントの生き方と意志がある。そこには，時に埋めることのできない狭間が横たわっている。

　そのような狭間に立たされた時に，医者はどうするか。あくまでも自分の意見を貫き，相手に薬を処方して，あらゆる手段を講じて，相手に飲酒を止めさせることもできるであろう。その場合は，相手を救うことを優先することで，相手の意志を否定することにもなりかねない。それは相手を救うという大義名分の下，医者の思いどおりに相手を動かしたことにならないか。相手を救うということは相手の自由意志を尊重することなのか，あるいは医者の意志を通し，その任務を果たすことなのか。

　医者は相手の自由意志を尊重すると同時に，自分の責務も果たしたいと願う。しかし，相手がどのように意志を行使するかはわからない。それでも医者は自分の望ましいと考える方向に，相手が自由意志を行使してくれることに賭けて，処方をするのである。

　その決断は，望ましくない結果を招いてしまうかもしれないという危険をあえて引き受ける覚悟に裏付けされてなされるものである。

II　挿話2——カウンセラーの葛藤——

　あるクライエントとのその日の面接は，カウンセラーにとって自分の存在を問われるものであった。クライエントは精神科の投薬を受けていたが，うつ状態と不眠が続き，ますます募る破壊的な考えに疲れ果てて，ひたすら死を思う心を訴えていた。

　彼の母親は彼が幼い頃から統合失調症（精神分裂病）で入退院をくり返し，嫁いだ姉とは交流がなく，家では父親との葛藤の多い二人暮らしを強いられていた。彼は，母が入院以前に与えてくれた愛情を慕っていたが，それは望むべくもなかった。父親は一流大学を出て，一流企業で仕事中毒の生活を送っており，彼の母を慕う気持ちなど想像だにしなかった。

　その頃彼がもっとも欲していたことは，以前のように愛情こまやかな母がそばにいてくれることであり，その愛に包まれて安心した毎日を過ごすことであった。しかし，現実の母は入退院をくり返す精神障害者であり，加えて，彼自

身の不眠とうつ状態は，母親と同じような病気になるのではないかという怖れを抱かせていた。そのような不安な状況に加えて，彼には親しく話せる友人はおろか，ほとんど人間関係がなかった。彼はますます自分一人の世界に閉じこもり，何をみても，何を考えても破滅の連想につながっていた。そんな時，彼の母親が病院で自殺したのであった。

　……面接に来たその日，彼は眠ろうとしても眠れず，起きている時はわけのわからない不安と自己破滅衝動にさいなまれて，苦悩から解放される唯一の道は死しかないと思い詰めていた。
　カウンセラーは，彼が死を訴えながらも，生きる術を求めているということはわかっていた。だからカウンセラーの許を訪ねたのに違いないのだが，彼の訴えはけっして生きる術を求めてのものにはならなかった。カウンセラー自身はもちろんどうにかして生きる希望をもって欲しいと望んだが，彼の問題の重さとそこから解放される唯一の道は死だと考える彼の気持ちも十分理解できた。彼の絶望的状況は，生きることを安易に勧められるようなものではなかった。たとえ生きたとしても彼の明日に何の望みがあるだろう。カウンセラーは，この切羽詰まっている彼に生きることの希望を持ってもらう術はもはや自分にはないのではないかと，絶望的な気持ちにさせられた。助けを求めてやってきたクライエントを救えないと感じた時の無力は，クライエントとカウンセラーという関係を越えて，むしろ，人が他者に対してどれほどのかかわりを持てるのかという人間存在の根本的な問題を問われているといってよい。
　彼は何度も「もういいから帰る」と言い，カウンセラーはそれを引き止め，死なないという約束を取ろうとして3時間近く話し続けた。それでも彼の気持ちは変わらなかった。カウンセラーはそのクライエントが自殺するかもしれないという予感を抱きながら，仮に自己破滅に向かったとしてもそれを自分にはどうにもできないということを覚悟する以外になかった。
　このクライエントの自殺願望は，普通の会話の中で使われる「死んでしまいたい」というのとはわけが違う。死ねたらいいと人が言う時，それは生を前提にしたものである。しかし，自殺願望を持っている者は，人が通常持つ生の前提に対する意識が希薄である。というよりむしろ死が前提になっている。自殺願望を持っている者にとっては，死は生との対比で捉えられているのではなく，死そのものが生同様の積極的な価値を持つのである。それほど，自殺願望は強

固であり，厄介なものである。

　このクライエントの場合の自己破壊衝動は，明らかにこの種の自殺願望であった。面接の中で彼は「死にたい」と何度も口にしたが，それは脅しや自棄ではなく，純粋な欲求にさえ思えた。彼は，われわれが生きたいと望むように，心から死を望んでいた。

　そういう者に対して，他者はどう思いとどまらせることができるのだろうか。慰めや励ましはもちろんのこと，説得も叱責も役にたたない。彼に自殺を思い止まらせるには，どこかに強制的に隔離するか，四六時中付きっきりでそばにいる以外にはないだろう。それでは彼の自由意志は奪われる。彼は楽になりたくて会いに来ていても，生きるための救いは欲しないという矛盾を抱えているのである。彼の望むように助けることとカウンセラーの望みとの間にはどうしようもない狭間が横たわっている。そんな状況の中で，カウンセラーは，彼にただ「死なないでほしい」と頼む以外になかった。そして，言っても無駄だと知りつつ，「また明日会おう」と言って，彼を見送った……。

　数年後，そのカウンセラーは風の便りに彼の死を知った。

Ⅲ　カウンセラーと未練

　先の医者の例にも見られるように，カウンセラーもまた，さまざまな葛藤的状況に出逢う。それは，人を助けるという役割と相手の自由は侵すことはできないという基本的理念との間で生ずる葛藤に集約される。カウンセラーという仕事は，その本質が相手を助けるということと同時に，相手を尊重するということであるゆえに葛藤や二律背反性につきまとわれる。相手の望むように助けることが真の助けなのか，自分のいいと思う方向で助けることが援助なのか，おそらく何れでもない。二人の心の出会いによって起こる葛藤やそれぞれの心の中にある二律背反性が，二人の語り合いのプロセスで統合され，しかもそれがクライエントの心の中で真の望みや意志にまで確信されて初めて二人の出会いは意味あるものとなる。

　特に前述の2例のように，生死を問われる危機的状況においては，カウンセラーなら誰でも，ぎりぎりの力でクライエントに対応することを迫られるであろう。言い換えれば，それは自らの力が試される場面であり，そのカウンセラーが何を基本にして援助行為をしているのかということが明らかにされる場面

である。それは時には，そのカウンセラーが自らの人生の中で何を大切に生きてきたかという人間観がそのまま出ることでもある。

　先の自殺願望を持つクライエントを例に取れば，彼が死ぬだろうと予感する最後の場面で，カウンセラーの取る態度は大きく二つに分かれる。何はさて置き，彼の命を救うべきだという姿勢と，自殺するかもしれないということまで受け入れる態度である。

　前者は，人間の命は何にもまして大切だという価値観から出ているものである。それは大多数の人々に受け入れられる価値観であり，それにあくまでも忠実に，自分の考えを貫き通すことは当たり前でさえあろう。しかし，そこにはもう一つ隠された心があることも検討する必要がある。それは死なれたくないという気持ちであり，人が死ぬのを見るのは嫌だという気持ちであり，いずれにせよ，それはクライエントが命を断つことをカウンセラーが受け入れられない状態である。つまり，クライエントの命が大切というより，自殺されるということに自分が耐えられないということである。

　確かに，自分のクライエントが自殺するという状況は過酷なものである。いったいどれほどの人が，そういう状況を黙ってみていられるだろう。よほどの覚悟がないかぎり耐えられないことである。先のカウンセラーは自分の限界と相手の意志を踏まえて，あえて，クライエントが自殺するであろう可能性を引き受けた。

　たとえば，このカウンセラーは，相手の気持ちと権利を無視して，クライエントの命を救うために彼に付きっ切りになり，関係者の協力を得るために奔走し，自殺の可能性を最小限に食い止めるあらゆる手段を講ずることもできただろう。しかし，クライエントはそれでも死ぬかもしれないのである。そうなった時，カウンセラーは自分の行為をどう正当化するのだろう。できるだけのことはしたではないかと自らを慰めるしかない。彼のためにしたと思っていたことは，実は自分の安心のためだったのではないかという疑問は残るのである。

　そのカウンセラーは後者の自殺する可能性の方を引き受けた。しかし，人の命の大切さを思うと何とかならないものかと，一旦は決めたはずの覚悟が揺らぎ，万が一にでも，クライエントと自分の狭間がどこかで埋まっていてくれることを空しく願ったはずである。そして，自分はできる限りのことをやったのだろうかと自分を責めるかもしれない。まして，もしクライエントが死を選んだとしたら，彼の意志は大切にしたかもしれないが，彼の命は救えなかったと

いう事実は残るのである。

　いずれの道を選ぶにしても、そこには常に自分の限界とその範囲内で与えてしまった相手への影響を思い知らされるのである。

おわりに

　カウンセラーはそもそも逆説を孕んだ仕事をしている。人を援助するという目的でやっている行為が、ある意味では自分のためにやっていることになってしまう。自分のためにやったことが、できれば人のためにもなることを願うしかないのであるが、人のためになった時には、もはや自分は要らなくなるのである。カウンセラーは人の悩みがなくなることを願っているわけだが、それはカウンセラーという仕事がなくなることを願っているということになる。それでも人の悩みはなくならない。このような不条理を当たり前のことと受け止めて初めて、カウンセラーという仕事は成り立つのである。

第Ⅱ部
臨床現場における実践

8. 家族の問題とカウンセリング

はじめに

　家族の問題は，最近の家族療法の発展に伴い，システム理論を中心にいくつかの観点から解明されつつある。

　家族は一見，自然発生的に成立し，当然のプロセスをたどって成長，発展していく最も自然な集団のように見える。またそこに発生する問題も，家族という集団のもつ自然治癒力でいつの間にか解決されるか，メンバー一人の問題として個人が担っていくかのいずれかにまかされることが多い。

　しかし，最近の家族療法の発見は，家族という集団のもつシステムとしての独特な側面に光をあて，家族のシステムとしての力と生成発展のメカニズムの解明に貢献している。つまり，家族は，自然に集まった個人の総和以上のものであり，個人が生成発展している一つの有機体であると同様に，家族もその集団独特のパワーと機構をもった有機体だというのである。またその有機体は，それぞれその集団独自の結びつきを持っており，その結びつきには，それを規制するルールや相互交流のパターンがある。家族の成員は，その集団の結びつきに何らかの役割を果たしていると同時に，その結びつきの影響をうけ，規制されて生きているのである。家族という有機体は，それ自身，家族内の個人の変化，成長と家族外の社会的圧力の影響を受けながら，同時にホメオスタシスを保とうとして生成発展しているのである。

　一方，家族は人間が最初に所属する集団であり，その成員の養育（nurturance）と社会化（socialization）という人間の成長にとって不可欠な二大役割を担っている。この二つの役割は人間の生活の中で，他の集団が果たすことが非常に困難なものである。

　家族は集団として，一方で果たすべき重要な役割を担いながら，もう一方でそれ自身の変化，発展をとげている。家族の問題は，したがって，メンバーの養育と社会化の二大役割を遂行するために，どのようなシステムが形成されて

いくか，そしてそのシステムの形成のされ方は，家族の果たすべき役割にどのようなプラス，マイナスの影響を与えているかということになるであろう。

この小論では，家族という集団が，その成員の養育と社会化にどのようなパワーを発揮するか，またどのような害や障害をもたらすかを，家族療法のシステム論の考え方から明らかにしてみたい。

I 家族の発達と問題の形成

1．家族の発達

家族は一連の発達課題をもった一つの社会的単位である。すべての家族が夫婦の相互関係，育児，出生家族や親戚との関係，そして家族外の問題の処理などの多くの問題を抱えて，それらの課題に取り組みながら，家族の生活を維持している。

結婚したばかりの若い夫婦は，日常のささいなことについて好むと好まざるとにかかわらず，互いに適応していく必要がある。たとえば，二人は大体同じ時間に起床し，就寝するルーティンをつくらなければならない。食事の準備をし，食事をし，後片づけをするルーティンも必要である。入浴や日曜日の過し方，テレビの番組を選んだり見たりすることや二人で外出したり，楽しみを分かち合ったりする上でのルーティンもとりきめられなければならない。

夫婦はまた，それぞれの実家から分離し，両親，きょうだい，親戚とのさまざまな関係のもち方をとりきめなければならない。夫婦が第一に力をそそがなければならないのは自分たちの結婚であるから，実家はその断絶を受けいれ，支持しなければならない。

同じように，家族外の仕事，娯楽，友人関係も新たに編成，かつ調節されなければならない。外の世界からの要求が，新しい家族にどうとりいれられるか，どう排除されるかは家族の形成に大きな影響をもたらす。

このようにして，夫婦は相互に適応しながら，家族としての一連のパターン化された相互のやりとりの過程をつくりあげる。夫婦のそれぞれは相手の行動を触発したり，規制したりして，つぎつぎに起こる行動の連鎖的影響過程をつくり出しているのである。

子どもの誕生はそのようにしてつくりあげられた一連の相互交流パターンに大きな変化をもたらす。夫婦の機能は，生活時間を新たに組みなおして赤ん坊

の養育に向けられるべく分化されなければならない。子どもへの身体的，情緒的関与は成長にとって不可欠であることから，夫婦の相互交流のパターンは著しい変化を要求される。二人の共同生活のそれまでのとりきめはご破算になり，新たなルールと役割分担が創り出されねばならない。

子どもは成長し，その数も増える。子どもたちの成長に応じて，さらに家族員の増減に応じて，そのつど，家族のバランスはくずされ，新たなバランスが生まれる。家族の成員はそれぞれ，新たな変化に対応し，新たなホメオスタシスをつくりあげなければならない。

そのプロセスでは，家族の中に新しいいくつかのサブシステムが生まれる。つまり子どもたちと両親は異なった機能をもつことになる。また，子どもの成長に応じて拡大家族や家族外の人たちとの境界を新たにとり決めることも必要となる。

子どもたちは青年になり大人になる。青年期の子どもたちは，父母に対してそれ以前とは異なった対応を望むようになるだろう。親と子どもの境界は強化され，独立を望むという変化した状況に父母は適応すべく変わらなければならないだろう。子どもが成人すると，新しいきょうだいが家族に加わったり，両親が祖父母になったりする。祖父母は再び二人一組としての夫婦システムを再編成しなければならない。それは新婚当時の夫婦の単位とはまったく異なった状況である。

このようにして，家族は種々の発達段階で適応し，再構造化されなければならない。家族の成員の力と働きの相対的変化は，家族の継続的適応を必要とする。家族はその継続性を保ちつつ，内的，外的変化の挑戦に対応しなければならないのである。また，推移しつつある社会に適応しつつ，すべての家族員の成長を支え続けなければならない。こうした課題はそう簡単に達成されることではないのである。

2．問題の形成

家族の問題は，上に述べたような家族の発達とその課題の遂行に伴う変化と適応の問題である。たとえば，男女が一緒になって家族を形成する際の課題にはルーティンの確立があるが，夫も妻もはじめは自分の慣れた相互交流の形をとるよう相手に期待するものである。各人は自分の好む形で夫婦を組織しようとし，相手が自分に合わせるよう自分のやり方を押しつけようとするだろう。

理想的には，その際ある程度の柔軟性をもって，相互に主張し，許容し合いながら相手に適応，同化していくことが望ましい。その中である行動は強化され，他の行動は放棄されて，二人の相互交流パターンが安定していくのである。

　ところが，もし結婚した時，夫の両親が息子を解放することができなかったとしたらどうだろう。妻は夫と両親の慣れたパターンの中に引きずり込まれ，夫婦は両親との間に境界を引くことができなくなり，境界を強めることで夫婦が支え合うことは不能になるだろう。また，もし夫が結婚生活よりも，仕事にコミットし続けたとしたらどうだろう。仕事が彼をとり込んで妻との情緒的なかかわりは邪魔されるかもしれない。このようにして，相互支持の夫婦関係を確立するよりは，機能不全の相互交流パターンができあがるだろう。

　さらにたとえば，子どもが生まれ育児が課題となった家族の問題はどうであろうか。育児は個人の成長と家族システムの強化に多くの機会を提供するものであるが，同時に激しい衝突の起こる場でもある。女性は妊娠することによってより深い結婚へのコミットメントと母性への役割取得を始める。しかし，男性は子どもの誕生によってはじめて父親の認識をもつことが多く，家族形成の新しい段階に適応するのが遅れたり，まったく参与しなかったりすることがある。往々にして，夫婦の未解決の葛藤が育児の中に背負い込まされることがある。さきの会社人間の夫の妻は，夫婦の関係をあきらめて，夫への期待を子どもに投影するかもしれないし，子どもと連合して夫を排除するかもしれない。いずれの場合にも，世代間の境界がくずれ，機能不全の相互交流パターンがつくられていくであろう。そこにとり込まれた子どもは，母親の期待に添おうとすることで母親の愛情は獲得するかもしれないが，自己像の混乱，自立の遅延などをひきうけなければならなくなるかもしれない。

　青年期に達した子どものいる家族は特に多くの複雑かつ重大な課題に直面しなければならない。夫婦の未解決の葛藤や中年に達した男と女の新たな適応課題が，子どもの自立に映し出されてますます明らかになる可能性がある。それまで会社と浮気をしている夫と子どもと結婚してしまったような妻との間に保たれていたバランスは，子どもの家族システム外との自由な交渉と出入りに大きくゆさぶられることになるであろう。そして，子どもの自立は，母親の不安をひき起こし，母親はその不安を解消すべくますます子どもへの結びつきを強めようと必死になるかもしれない。子どもがそこから脱出するには並大抵の力では及ばない。

3．ある家族療法の場面より

　次のやりとりは，ある家族療法の3回目の面接場面である。家族セラピスト2名，父，母，長女（IP, 15歳），長男（11歳），二女（6歳）が出席している。最初しばらくの沈黙があって父親が話しはじめる。

父　だれも話をしないのなら私がしましょう。長女と私の関係について話したいのですが……（とセラピスト——以下Thと略す——のほうを向く）。
Th　お手伝いしましょうか？
父　お願いします。
Th　じゃ，娘さんとの関係について，私たちにでなく，娘さんに話してください。
父　家で声をかけようとしましたが，らちがあかないのです。
Th　もう一度やってみてください。ここではできるかもしれませんよ。
父　（ため息をついて）やってみましょう。（娘に向かって）この1週間ずっと，先回先生方がおっしゃったことを考えていたんだが，私がおまえを見ていて，裏切っているということをね。気になってね。
長女　だから何なの。
父　そのことはおまえにとって，とても重大なことだと思ったのでね。
長女　そりゃあそうよ。でももうすんだことだわ。
父　どんな風におまえを裏切ったのかね。
長女　（怒りをこめて）そんなこと話したくないわ！
父　（二人のセラピストのほうを向いて）ごらんの通りです。私たちは話し合うことができないのです。
Th　もう少しがんばってみて下さい。そうすれば今度は一歩前進できるかもしれませんよ。
父　まだやる必要があるんですか？（娘に向かって）おまえが話そうとしないのに，どうして私が話せるんだ。どうして話したくないんだ。
長女　（沈黙）。
父　私がおまえを裏切ったということが，どんなことかぐらいは言えるだろう？　私には何のことだかさっぱりわからない。
長女　前にも言ったでしょう！　お母さんの言うことやきめることはひどいものだって！　たまにはお父さんは私の味方になってお母さんに意見を言って

くれるけど，私のいるところでは，最近はたいていお母さんの味方をするじゃない！

父　そうせざるを得ないじゃないか。おまえのやっていることには賛成しかねるからね。行先も言わずに出かけて何日も帰って来なかったり，ほんのちょっとしたきまりも無視したり——私がおまえを裏切ったと言うが，おまえだって私を無視するじゃないか。だから強行策に出ざるを得なくなってしまうんだ。（間）しかし実際はそんな単純なものではない。おまえのことについては，お母さんと意見は合わなくておまえの側に立つことが多いんだよ。私たち夫婦のけんかはほとんどおまえのことについてなんだから。

母　その通りよ。お父さんはいつもあなたの味方をしているのに，どうして裏切ったと言うのかわからないわ。あなたがいる時はお父さんは私の味方をすることもあるけど，あなたがいなくなるといつもあなたの側に立って私を攻めるのよ。

父　（妻のほうを向いて）一体何を言いたいんだ？

Th　（母親に向かって）ちょっといいですか。お父さんと娘さんが話し合いをはじめたばかりです。二人はあなたの助けを欲しがっているかもしれませんが，もう少し二人で話し合う必要があると思うのですが……。

父　いいでしょう。問題について話し合おうじゃないか。

長女　どの問題？

父　いいかげんにしなさい。わかっているだろう。

長女　無断外泊の件？

父　いつでも勝手にだれかと外泊する件だ。おまえはまだ16歳にもなってないし，それは許せない。それなのに私たちの言うことをまったくきかないじゃないか。もっともそれはそう単純なことではないことはわかっている。おまえに対する家の中のストレスがそういう行動をひき起こしているのだろう。しかし私たちはおまえの親なのだから，もっと言うことをきくべきだろう。

長女　私が家にいたら何が起こるかわかっているんでしょうね！　お母さんは宿題やボーイフレンドのことや部屋の片づけのことまで，私の生活すべてにいちいち干渉してくるじゃないの！　だからけんかになって家を出るしかないんだわ！

父　心配なのはおまえがどこに行くのかわからないことなんだ。どこでだれと何をしているのかわからないんでね。悪い考えに行きついてしまうんだよ。

長女　（皮肉をこめて）どんな考えに行きつくのかしらね。私が妊娠するとか，麻薬をやるとか！
父　可能性は高いからね。
長女　ほかには？　性病にかかるとか！
父　（当惑して，しかし冷静に）そうなってほしくないんだよ。
長女　そうなってほしくないですって！　お父さんたちこそ何も知らない親になってほしくないわね！（涙ぐみかける）
父　からかうのはやめなさい。私はおまえの父親だ。家のルールには従うべきだと言う権利はあると思う。それに不合理なルールではないはずだ。
長女　どうしろというの？　きれいに掃除した部屋に座って，手をにぎりしめて狂っていけとでも言うの？　そうなることがお父さんの望みなの？　黙って座って気が狂っていくことが！
父　そんなことはないよ。わかっているだろう。
長女　（怒りにふるえて）でも家ではそれが起きるのよ！　気が狂いそうになるのよ！（泣きくずれる）
〈全員身動きできず黙っている〉
二女　（母のそばに歩み寄って）ママ，お姉ちゃん大丈夫？
母　お姉さんはちょっと混乱しただけ，大丈夫よ。
Th　（二女に）お姉さんのところに行って慰めて？
二女　私が？（姉のそばに行く。二人は抱き合う。長女は涙をぬぐい，ほほえみを浮べて安堵のため息をつく。）
父　私もあんな風に娘を抱きしめられたら……。

Ⅱ　問題の捉え方とその解決

　家族の問題は，上記の家族療法の場面にも現れているように，家族メンバーが家族システムのホメオスタシスを維持しようとして，変化に対応しようとしないところに生じることが多い。また，変化によってひき起こされる夫婦の未解決の問題の暴露という形でも現れる。上記の家族では，ティーンエイジャーになった長女が非行に走りかねない状況になっており，それをくい止めようと母親が必死になればなるほど，娘の行動はエスカレートしていくという状態に陥っている。

家族の問題状況とは，簡単に要約すれば，フランスのことわざにあるように「何かが変われば変わるほど，同じ状態は続く」ということである。それは，次の物語に簡単に要約されるであろう。

若い男が，どうしても自分のものにしたいと思い，恋こがれている美人を誘拐し，誰にもわからぬ田舎の一軒家に隠した。彼女は彼の監視下に置かれ，完全に彼のものになったはずだったが，彼が望んでつくったはずの状況に，彼はとらわれることになってしまった。彼女が彼を愛してくれることを願うのだが，それを彼女に強制することはできず，しかも彼女を解放することもできないからである。彼が彼女を解放するならば，彼は誘拐犯としてつかまるであろう。もし彼女が自ら同意してついて来たと言ってくれれば，その罪から解放されることはあり得る。しかも彼女がそう言ってくれる可能性も十分あるのだが，それは自由を得るための彼女の策略であり，解放された暁には，彼のもとには二度と帰って来ないであろう。

このような状況の下で，二人は必死に状況を変えようと試みるだろう（彼は彼女に自分を愛するようにさせようとし，彼女は逃げようとする）。だがその試みは効果を生まないのである。

つまり，膠着した相互交流のパターンは，くり返し同じ状況を維持し，そのやり方やエネルギーの使用量がエスカレートするばかりになるのである。片方がより強い力でそのバランスをくずそうとすればするほど，他方がバランスを保つ方向に動き，問題を解決しようとすればするほど解決はしないのである。

1．問題をコミュニケーションの側面から捉える

さきほどの家族療法の場面を中心に問題をコミュニケーションの側面から捉えてみよう。最初の父親と長女のやりとりは，セラピストの再度のうながしによって，おそらく家庭では試みられないほどボリュームの高いものにエスカレートして行った。父親が淡々と理性的に話せば話すほど，長女は感情を高めてゆく。娘は父の冷静さに過剰補償し，父は娘の激情に過剰補償している。一方が激すれば激するほど，他方は冷たくなり，他方が冷たくなればなるほど，一方が激している。このようなバランスのとり方は，双方にとってコミュニケーションの不成立を招いている。いくら娘が感情的になってもその感情は父母には伝達されず，ただ一人それをうけとめたのは，最年少の二女であった。しかもそれは言葉でなく，非言語レベルで達成されたのである。家庭内の健康な部

分，治癒力が，末の子どもに発揮されるとは，合同家族療法ならではの動きである。

　また，父，母，長女の会話には，よく起こるであろう固着したコミュニケーションのパターンがあるように見える。つまり，3人一緒にいる時は夫婦が連合して娘を攻めるという形をとりながら，もう一方で，娘を介して夫と妻がそれぞれ配偶者に言いたいことを伝えようとしているのである。つまり，夫婦が相互に直接自分の感情をぶつけ合うことは，関係にとってあまりにも危険であると感じるためか，娘とのやりとりの中でチャンスを捉えて間接的に非難を伝えているのである。

　もう一つ，この家族，特に夫婦のコミュニケーションは，素直でオープンではないようである。父親の娘の無断外泊に対する心配は抽象的で，それに挑戦するかのように娘は性，怒り，痛みを生々しく表現し家族の代弁をしている。この家族が生き生きしたコミュニケーションをするためには，気にしていることを語り合い，わからないことをまじめにきき直せる雰囲気をつくる必要性があるのである。

2．問題を家族構造の側面から捉える

　再び先の家族療法の場面から，家族構造の問題点を取り上げてみよう。
　まず第一に見えるのは，発達課題に応じたサブシステムの機能の認知が薄いことである。父親の娘に対するかかわり方は，あたかも6～7歳の子どもを扱うように親の権利をふりまわしているし，母親の些事にわたる干渉は，まさに母-娘連合の強さと，それが壊れることへの母親の不安の強さを示している。それは娘が「黙って座って気が狂っていく」という表現になるほど強いもので，そこから逃れようと娘は家をとび出していくのであろう。それをくい止めようと逆に父母の娘に対するしめつけはますますきつくなり，16歳の娘の機能は縮少されていくのである。

　それではなぜ，このような境界の拡散と行動の両極化が起こるのか。問題は娘の非行化でもなければ，母-娘の戦いでもない。確かに娘は成長に伴い母の不安を刺激する言動をしたのかもしれない。それに母親は仕返しをして，文句をつけたのであろう。お互いは少しずつそのやり方を強化して，ついに手に負えないほどにエスカレートし，変化を求める娘のシステムへのかかわりは，より強い母親の制止に会うのである。それでは母親が娘の変化を認められない理

由は何か。それは，母親と父親との情緒的かかわりが疎外されているからであろう。夫婦の結婚生活はおそらく冷え切って久しいのであろうし，そのため父親は無意識に娘にその補償を求めていたのかもしれない。母親は自分でもどうして娘に怒りを感じるかわからぬまま，一部は，娘の味方をして変化を認めようとする父親の言動やかかわりに嫉妬しているかもしれない。

　しかしこの妻の夫に対する怒りは，夫に直接向けられることなく，常に娘を通して発散されているのであろう。つまり二人の情緒的結びつきをマイナス感情で破壊しないようにしながら強めるには，娘を犠牲者にするとよいわけである。ただ，娘は単なる犠牲者だけでもない。彼女は夫婦の秘かな戦いに参加することを自ら行うことによって，大人の仲間に入り，父母を操作することができるのである。母親が口やかましく言うと父親を味方に引き入れ母親に対することができるし，母の干渉に父と連合し，母の嫉妬心をかき立てることで仕返しをすることもできる。つまり無意識に不条理な状況をつくり合うのに３人ともが加担しているのであり，それは誰か一人の責任ではない。

　このようなことが起こっている理由の根は，一つは確かに娘の成長があるのだが，根本には，夫婦の結びつきの問題がある。二人は十分愛し合っており，相互に依存し合っている。つまりマイナス感情や敵意を認めることは危険なのである。お互いの不満や違いを正直に認め，それを表に出すには二人はあまりにも依存し合いすぎているので，それは他の所で出したほうが安全なのである。つまりエスカレートしていく母と娘の抗争は，実は結婚生活の中で増大している緊張の一部であり，それを一時的に収めるだてかもしれないのである。事実，それは，父と母の接近を助けている。

　これは，父と母の自己確立に深くかかわる問題である。この夫と妻は情緒的，心理的にまだ自立が遂げられておらず，相手に依存しているので，相手の支えを失うことが恐怖なのである。相手に直接挑戦することは支持を失うことにつながりかねないので，相手を喜ばせる方向だけに行動がしぼられる。それは個別性や分離，自立を犠牲に得られる平和である。共生的結びつきの中に子どもも巻き込まれ，その役割の中に埋没して，個人のアイデンティティが拡散していっているのである。しかも，このような家族の結びつきは偽りのものであり，欲求不満や不安のもとになる。

　このようにして家族は，一つの機能不全のパターンをくり返し，その中に家族全員が巻き込まれ，加担して，相補的に身動きできない状態に家族の問題を

つくりあげているのである。

3．問題の解決

このような複雑かつ入り組んだ家族の問題に対応するには，単に娘の非行をやめさせようとするアプローチや，母と娘を和解させようとするアプローチでは不十分なことは明らかであろう。各人は家族という大きな流れの中に入っているのであり，家族は相補的に習慣化されたパターンをくり返して，必死に状況を変えようともがけばもがくほど，状況は変わらないという悪循環に陥っているわけである。

このような二重拘束的，逆説的状況には，たとえばそれを上回る対抗逆説（counterparadox）を与えるようなアプローチが有効である。不健康なホメオスタシスを変えるには，「変わらないように」指示することも必要となるのである。

それはIPや症状の肯定的意味づけ（positive connotation）を鍵として，システムを支える原理の仮説に挑戦するという形をとることが多い。つまり，失敗している非効果的なコミュニケーション・パターンをある目標のためには有効であると再定義（reframe または rerabel）し，その行動を続行させるメッセージを家族に与えたり，それより問題なのはほかのことであると新しい症状に問題の焦点を移すことにより，不健康なホメオスタシスのバランスをくずす手がかりを得るのである。

以上，問題の解決法については非常に簡単に，その考え方の一つの鍵となることを述べた。家族という集団は，その発達を核に健全なホメオスタシスを確保すべく内外のあらゆる変化や圧力に柔軟に対応しなければならない。それには何といっても家族の基礎である夫と妻の自立，情緒の成熟，相補性の受容が要となる。家族という集団へのかかわりにはそれらを焦点に，家族の発達を縦糸に，コミュニケーションという相互交渉の手段と，構造という家族員の相互の距離のとり方を横糸に家族システムを見究めつつアプローチすることが重要である。さらにこの小論ではまったく触れることができなかったが，家族の置かれた文化的，社会的コンテクストの要因も忘れてはならない。家族療法家は，以上のような複雑な様相を呈しているシステムに強力かつ巧妙に介入する集団療法家としてのリーダーシップを要求されるであろう。

（事例は Napier & Whitaker[10] より筆者の訳で引用）

文 献

1) Bowen, M.: *Family Therapy in Clinical Practice*. Jason Aronson, Inc., 1978.
2) Glick, I.D. & Kessler, D.R.: *Marital and Family Therapy*. New York, Grune & Stratton, 1974.（鈴木浩二訳：夫婦家族療法. 誠信書房, 1983.）
3) Gurman, A.S. & Kniskern, D.P.: *Handbook of Family Therapy*. Brunner/Mazel, Inc., 1981.
4) Haley, J.: *Uncommon Therapy*. W.W. Norton & Co.Inc., 1973.（高石昇, 宮田敬一監訳：アンコモンセラピー──ミルトン・エリクソンのひらいた世界. 二瓶社, 2001.）
5) Haley, J.: *Problem-solving Therapy*. Jossey-Bass, 1976.（佐藤悦子訳：家族療法. 川島書店, 1985.）
6) 加藤正明, 藤縄昭, 小此木啓吾（編）：講座家族精神医学3 ライフサイクルと家族の病理. 弘文堂, 1982.
7) Lewis, J.M., Beavers, W.R., Gossett, J.J. & Philips, V.A.:（本多裕他訳：織りなす綾. 国際医書出版, 1979.）
8) Minuchin, S.: *Families and Family Therapy*. Harvard University Press, 1974.（山根常男監訳：家族と家族療法. 誠信書房, 1984.）
9) Minuchin, S. & Fishman, H.C.: *Family Therapy Techniques*. Harvard University Press, 1981.
10) Napier, A.Y. & Whitaket, C.A.: *The Family Crucible*. Harper & Row, 1978.（藤縄昭監修：ブライス家の人々──家族療法の記録. 家政教育社, 1990.）
11) Palazzoli, M.S., Boscolo, L., Cecchin, G. & Prata, G.: *Paradox and Counterparadox*. Jason Aronson, Inc., 1978.（鈴木浩二監訳：逆説と対抗逆説. 星和書店, 1989.）
12) Satir, V.: *Conjoint Family Therapy*. Science Behavior Books, Inc., 1964.（鈴木浩二訳：合同家族療法. 岩崎学術出版社, 1970.）
13) Satir, V.: *People Making*. Science & Behavior Books, Inc, 1972.
14) von Bertalanffy, L.: *General Systems Theory*. George Braziller, 1968.（長野敬, 太田邦昌訳：一般システム理論. みすず書房, 1973.）
15) Watzlawick, P., Weakland, J. & Fisch, R.: *Change-Principles of Problem Formation and Problem Resolution-*. W.W.Norton & Co.Inc, 1974.（長谷川啓三訳：変化の原理. 法政大学出版局, 1992.）
16) 遊佐安一郎：家族療法入門──システムアプローチの理論と実際. 星和書店, 1984.

9. 家族療法の過程と技法
――初期面接を中心に――

はじめに

　日本において家族療法が注目され，その考え方と技法に多大の関心が寄せられたのは，ここ15年ほどのことである。アメリカにおける家族療法の歴史は40年以上にもなり，日本においても25年ほど前に数冊の訳書が出版されてはいるが，実践にかかわる論文や著書は，1980年代に入って，二つの学会，家族心理学会，日本家族研究・家族療法学会が設立され，学会誌が発行されるに及んでのことである。

　家族療法はよく，新しい形式の心理療法と誤解される。家族療法の形態が，家族全員に常に面接を行うものから，家族の一部や一メンバーにのみ面接をして，家族全体の変化を起こすものまで多様だからであろう。

　家族療法の過程と技法を論ずるにあたり，まず銘記しておかなければならないことは，家族療法とは形式ではなく考え方であるということである。つまり，家族療法とは，心理的問題や症状の原因や治療法に対する新しい考え方であり，それは，個人が変われば，その人が住んでいる器（＝家族）も変わるはずだというものである。したがって治療の対象は問題や症状をもった個人ではなく，その人を含む一連の関係になる。家族療法では，人間のジレンマや問題の解決を家族という枠組みを念頭に行い，強調点は IP（患者とされる人）の置かれた社会的状況への介入に置かれるのである。

　家族療法にもちこまれる症状や問題は多種多様である。一つとして同じでない問題に有効なアプローチを行うには，セラピストは一つの治療法や技法に固執しているわけにはいかないであろう。ある問題に対していかに有効かつ洗練された技法であろうとも，セラピストの前に提起される広範な問題の解決に役立つとは限らない。その意味で，セラピストに一番必要なことは，柔軟性と自発性である。ミニューチン（Minuchin, 1981）は，その著書の冒頭に，「自発

性」という章を設け,「家族療法の訓練とは,技法を教えることであるが,その本質が十分に習得されたら忘れ去られるべきであり,技法は芸術になるまでみがきあげられなけれはならない」と述べている。さらに,家族療法の中での自発性とは,「相互依存している人々のシステムの一部となり,システムのメンバーとして,システムのルールに従って状況に反応し,一方で自己を最大に活用しうるよう効果的に動くこと」と述べている。

つまり技法とはあってなきがごときものなのであるが,セラピストはそれでも過去の有効な他者の体験から学び,成功したものはくり返し活用する必要があると思われる。家族療法家は,単に外側から家族を観察し,問題をつきとめるだけではなく,システムの中に入りこんで家族の体験する現実をわが身で体験し,家族の考えや行動を身につけるがゆえに変革の推進役になるのであるから,そのプロセスと創造的技法が相まってセラピーを成功に導くことができるのである。

ヘイリー(Haley, 1976)は,「セラピーが順当に終了するためには,順当に開始さるべきである」と述べて,セラピーの初回面接の重要性を指摘している。つまり,セラピー自体は,問題の検討から始まるが,その初めの介入自体が問題と変革を要する関係のパターンを明確化することになるのである。

したがってこの小論では,家族療法において特に重要な初期面接のプロセスを詳しく紹介し,次に家族の不適切な相互交流のパターンや,それによってつくり出される症状,歪んだ構造などを変えるためのいくつかの技法について述べたい。

アメリカでは,家族療法の技法を学ぶ場合,先生の生の家族療法の場面を,ワンウェーミラーで観察し,もう一人の教師が起こっていることをその場で解説していくという方法と,生徒の生の家族療法場面をその場で電話によってスーパーヴァイズを行い,さらにビデオテープによって検認するという方法がある。生のスーパーヴィジョンは,一種の共同セラピーであり,家族療法では不可欠の訓練法である。スーパーヴァイザーの訓練的介入は,被訓練者の家族への介入の見本となる。スーパーヴァイザーは被訓練者の異なった特徴を引き出し,しかも家族の変容に必要不可欠な技法を教えていくのである。

したがって真の技法の訓練は,実際の場面を見,直接家族にかかわって習得していくことであり,専門家になるには何年もの修練を要し,独自性が出せるまでにはさらに何年もの熟達を必要とするであろう。ここに示す技法のいくつ

かが，その第一歩として役立つことを期待するとともに，これらにとらわれない家族療法の開発をも望むものである。

I　アセスメントを主眼とした初期面接技法

　家族療法の最初の面接は，問題をもった家族が電話により申込みを行い，大まかな情報がそこで提供され，初回面接には家族全員が参集することを確約して始められることが多い。特に問題が子どものことである場合，セラピストは家族全員が参加することをすすめることが重要である。それは家族全員が集まらないとセラピーができないということではなく，その方が問題の把握，治療の方針設定に容易なばかりでなく，家族にとってもその方がはるかに意味があるということである。

　したがって家族療法を行おうとする場合，家族全員が参加するようセラピストが努力することは大切である。特に日本の場合，夫や父親は子どものことは母親まかせにしていることが多く，来談しようとしないし，IP以外の子どもは不必要だと頭からきめてかかっている家族が多いであろう。アメリカにおいても状況は同じであった。ある家族療法家は，家族療法の発展期には，家族全員が面接に参加するよう働きかけること自体が家族療法であり，全員が集まったときは，家族療法が半分終わっていると考えてもいいくらいだと述べているが，個人セラピーを行っている施設や個人が家族療法を開始する際，覚悟し努力を要するところである。逆に，一旦家族療法家としての立場が確立した暁には，クライエントの方から全員で面接することを申し込むようになるであろう。

　もし家族が全員面接に参加したならば，最初の1～2回の面接は次のような段階を追って進められる。①社交的段階：家族がセラピストに会い，あいさつを交わし，場面に落ち着く段階，②問題提起の段階：提起された問題に関して尋ねる段階，③相互交流の段階：家族のメンバーが相互にかかわることを指示される段階，④目標設定の段階：家族の問題と問題解決の方法が明確化され，仮説を立てる段階（Haley 1976）。

1. 社交的段階

　家族療法のどの場面においても，メンバー全員が会話に加わるよう配慮され

なければならないが，特に最初のあいさつを交わす場面では，そのことが重要である。家族が面接室に入って来たら，セラピストは全員が好きなように席に着くよう配慮し，自己紹介をして，家族全員の名前と関係を知る。家族の全員が参加することが重要であるという状況を明確にするためには，各人から反応を得ることが大切であり，もしこの段階で問題に入り込む者がいたら，セラピストはそれを止め，できる限り全員が早期に一通り発言し，落ち着くよう努力する。

家族が席に着く間，セラピストは次にどうするか考えをまとめるための観察をする機会をもつことになる。ほとんどの家族は，他者に助けを求めなければならない自分たちの状況について防衛的になっており，多くの努力にもかかわらず努力の効果がなかったことに挫折感を味わってきている。家族のメンバーのだれかは家族療法に参加することに不本意であることも往々にしてある。セラピストは家族のかもし出すムードに合わせて動くことが大切である。

また，セラピストは家族内の位置関係や力関係についても仮説をたてながら着席を観察する。父母の子どもへの対し方はきびしいか，ルーズか，子どもは生き生きして活発か否か，父母の子どもへの対応は一致しているか対立しているか，などである。また，父と母の力関係は入室と着席の順番や指示の仕方で予測できるであろう。さらに席の配置は家族の構造を明らかにしてくれるかもしれない。たとえば，父親が離れて座り，母親が子どもに囲まれて座るとか，父母と子どもが二組に分かれるとか，男女が分かれるとかである。IPが父母の間に座る場合，その子どもが父母の結婚生活に果たす役割を示唆するかもしれない。

また，それぞれのメンバーが，セラピストにどんなふうにあいさつをするかも参考になる。特に子どもが，おずおずと怖がっているようであれば，セラピーの場が罰となっている可能性があろうし，もし子どもたちが好奇心をもって気楽に参加していれば，父母から好ましい場所として紹介されている可能性がある。あいさつを交わしながらでも，家族はセラピストが味方かどうか確かめるであろう。それは極端な依存的態度や，冷たく，よそよそしい態度などによって示されるであろう。

このようにして得られたインフォメーションは，次の段階へ移る暫定的な仮説となる。しかも，これらの観察から得られたデータは家族に伝えられてはならない。セラピストの仮説は間違っている可能性があるばかりでなく，正しか

ったとしても家族を防衛的にさせ，不必要な混乱を招くからである。

2．問題提起の段階

この段階は，『ファミリー・クルーシブル（家族のるつぼ）』[注]（Napier, & Whitaker, 1978）より，実際の面接場面に則して説明していきたい。通常の家族療法の場合，社交的段階は簡単に数分で終了し，次の段階に進む。つまり，家族がそこに集まっている理由，問題は何かということを探ることになる。ここで留意すべきことは，セラピストは，ここで自分の位置を明確にさせながら，電話で聞いたことを家族全員に伝え，なぜ全員に来てもらったかをはっきりさせることである。

ここに引用される場面は，初回の面接に長男が学校の帰りに参集することになっていたが顔を見せず，他の家族とセラピストの二人が，社交的段階をすませたところで終了しており，形式的には2度目の面接が初回面接の問題提起の段階になっている。

家族療法を行うことになった理由は，思春期の長女クローディアが，母親に反抗し，ひんぱんに無断外泊し，小児精神科医にかかっていたが，事態はエスカレートするばかりで，弟や妹への悪影響も出はじめ，精神科医から家族療法をすすめられたことによる。

（出席者）（略称）
セラピスト：C・ウィタカー
　　　　　　A・ナピア
家族：デイビッド・ブライス氏
　　　キャロリン・ブライス夫人
　　　（IP）クローディア（15歳，長女）
　　　ドン（11歳，長男）
　　　ローラ（6歳，次女）

ナピア　（ブライス夫人に向かって）息子さん見つかったのですね。
ブライス夫人　はい。絵のクラスから，のろのろ帰るところで会いました

注）本書は『ブライス家の人々』として翻訳され，出版されているが，ここでは筆者による訳を使用した。

(やや非難めいた調子で)。

　ナピア　(ドンに)家族から，この前休むメンバーに選ばれたことをわかっていたかな？

　ドン　さあ，わかんないけど，ついてたんだよ。そうすれば皆が僕に怒鳴るだろう。

　ナピア　ちょっと安売りしすぎてるんじゃないかな。もっと大事なことをやったんだと思うよ。皆がここに来るつもりがあるかどうかためさせてあげたんだよ。皆が来る価値があると決めたので，先に進めるわけさ。

　前回出席しなかった長男のドンを仲間に入れ，その重要性を強調するとともに，ドンを支持している。

　ブライス氏　始めますか？
　ウィタカー　もちろんです。始めて下さいますか？
　ブライス氏　妻に始めてほしいと思います。状況をよりよく知っていますので。
　ウィタカー　だからあなたに始めてもらいたいですね。われわれ父親は家族の外側にいることが多い。あなたが家族をどんなふうに見ていられるかお聞きしたいですね。大まかなところで結構です。
　ブライス氏　それでは……クローディアが最近問題を起こしております。あの，心理的な問題です。いつ始まったかは，はっきりしないのですが，去年からどんどん悪くなっています。最近ではどうしようもないところまで来てしまって……。

　問題提起をだれから始めてもらうかはこの段階の一つの重要なポイントである。これにはいくつかの観点があり，家族によってはそのいずれかを重視することになるであろう。第一の観点は，問題に最も関心をもち，セラピーに積極的なメンバーと，その逆の立場のメンバーの存在である。第二の観点は，家族の権威構造の側面である。もしセラピーに協力してもらおうとするなら，家族の権威関係を無視することはできない。そして，セラピストの権威観でなく現実の家族のそれを見極めるべく客観的でなければならない。第三の観点は，セラピーにかかわる問題で，家族を次の回にも連れて面接に来てくれそうな人を

見定め，その人に対しては特に敬意をもって接することが大切である。
　一般に，問題にあまり巻きこまれていない大人に最初に話をしてもらい，家族を面接に参加させる力をもつ人には配慮と敬意を払うことが必要である。多くの場合，後者の役割を背負っているのは母親で，子どもに関心が向いており，父親は周辺にいる。したがって，そのような場合には，父親にまず問題について話をしてもらい，セラピーに積極的になり，いざというとき，父親としての責任を果たしてもらえるようにすることが大切である。また，IPから問題提起を行ってもらうことは好ましくない。責められた感じや圧迫感をもつことが考えられるし，後に出てくるように，きょうだいが話した後の方が気楽になることもあるからである。

　ナピア　どうしようもないと言われましたが，どうしようもないのはクローディアのことだけではないようですね。ほかにどんなことがあるのですか？
　ブライス氏　（ため息をついて）それは始終葛藤があることです。クローディアと母親のけんかです。けんかのもとはほとんど何でもよく——クローディアの部屋，勉強，友だち，デート，洋服など。クローディアは母親の言うことのまるで反対のことをするのです。
　ナピア　それにあなたはどんなふうに加わるのですか？
　ブライス氏　よくわかりません。よく妻が娘に対してきびしすぎるように思えて，時に娘の肩をもちます。もちろん，そうすると妻はもっと怒ります。時には私もクローディアに腹を立てます。最近は特にそういうことが多く妻の味方をします。そうするとクローディアはもっと荒れます。時にはその場から離れていようとしますが，それも効果はありません。それではもう追いつかないのです。
　ナピア　どんなふうに追いつかないのですか？
　ブライス氏　昨夜，クローディアは午前2時半に帰宅しました。しかも今週家に帰ってきたのはその1回だけです。娘がだれと，どこにいるのか私たちは知りません。家にいるときは，散らかった部屋に鍵をかけて閉じこもり，ラジオを大きく鳴らすのです。1月ほど前には，ボーイフレンドと大陸横断をしたりもしました。（クローディアは目をふせてかたく座っている。）でも，もし単なるけんかやクローディアが家にいないだけなら，これほど気にはしません。それ以上のことがあるのです。最近，クローディアは変な人生観について話を

し，とても混乱しているように思います。五つのレベルの現実とか……一番深いレベルは破滅とか……娘は詩を書きますし音楽もしますが，最近は死についての詩ばかり書いています。
　それにクローディアは身体の調子も悪くしてます。耳鳴りがしたり，あちこち痛んだり，身体に原因のない不審な痛みがあって……。
　ウィタカー　クローディアに何が起こっているかよくわかります。でも，しばらく娘さんのことから離れて，家族全体のことを話したいのですが，どう見られていますか？
　ブライス氏　どういう意味ですか？
　ウィタカー　家族の様子はどうですか？　静かですか，うるさいですか？　まとまってますか，混乱してますか？　いがみ合ってますか，愛し合ってますか？　どんな構造になってますか？　チームや連合はありますか？　どんな役割をとってますか？
　ブライス氏　どの質問に答えればいいのですか？
　ウィタカー　どれでもお好きなものに。あなたが家族をどう見ていらっしゃるかちょっと知りたいので。

　セラピストの導きによって，父親の問題提起はほぼ終了している。IPについての指摘と攻撃がかなり出てきたため，IPが圧迫を感じ緊張してきたところで，セラピストは，家族全体という観点に父親を引きこんでいく試みをする。

　ブライス氏　私どもは，いつもは静かで，伝統的なところがある家族です。私は弁護士をしていて忙しく，妻とは仲良くやっていて，ほとんどのことで意見は一致しています。ただクローディアのことを除いては……。
　ナピア　（ドンが靴のひもを結んでいるところに向かって）お父さんを助けてあげられるかな？　家族のことどう思う？

　父親にとって家族全体についてここで考えることはなかなか困難のようである。当然のこととして再びクローディアの件に話題はもどってくる。そこでセラピストは，父親の話を橋渡しとしてドンの問題提起を促す。セラピストにとっては，ドンは先回来なかったメンバーであり，往々にして最も観察眼があり，

問題の核心を知っている可能性がある。次に話をしてもらうメンバーとして最適である。

　　ドン　家族はOKさ。少しガタガタしてるけどね。
　　ナピア　どんなふうにガタガタしてるの？
　　ブライス氏　クローディアが部屋をめちゃめちゃにしたり，教科書を学校に忘れたり，おそくまで帰って来なかったりするでしょ——家の中がガタガタする前だけど——ママが怒鳴るんだよ。するとクローディアは部屋に入ってしまったきりになるの。パパが帰って来て，どうしたのか見にお姉さんの部屋に行くでしょ。するとママが，パパはお姉さんの肩をもつとか何とか僕に言ったり，知らんふりをしたりするわけ。パパがおりてきて30分ぐらいすると，クローディアが泣き顔でおりてくるんだけど，だれも何もしゃべらないんだ。すばらしい夕食になるわけさ。
　　ナピア　最近，様子は変わった？
　　ドン　クローディアは家にいないよ。頭にくるとママに二，三言怒鳴り返して家を出ていくの。バタンとドアを閉めて行ったきり，二日も帰って来なかったりするよ。パパが家にいると，クローディアが出ていった10分後には，パパとママはけんかするんだよ。けんかというわけじゃないな。中くらいの暖かい議論かな。ママが警察に知らせようって言って，パパは放っておけば帰って来ると言ってね。
　　ナピア　君はそこでパパとママを助けたりする？
　　ドン　僕ができることはあまりないな。ただローラをちょっといじめるぐらいかな。妹が泣き出すとパパとママがけんかをやめるからね。
　　ウィタカー　クローディアはパパとママのけんかを始めさせる係みたいだね。そして君とローラがやめさせる助けをしてるんだ。
　　ドン　（自慢げにうなずく）
　　ウィタカー　パパとママはクローディアのことについてだけけんかをするのかな？
　　ドン　そうだよ。
　　ウィタカー　どれくらいけんかしてる？
　　ドン　6カ月くらいかな。
　　ウィタカー　それ以前はけんかはなかった？

ドン　全然なかったよ。

ウィタカー　どんなふうにけんかするの？　やかましいかい？

ドン　そんなに大声ではないよ。さっき言ったように中くらいの暖かさでだよ。ママは大声でぐちを言って，パパはブツブツ言うだけさ。

ナピア　クローディアのこと以外ではパパとママはけんかしないけど，お互いに腹を立てることあるかな？

ドン　あると思うよ。ママはパパが忙しいのいやなんじゃない。いつも働いているから。家に帰って来ても書斎に入って仕事してるんだよ。働くの好きなんだね。ママはそのことをパパには言わないけど，僕には言うよ。

ナピア　ママがクローディアが部屋にとじこもると腹を立てるのは，それがあるからだ。お姉さんはパパみたいだね。

ドン　うん。

ウィタカー　そして，パパがはっきり言わないけどママに対して腹を立てていることある？

ドン　ママのママのことだよ。お年寄りでいつも機嫌が悪くて，よくしゃべるんだ。ママによく電話してきて，ママはよくおばあちゃんの所に行かなくてはならなくなるんだよ。パパはおばあちゃんがママに命令したりするの気に入らないし，電話代や飛行機代がかかるのに腹を立ててるよ。

ウィタカー　どうしてそれがわかるんだい？

ドン　パパがクローディアに話しているとこ聞いたの。

ウィタカー　パパはクローディアにぐちを言い，ママは君にこぼすんだね。それが家族の中の各チームのやり方なのかな。クローディアがパパのチームで，君がママのチームで。

ドン　そうだと思うよ。でも僕は，本当はだれのチームにも入らないようにしてるんだ。かかわりたくないんだ。

ウィタカー　そうだろうな。（ローラに向かって）君はだれのチームにいるのかな？

　期待にたがわず，ドンはすばらしい観察力で家族の様子をやや皮肉っぽく語っていく。これは彼の見方であるが，かなりの信憑性がありそうだ。ドンが1回目の面接に現れなかったわけは，ドンも家族も無意識のうちに知っていたのであろう。11歳の男の子だが，家族の問題に巻きこまれすぎてないゆえに，

観察できているところが多く，情報源となる。ナピアとウィタカーは，家族の様子を聞きながら，父母に少しずつ自分たちの見方を伝えている。また，家族のサブシステムの結びつきなども明らかにされる。そして次にクローディアでも母親でもなく，下の娘に問いかける。母親にとっては言いたいことがたくさんあるであろうから面白くないだろうが，クローディアにとっては安心であり，セラピストの言うことに好奇心さえわいてくるところである。往々にして，年下の子どもはセラピーに連れてこられて放っておかれることが多い。全員出席することの意味を家族に知らせるには，このチャンスを逃してはならない。セラピストの質問は，ドンとの話の続きとして自然であるが，構造を明らかにしようとする質問である。

　ローラ　だれのチームにもいないわ。
　ウィタカー　それはどうしてかな。だれも君のチームに入ってくれないの？お兄ちゃんとけんかするとき，だれか助けてほしいでしょう。君よりお兄ちゃんは大きいからね。
　ローラ　ママが助けてくれるわ。パパも時々助けてくれるし……。
　ウィタカー　それは不公平だ。ママもパパも君のチームなの。お兄ちゃんが怒るのも無理ないな。家族のことどう思う？　ママとパパとクローディアのけんかについてどう思う？
　ローラ　心配になるの……。
　ウィタカー　だれのことが一番心配？
　ローラ　（しばらく考えて）クローディア。
　ウィタカー　何が起こると心配になるの？
　ローラ　行ってしまって帰って来なくなるのではないか，と。
　ウィタカー　そしてどうなるの？
　ローラ　（泣きながら）ママとパパがとても腹を立てて離婚するのではないか，と。
　ナピア　クローディアが自殺するのではないかって心配？
　ローラ　（大声で泣き出す）それも心配です。パパとママがそのことを話していたのを聞いたことがあって，だからいつも考えてるの。

　6歳の子どもが家族全員の痛々しい気持ちを代弁して素直に表現し，同時に

幼い心を痛めていたひそかな想いを伝達できて、メンバーの全員が心和む瞬間である。通常、幼い子どもは家族療法に来ないでもいいのではないかと思われがちであるが、この場面は、ローラが家族の全員を救うほどの力強い効果がある。「あの子は問題ない」とか「あんな幼い子を連れていったら傷つくかもしれない」などと心配することの愚かさを示してくれる。しかも、家族のだれもがひそかに心配していながら口にすることができない「離婚」や「自殺」にまで言及していく。そこでセラピストはローラを通して家族に暖かい支持を与える。

　　ウィタカー　だから皆ここにいるんだと思うよ。家族を変えるためにクローディアが自殺しないでいいようにね。さて、ママ、あなたの家族の見方を話してくれますか？
　　ブライス夫人　家族について話をするのはとてもむずかしいと思います。クローディアに対しては腹を立てていますし、とりみだしますから……。
　　ウィタカー　話す努力をしていただきたいのですが……。
　　ブライス夫人　（深いため息をつく）
　　ウィタカー　そのため息から始めて下さい。それはどんな意味があるか……。
　　ブライス夫人　いま家族のことを考えました。そうしたら突然がっかりした気持ちになりました。めちゃくちゃで、どこから始めたらいいか……。
　　ウィタカー　あなたにとって一番ひどいところは？
　　ブライス夫人　クローディアとのいさかいです。
　　ナピア　そのほかには？
　　ブライス夫人　夫とのことです。そのことをはっきりさせる必要があると思っています。

　初回面接から夫婦の問題が出てくることは非常にめずらしい。通常はもっと後になることが多いのだが、先にドンが夫婦の問題を投げかけていることが影響したと思われる。

　　ナピア　結婚のどこか悪いところでも？
　　ブライス夫人　（涙ぐんで）いいえ、何も。ただ時たま、一体結婚があった

のか疑うことがあります。去年まではよかったのですが……夫は仕事に出かけ，私は家事と子育てに専念し，すべてがスムーズにいってました。多分スムーズにいきすぎていたのかもしれません。

ナピア　それで？

ブライス夫人　そしてすべてがバラバラになりました，クローディアのことは，私たちがもっていたものすべてを破壊し，いま，きりなく争っています。お互いに非難し合い，どうしたらいいかわからなくなっているのです。

ウィタカー　そうなる前はどうでしたか？　その前は結婚について何の問題もありませんでしたか？

ブライス夫人　ありません。

ウィタカー　いまはどうですか？　ふりかえってみて何かありませんか？　ドンが話していたことについては？

ブライス夫人　働きすぎることとか私の母のことですか？

ウィタカー　そうです。というのは，セラピー用語では，ご主人は仕事に恋をし，あなたはお母さんと情事をもっているように思えるのです。

ブライス夫人　夫の仕事ぶりを快く思っていなかったのは確かです。いまもそうです。そして夫は私の母のことを好ましく思っていません。

ナピア　クローディアの問題が起こる前に，すでにお二人の間には溝があったのですか？

ブライス夫人　はい。子どもたちと放っておかれて寂しい思いをしていました。

ナピア　その情緒的離婚はいつ始まったのですか？　最初からですか？

ブライス夫人　いいえ，そうは思いません。結婚当初は，とても親密で幸せでした。

ナピア　いつ変わったのですか？

ブライス夫人　子どもが生まれて夫の仕事が忙しくなりはじめた頃ですから，8年ほど前からでしょうか……。

ナピア　それは子どもと仕事のせいだけですか？

ブライス夫人　そう思います。

ナピア　以前はあなたとご主人は依存しあっていましたか？　それに気づいていましたか？

ブライス夫人　（驚いた様子で）はい。二人はお互いにとても依存しあって

いたと思います。奇妙なやり方で，いまでもそうです。
　ナピア　そうでしょう。それが二人を離してもいるのでしょう。またご主人が仕事に熱中し，あなたがお母さんや子どもにかかわりすぎることにもなるのでしょう。結婚の依存があなたを怖がらせているんですよ。二人をなきものにしてしまうように感じられるのでは……。

　セラピストは母親の問題への取り組みに合わせて，家族の発達段階での変化とバランスのとり方の困難さ，夫婦の相互依存と自立の不完全さ，そして素直なコミュニケーションを恐れる情緒的成長の未熟さなどを示唆している。結婚の夢はこのような結果を夫婦にもたらすことが多い。その上，依存はアイデンティティの喪失の恐れをはらみ，そのためお互いが自立しようとすると孤立の恐れに迫られる。そこで依存の対象の代理を求めるということが起こるのである。セラピストはその可能性を探っている。

　ブライス夫人　（うなずき，下を向いていた顔を上げて）だから何が起こったというわけですか？
　ナピア　（ほほえみながら）何が起こったかはよくわかりません。ただ想像はできます。お二人は親密さを恐れて離れていったかと思います。そして代わりの親密さを探したのでしょう。ご主人は仕事の世界に没頭し，あなたは子どもにかかわり，再び母親に近づいた。でも依存やその他の問題は相変わらず存在していて，そのうち出て来るかも……いまは見えませんが……。
　ウィタカー　（クローディアに向かって）たいくつそうに見えるけど，どんなふうに思っているか，家族とあなたのことをどう思っているか言えますか？
　IP　（あわてて）家族の中に私の居場所はありません。少なくとも見つけることはできません。
　ナピア　それはどういう意味？
　IP　えーと，だれも喜ばせることはできないように思います。少なくとも両親，特に母は！
　ウィタカー　その家族に関係できないほうの話をもう少ししてくれませんか？　家族についてどう思いますか？

　ナピアの発言ではあまり解釈に深入りしないように，しかし母親の挑戦には

明確に答えておいて、もう一人のセラピストが話を切る。セラピストが二人いるときの効用である。ところがIPはさっそく情緒的に非常に強烈に巻きこまれている母親へ向けて話し出す。ここは問題提起の段階であり、各メンバーの意見を求めることが重要である。ここで母と娘のけんかが始まっては、家の中と一向に変わらない印象を与えてしまうことになる。したがってセラピストは、IPをひきもどし彼女の家族観を聞こうとする。しかし娘の心はそこにはないようである。

　IP　言われていることの意味がわかりません。何をお知りになりたいのですか？

　ウィタカー　家族の中に居場所がないと言いましたね。文字どおりそうなのですか？　自分の場と思えるところは自分の部屋さえも？

　IP　（母親をにらみつけて）特に私の部屋です。母は私の部屋を占領しているんです。私のものなんて何もありません。母はしじゅう文句を言い、おせっかいをやくのです。

　ブライス夫人　クローディア、それは正しくないわ、あなたの部屋がどうしようもなくめちゃめちゃなときだけでしょ。おせっかいと言うのはやめて。耐えられなくなって時たま掃除するだけでしょ。

　IP　そして掃除をしながらジョンから来た手紙を読むのね！

　ブライス夫人　心配だからよ。あなたは何も話してくれないし、母親として心配する権利があるでしょ。

　IP　よけいなおせっかいだわ！

　ブライス夫人　何と言われようと心配ですからね。

　ナピア　（母親をさえぎって）お母さん、ちょっといいですか？　お母さんにも話してもらいますが、いまはクローディアの話を聞きたいので……。（以下略）

　母と娘の情緒的接近は激しいもので、再びあっという間に相手を巻きこんでしまう。セラピストは再び二人のからまり合いを離す介入をする。二人は一応納得してクローディアがセラピストのかかわりに応じはじめるが、三たび母娘の言い争いになり、それが収まったところでこのセッションが終わる。

　問題提起の段階では、このようにしてセラピストは周到な観察の中で、全員

に参加を促し，各人の言動に聞き入る。彼らは事実や意見を述べるのみならず，互いには伝えられないことがらをセラピストに伝えることによって日頃の思いを述べてもいる。この段階では各人の意見と見方が披歴され，セラピストはそれを得るため直接的に介入し，その場の梶をとる。現実はどうかということは別にして，家族のおのおのが自分の家族や問題をどう見ているかという情報を得るのである。

3　相互交流の段階

家族療法の中で，問題を明確にする方法は二つある。一つは家族メンバーの問題に対するコメントをもらう段階であり，もう一つは，家族メンバーに問題について話し合ってもらう段階である。問題提起の段階と異なり，この相互交流の段階では，セラピストは会話の中心からはずれる。メンバーに話しかける人になることをやめて，家族同士がどんどん話をするように仕向けることが重要である。先に示したセッションの最後のところでも明らかになったように，各人が問題についての意見を述べ終わると，当然のこととして相互の意見のくい違いが出てきて，お互いが話し合いたくなっていく。この段階では，意見のくい違うところを話し合うよう奨励して，セラピストは話しかけられても，話し合いを家族に返すことが大切である。時には，席や向きを変えることを指示して，プロセスには介入していく。

メンバーが二人で話し合っているとき，その会話に他のメンバーを入れることもセラピストが行う重要な介入である。たとえば，母親と娘が話を始め，どうしようもなくなったら，「二人ではどうしようもないようですから，お父さん助けてあげて下さい」などと言って，人々がお互いに話し合えるようにしていくのである。このようにすることによって，たとえば父親が母娘の対立にどのように介入し，どれほど効果的に問題を解決するか，あるいは機能不全の相互交流パターンが存在するかが見極められ，問題解決のための有効な介入に役立つ情報が得られるのである。もしその中から，典型的なやりとりのいくつかを観察することができれば，その家族の構造が明らかになるだろう。家族メンバー自身は，自分たち独自の相互交流のパターンや，機能不全の構造について気づいてはいないし，知ってもいないわけであるから，それを見極めるためには，家族員間の相互交流を観察することが最も有効なのである。もし父親が娘の味方をしているならば，それが会話で明らかになるであろう。問題の子ども

がいる家庭は，必ずといっていいほど，親の片方が世代間の境界を越えて子どもに関与し，癒着した関係の構造がある。

この段階では，時には激しい感情のやりとりや，エスカレートし固着した非効果的相互交流のパターンなどがくり返し示され，それぞれの家族の独特な問題が現れる。そこには境界の侵害，絶え間ない葛藤，ホメオスタシスを保とうとするIPの症状をかけた涙ぐましい挑戦，やりとりの悪循環，柔軟でない連合などが見られるであろう。

4　目標設定の段階

以上，問題提起の段階で得られた家族メンバーの問題と家族に関する意見，そして相互交流の段階で直接観察された典型的な家族の結びつきや問題行動パターンは，家族を変容に導くシステム仮説をたてるために非常に重要なデータとなる。これらのデータをもとにして，家族セラピストは，IPを含む家族システムを支える主要な原理についての仮説を設定する。

家族は自然なグループであり，長年の時間をかけて，独自の相互交流の方法を生み出している。これらの独自のパターンは家族の構造を形成し，その構造は家族員の機能を規定していく。家族の主要な役割は個々のメンバーの個性化を達成しながら，一方で所属感を得させることであり，家族の構造はその役目を果たせるように形成されていることが重要である。問題をもつ家族は，家族というグループが保持しなければならないその機能を果たせなくなっているのであり，それゆえに家族療法に訪れるのである。その意味で家族療法家と家族は同じ目標をもって家族療法に臨むわけであるが，家族療法家と家族は，問題の所在場所，その原因，治療のプロセスについてはまったくといっていいほど異なった理解をする。

家族は問題の所在を一人にしぼり，その個人の内面に問題の原因があると考えるのが普通である。したがって彼らは，セラピストが問題をもった個人にかかわり，彼の変容を助けてくれることを望むであろう。しかし，家族療法家は，IPは単なる症状を示した人でしかなく，問題は家族に機能不全や悪循環の相互交流が起こっていることであり，問題解決の焦点はそこに向けられるべきであると考える。

したがって，この段階で立てられる仮説は，家族システム全体を機能不全にしている問題に対するものであり，そのシステムを再び機能するように導く仮

説である。仮説を立てるにあたっては，主に次の五つの視点が参考になるだろう。

1) その家族は家族ライフサイクルのどの段階にあり，家族のどの発達課題に直面しているか。そして，発達課題を達成するための柔軟性があるか。もし家族の発達課題を家族が認識していない場合は，その認識を与え，その課題に応じた対応を育成する介入，援助の方法を考えてみる。

2) IPの存在や症状の家族における意味は何か。通常，IPの問題・症状は家族の非効果的な相互交流の固着した反復に対する補完的解決策であり，ホメオスタシスを維持する鍵である。つまり，ストレス下に置かれた家族という有機体の反応の一部なのである。したがって，そのような観点から，家族に症状（IP）の意味を知らせる挑戦を含んだ仮説が必要かもしれない。

3) 家族の構造，特に連合，所属サブシステム，葛藤，葛藤解決の際の家族メンバーの動きはどうか。通常，機能不全に陥っているシステムは，ルールにしばられ個々人がそこに巻きこまれているか，あるいは孤立し，支持を失って，所属感を失っているか，あるいはその双方が存在するかである。この場合は，家族員相互の距離が適当な遠近を保つ方向で目標が立てられる必要があろう。

4) 家族の現実認識，現実的問題処理能力はどの程度か。通常，問題のある家族は，その構造を維持する上で，非常に狭い現実認識をもち，非現実的な信念や思いこみによって互いを支えていることが多い。つまり，有効性のない現実であるにもかかわらず，それ以外を知らず，そのことによってお互いを縛っていることに気づかないで苦しんでいる。有効でない家族神話や世界観を打ち破り，新しいかかわり方を身につけるよう導くことがセラピストの課題になることもあるだろう。その視点からの仮説が有効な援助方法をあみ出す手がかりになる可能性がある。

5) 家族をとり巻くラージャー・システムとの境界はどうか。家族が機能不全に陥る時，ラージャー・システム（源家族，コミュニティ，学校，職場，政治，経済の状況など）の侵害も考えられる。家族の境界は柔軟か，ラージャー・システムの介入が強力すぎないかを考慮する必要がある。時には，ラージャー・システムへの介入も必要になるかもしれない。

以上，家族システムを変容に導くための仮説設定の手がかりとなる五つの視点を述べた。この五つの視点は相互に重なりあい，補いあって家族療法の技法につながっていくものであり，その意味で仮説はセラピーのプロセスでも常に検証され，立てかえられ，家族にとって適切かつ意味のある目標に向かってセラピーが進められるべきことは言うまでもない。変容を起こす介入は実際，さきの面接場面にも見られるように，アセスメントをしながらも始められており，らせん形を描きながら循環的に進められると考える方が妥当である。

II　問題解決のための介入

　さて，問題と問題解決の仮説が立てられたならば，その仮説に従って，家族の新たなホメオスタシスづくりのための介入が必要である。これらの介入については，一言で言えば，家族のその時その時の状況に応じて，縦横無尽に技法を駆使するのがよいということになり，簡単に説明することは不可能に近い。この技法の習得こそはじめに述べたようにスーパーヴァイズを受けながら，くり返し生きた家族に接していくことが最良である。にもかかわらず，いくつかの技法は抽象的にでも理解するに値すると思われるので，ミニューチンの著書（1981）からいくつか紹介したい。

1　症状に介入する（reframing）

　これまでも何度か述べたことであるが，家族が家族療法に訪れるときは，一人のIPとその症状を問題の中心にすえている。彼らの問題のとらえ方は，問題の患者との長い戦いであり，症状や問題の除去の失敗である。そこにはまた機能不全の固定化した家族交流のパターンもあるが，その原因はIPにあると信じている。しかし家族療法家の問題のとらえ方はまったくその逆と言ってよい。

　戦略派（ヘイリーほか）の人たちは，症状を家族のホメオスタシスを保つための解決法と考えるし，構造派（ミニューチンら）の人たちは，症状を有機体としての家族のストレスに対する反応とみる。したがって他の家族のメンバーも同様に疾患をもっているのであり，セラピストの役割は，家族の問題のとらえ方に挑戦することだと考える。つまり，家族の問題の見方に対して他の見方をするよう介入をするのである。セラピストは，IPへの家族のかかわりを観

察し，家族のおのおのに対するIPの問題行動や症状の意味や有効性を見極める。そして，たとえば，子どもの夜尿は母親の愛を確保するための手段であるとか，思春期の子どもの非行は，父母の情緒的離婚を防ぐための叫びであると再定義（reframing）して，母と子の距離の遠さや夫婦間の葛藤などについての新しい見地を確立し，見方を広げるのである。

そのためにセラピストは，IPを中心とした機能不全の相互交流を実演（enactment）させて，その場で新しい意味づけを行ったり，多くのデータの中から変容をもたらすであろう要素を抽出して，そこを焦点化（focus）したり，変容を起こすために強調すべきところをくり返し強化（intensity）して，問題を実際経験しながら，そのことの新しい意味を見出していくのである。

2　構造に介入する（restructuring）

機能している家族は，複雑な構造から成り立ち，入り組んだやり方でそれぞれがかかわりながら柔軟性と成長の余地をもっている。つまり，家族という一つの構造は，さまざまな結びつきと，それぞれのサブシステム，あるいはシステム全体における位置などが必要に応じてつくられたり，解かれたりしている。しかし，機能不全の家族は，サブシステム間の境界が拡散し，個別性が保たれていないことが多い。セラピストが家族の中に入って家族のやりとりを体験していくうちに，家族メンバーの連合の仕方，所属方法，葛藤解決におけるメンバーの結びつきなどが明らかになる。

多くの場合，問題をもった家族は，孤立と過剰接近のいずれかの問題をかかえている。そこでセラピストは，家族の歪んだ構造を再構造化（restructure）するためにいくつかの介入法がある。一つは個々人やサブシステム間に距離をつくるために，子どもの代わりに答える母親にそれを中止させたり，相互交流に時間的間を置かせたりする境界づくり（boundary making）である。また，家族のメンバー間に不当なヒエラルキーがある場合は，あるメンバーに加担したり，あるメンバーを無視したり，攻撃したりして構造のバランスをくずす（unbalancing）こともある。特に重要なのは，個人はそれ自体で完結した存在でもあると同時に全体の一部でもあるという個人の相補性，全体の中での不可欠性（complementarity）を認識していくことである。

3 家族の現実認識への介入

　家族は自分たちがつくりあげた現実が機能しなくなったので治療にやって来る。したがって治療はその現実に挑戦することである。家族療法では，相互交流のパターンは家族メンバーの現実体験を左右もし，体験そのものでもあるという見方をする。したがって，家族メンバーの現実認識が変わるためには，新しい相互交流のパターンを生み出す必要がある。そのためには，常識や客観性のあるデータで普遍性のある現実を伝えたり，異なった見方を助言したりすることが効果がある揚合がある（construction）。もしそのような直接的な意見や助言に抵抗を示すコミュニケーション・システムをもった家族の場合は，パラドックスを活用することもある（paradox）。また家族の欠陥や IP を必要以上に強調するのをやめ，家族の治癒力や健康な側面を最大限認めていくこと（strength に共感する）だけでも，十分に家族が変わることがある。

　セラピストは問題が即長所でもありうること，問題や欠陥は必ずしも不利な状況とは限らないという視点を維持する。ミニューチンが，目の見えない息子に音や触覚でいかにものを把握するかを父親に教えなさいと言っている場面があるが，それは，この欠陥のもつ強い側面を強調する技法である。

　以上，介入の技法については非常に簡単に述べた。それぞれの技法を使う上にはそれぞれに注意すべき点があり，説明も不十分であるが，技法の概観をしていただきたい。そして「技法はマスターし，その後に忘れ去るべきであり，技法を越えたところに知恵がある。そのような知恵に支えられたとき，セラピーは真の治療となる」（Minuchin, S. & Fishman, 1981）というミニューチンの言葉でしめくくりとしたい。

文　献

1) Haley, J.: *Problem-Solving Therapy*. Jossey-Bass, 1976.（佐藤悦子訳：家族療法. 川島書店，1985.）
2) 平木典子：家族の問題. 季刊精神療法, 10(3): 4-11, 1984.（本書第8章に収録）
3) Minuchin, S.: *Families and Family Therapy*. Harvard University Press, 1974.（山根常男監訳：家族と家族療法. 誠信書房, 1984.）
4) Minuchin, S. & Fishman, H.C.: *Family Therapy Techniques*. Harvard University Press, 1981.
5) Napier, A.Y. & Whitaker, C.A.: *The Family Crucible*. Harper & Row, 1978.（藤縄昭監修：プライス家の人々——家族療法の記録. 家政教育社, 1990.）

参考文献

Haley, J. & Hoffman, L.：*Techniques of Family Therapy*. Basic Books, Inc., 1967.

10. 家族ロールプレイ I
——家族療法家のための教育分析の試み——

I 問題の提起

　ロールプレイングは，もともと心理療法の一種であるサイコドラマから発展した。サイコドラマの場面の中で，さまざまな役割を自発的に演じることをロールプレイングと呼んだのであるが，現在では，その目的に応じて，問題解決法として，技能（術）訓練法として，そして自己理解，自己洞察による態度変容の援助法として活用されている。特に心理療法の分野では，治療そのものに使われるだけでなく，カウンセラーの態度やカウンセリングの技術を習得するための初期の訓練法として広く利用され，心理臨床家はその訓練の中で一対一のロールプレイングによるカウンセリングの練習を一度ならず体験しているはずである。心理療法を実際に体験することが難しい初心者には，ロールプレイは現実の面接場面に一番近いシミュレーションとして大きな役割を果たしている。

　しかし，ロールプレイングの真髄は，なんといってもグループ・ロールプレイにある。何故なら，グループ状況においては，錯綜した人間関係の葛藤場面が現出しやすく，それだけプレイヤーは日常性に近い言動やリアルな動きをしやすくなり，またせざるを得なくもなる。つまり，グループ・ロールプレイにおいては，ロールプレイ理論の背景にある，曖昧さ（ambiguity）と即興性とがいかんなく発揮されるため，場面は実感を伴って体験されやすく，しかも〈カタルシス〉につながりやすい。そしてその体験は，〈フィードバックの理論〉〈役割理論〉〈ソシオメトリーを中心とした人間関係理論〉を活用してふりかえり，概念化されて，将来の言動の仮説化に生きるのである。さらにグループによる訓練は，メンバーにグループ・ダイナミックスを活用した体験の多様性と重厚さを提供するとともに，短時間内に多くのトレイニーに濃密な体験をしてもらうことができるという利点をもつ。

筆者は，以前よりカウンセラーの訓練に一対一のロールプレイだけでなく，グループ・ロールプレイを実施し，それがカウンセラーの自己理解と新たな行動形成の契機として大きな効果をあげることを体験してきた。グループ・ロールプレイにおいては，家族，職場，大学やサークル，教師と生徒など複数の人間関係が取り上げられ，台詞の決まっていない曖昧な状況から生みだされるダイナミックスの中に，プレイヤーは自らを投影し，各々の価値観やパーソナリティを浮かび上がらせることができるのである。この効果は，サイコドラマの中でクライエントたちが体験することと類似している。つまり，グループ・ロールプレイの中では心理劇的セラピーやカウンセリングが行われることになり，それはひいては教育分析的効果をもたらすことになる。

近年になって日本でも本格的な心理臨床家の教育訓練が緊急課題となり，その中でも臨床家の手作り的訓練ともいうべき教育分析とスーパーヴィジョンは，所用時間，方法，訓練者の人材などの面で多くの課題を抱えている。今後，多様な方法論が展開されるであろうが，ここにあげた家族ロールプレイはその方法論の一つの可能性を提示しようとするものである。家族ロールプレイはグループ・ロールプレイの要素を持つことと，家族の人間関係が体験できることで，家族療法家の教育分析の一端を担うと同時に家族療法の技法訓練を兼ねることができる。以下，数回の試行の中からその実際を紹介し，その効用について考察する。

II 目 的

心理療法家をめざすトレイニーが自分の家族の特定の場面をロールプレイし，その意味を体験的，認知的に学習することがこの方法の目的である。

そのプロセスでは，各人が自分の問題をもとに，ロールプレイを構成して問題を明確化し，場面を多角的に体験することにより自分の問題の意味を洞察し，さらに自己理解を深めて，ボーエン（Bowen, M.）のいうセラピストの自己分化の一助にしようとするものである。さらに，ロールプレイをVTRにとっておき，家族のかかわりを観察し，家族療法におけるアセスメント及び介入の学習材料に資す。

Ⅲ　方法と手続き

訓練は小グループ形式で行われるが，参加者には事前準備を要求する。

1．事前準備
自分の家族関係について，過去，または日常的に感じている問題の中から，気づきを深めたいこと，考えたいこと，解決を探りたいことなどを1～2選び，記述して持参する。

2．準備する用具
VTRカメラ，VTR再生装置，テープレコーダー，ウォーミング・アップのための家族ロールプレイ用シート人数分，移動の自由な椅子，テーブル，机など。

3．訓練グループ
トレイニー8名内外とトレーナー（監督）1～2名。

4．日程
1セッション2時間を10セッション（合宿の場合は3泊4日でできる）。

5．訓練の概要
第1セッションは家族ロールプレイの準備にあてる。その内容はロールプレイングの理論の講義；ウォーミング・アップのための簡単なグループ・ロールプレイの実習とふりかえり；自分の家族ロールプレイの状況，場面，役割シートの作成（この部分は時間に限界がある場合は宿題にすることもできる）。

第2～9セッションは1セッションにつき一人の見当で全員の家族ロールプレイの体験学習をする。第10セッションは全体のふりかえりにあてる。

6．家族ロールプレイの進め方
第2～9セッションの各セッションは一人の家族のロールプレイを中心に学習が進められる。各セッションを担当するトレイニーは，まず自分の問題，状

況,場面,登場人物について説明し,メンバーの質疑応答によって役割と場面を明確化する。プレイの開始時にはトレイニーは自分の役割をとり,メンバーはその他の役割を受け持つ。役割をとらないメンバーはオブザーバーになる。

　トレーナーは場面づくりに協力し,メンバーの役割取得を援助し,家族ロールプレイを監督する。場面設定にあたっては,手近にある小道具や机,椅子などを使ってセッティングをすることでウォーミング・アップも兼ねながら状況をつくり,メンバーの参加意欲を高めるようリードする。メンバーが自発的に役割をとるほうが,成果は大きいが,配役にあたっては適切な人選について十分考慮する。ロールプレイのプロセスでは,補助自我(ロールプレイではダブルと呼び,メンバーに共感の体験も兼ねて割り当てることが多い)を有効に活用し,役割交換法,代役法,スイッチ法などの技法を適宜挿入して,トレイニーとメンバーの体験の巾と深さを促進するよう努める。したがって場面は監督の指示によって変化し,オブザーバーとプレイヤーも固定することなく替わりあって役割を取る。

　監督はトレイニーの体験の適切性を見極めてストップをかける。

　次にフィードバックをする。フィードバックはロールプレイングの命であるので,プレイにかけた時間の2～3倍を使って,十分ふりかえる。そのポイントは演技の上手下手や事の成り行きの詮索をするのではなく,プレイヤーとオブザーバーの生の感じや気づき,感想を述べて,中心となったトレイニーの自己洞察に資するようにする。フィードバックをする順番には,特にきまりはないが,言語化しやすい立場にいて,しかも自分の防衛を語りたい人から始め,オブザーバーを最後にするのが通例である。メンバーが防衛的にならず,また攻撃的にもならぬよう監督のリーダーシップと寛容性が要求されるところである。

Ⅳ　家族ロールプレイの実際

　次に家族ロールプレイがどのように進められるかを,いくつかの場面を通して提示する。

1. 事例1

　トレイニー(A)は25歳の女性。問題は両親との関係。特にA自身が「両親を好きなのに冷ややかにしか接しられない」「どうつきあったらいいか,ど

うつながったらいいかわからない」という問題を提示。
 1）ロールプレイの目標
　両親に自分の思いを伝えてみる場面で自分の問題，わだかまり，家族の問題などに気づくこと。
 2）家族の状況
　父，母，兄，A。4人とも仕事をもつ。（その他，父，母，兄の性格，Aの心に残る過去の出来事，家族の人間関係の特徴などが説明されるが省略）。
 3）場面設定
　家族4人が居間に揃ったところ。
 4）配役
　メンバー同士の話し合いの結果，父－B，母－C，兄－Dにきまる。それぞれにダブル役をつけ，各人のななめ後にすわる。（参加者全員で8名のため，オブザーバーなし）

〈ロールプレイの場面抜粋〉
　……（前略）
　A　なんかね，みんなと話がしたかった。お父さん何考えているか全然わからないから……何も言ってくれないから，気遣ってくれるのは良くわかるけど，ほんとは何考えているか全然言ってくれないし……お父さんは私をどういう風にみてたの？
　B（父）　お父さんはおまえが可愛いし，嫌われないようにしたいと思うけどね……。
　A　お父さんはどういう風に生きたいの？（父：うーん）私が嫌うとかいうのじゃなくて。
　B（父）　お父さんもちゃんと話をしたいよ。
　A　私もしたかった。
　B（父）　してくれなかったじゃないか。
　A　だって，お父さんいつも何も言ってくれないんだもん。
　B（父）　どう言っていいかわからないんだよ。
　A　いつも私の御機嫌とってて……じゃあ私はどうすればいいの（涙声で）。
　B（父）　こんなふうにおまえが言ったのは，初めてだしね，どういうことを思っているか言ってくれないし，お父さんにはわからないんだよ。ただ，今，

わからないって言ってくれたし，話したいと言ってくれて，嬉しいけどね。
　C（母）　嬉しいの，お父さん。そんなこと今まで言ってくれなかったじゃない。ねえ，Aちゃん（泣き声で）。
　B（父）　でも，話したくても何だかいつもおまえたちの中に入れなかったし……。
　A　お兄ちゃんは，いつももっともらしいことを言ってくれるけど，言ってることもわからないではないけれど，でも私のほうがずっとお父さんやお母さんのいやなものいっぱいみてて，自分をどうしたらいいか全然わからなくて，いつもいい格好しててずるいと思ってた……なんか私はいつも嫌な役ばかりとっていた気がする……。
　C（母）　でも，お母さんにとっては，Aちゃんとお兄ちゃんではすごい差なんだよ。Aちゃんは損な役だったなあって思うけどね。お母さんは，Aちゃんがいたからたくさん手伝ってもらって，救われたしね。
　A　私は全然，救われなかった。
　B（父）　Aにはお父さんとお母さんのことで辛い思いをいっぱいさせたなあと思う。でもお父さんも体をこわして以来どうしようもないというか……おまえたちが頼りないと思っているのもよくわかるし（泣き声で）。
　A　わかってて何も言ってくれなかった……。
　D（兄）　ぼくはいそがしかったし……でも誰かが両方の言い分を聞く人にならなければならないと，おまえは思ったんだね。それをわかって欲しかったんだね。
　A　お兄ちゃんはいつもぽっと帰ってきて，もっともらしいこと言って，そしてまた我関せずを決めこんでしまう。そんなことだれだってできるじゃない……。
　D（兄）　それしかできなかったんだよ。でも，今Aが言ってくれたんで少しわかった気がする……。
　B（父）　おじいちゃんやおばあちゃんがいたときは，お父さんも何が何だかわからないままに，あたったりしたし……でもお母さんと前よりも少しうまくやれるような気がしているんだけど……Aにはいっぱい押しつけてな……Aはお父さんとお母さんにどうして欲しいのかなあ……。
　A　もっとおんぶしたり，抱っこしたりして欲しかったし，出会いたかった。

C（母）　お母さんはお父さんの役割をしてたからね。お父さんがそんなこと考えていたのも知らなかったし……。

A　誰に頼っていいかわからなかった。

B（父）　頼りにならないお父さんでごめんな……（辛そうな涙声で）。

A　いつも喧嘩ばかりして……お互いに悪いことばっかり言って……信頼関係なんか作れないよ……。

B（父）　病気にならなかったら……Aに頼りになる父親であり続けたかったけれど，お母さんには迷惑かけているし，口惜しいというか……情けないというか……。

A　お母さんが苦労してきたの良くわかるし……仕方がなかったというのもお母さん何度も何度も言ったし……それに私も何とかわかっていたし……でも言ってはいけないこといっぱい言ってきたし……。

D（兄）　やりばがなかったんだね。ごめ。今言っても仕方がないことだけど，でもAがいたからお父さんとお母さんはどうにかやってこれたんだってこと……。

A　じゃあ，私は何なの！　何なの私は！

B（父）　Aはお父さんにとって大事な娘。

C（母）　そうよ，お母さんの代わりをやってくれてたんだよ。お母さんがお父さんに言ったりやらなくてはならないことを身代わりになってやってくれていたの。

D（兄）　そう，みんながAを頼ってた。

A　ずるい，そんなのずるい！　何で生まれてきたかわからない！（泣き出す）

C（母）　ごめんね。Aが引き受けてくれたからすごく軽くなったの。だからすごく感謝してるよ。お母さんは。

A　感謝じゃ私はやっていけない。

B（父）　Aがここまで一生懸命やってきてくれたことを，お父さんは申し訳ないと思うし，ありがたかったと思うけど，もうしなくていいと思う。これからはお母さんと頑張ってやるから，もうお母さんの代わりをしなくていいよ。

A　もうやらなくていいの。もう私でいいわけ？

B（父）　うん，もうAはお父さんの可愛い娘で，お母さんの代わりはしな

いでいい。
　D（兄）　今，どうだ？
　A　ほっとした。
　D（兄）　みんなで，やってゆけるようにしたい。
　B（父）　お母さん（母：はい），Aに僕たちは謝らんといかんのじゃないか。一言，どうしても悪かったと言わなくてはならないのじゃないか。
　C（母）　（泣き出す）そんなこと言わなくてもAはわかってますよ。言葉ではないでしょう。
　B（父）　わかっていてもやっぱり言わなくちゃいけないのではないかと思うけどね。
　C（母）　一言ではとても言えません。
　A　お母さんの性格はとてもよく昔から知っていた。私も「ご苦労さまでした」とお母さんに言いたい。お父さんの気持ちを聞けてとっても嬉しい。
　監督　はい，ストップ。

6）ふりかえり
　このロールプレイの場合は，まず，ダブルとペアで10分間話し合う。その後，全体でフィードバックを行う。

〈全体フィードバックの場面抜粋〉

　監督　Cさん，あなたから話してください。
　C　やっぱり，自分の問題が出てきていたと思います。私と母との問題が……私は，明るい妹のお陰ですごく助かったものだから，そして昔はうまくいかない時もあったけど，今は，妹とはとても仲良くできているので，ついそれを強調したくなってしまって，そこで自分の問題が出てきてしまって，残念。ごちゃごちゃになった。
　D　兄も，今ダブルと話をした時，Aさんが，「お兄ちゃんはいつもぽっと帰って来て，もっともらしいこと言って，そんなこと誰にだってできる」と言った時，「A，ごめん」と言いたいのに，言わないで「おまえがいたから助かった」みたいなこと言ってしまった。ダブルの人は見ていてそれを言わないと伝わらないと思ったそうで……。

B　「ごめん」とはちょっと言ったよね。だけどその後すぐごたごた言ってしまって，わからなくなった。
　A　また，言っちゃったのね，と思ってた。でも，やっぱり，謝って欲しかった。いつもそうやって動かないんだもん。（これは兄役になったDへのフィードバックでもある。）
　監督　後で言っても仕方がない。もう幕は降りましたと言いたいのかな？フィードバックがあるから今は助かっていますけど，家族もよく幕が降りてからいろいろ後悔するのでしょうね。
　……（中略）
　監督　Aさんの感想を聞かせてください。
　A　お兄ちゃんは，ちょっとがっかりだったけれど，謝られた時は嬉しかった。いろんなことがあって，私は何をしてきたのかわからなかった。「私は何なの！」って大きい声で言ったけど，「そうか，こんなことしてきたのね」っていうのが，みんなの口から聞けてよかった。「何もしてこなかったわけではないのね」っていう感じになれた。お父さんとやっと話ができてすごく嬉しい。
　Dのダブル　現実のお父さんは，たとえBさんのように感じていてもBさんがやった父親ほどには言ってくれないだろうなと思う。言ってくれない部分をこちらが逆にどう感じていくかでしょうね。
　Bのダブル　父親としてはいろいろ感じてはいるんですよね。
　A　だから，それは私もよくわかった。表現の下手な人で，いろいろ考えているんだろうなと思うんだけど，でも言ってよ，言わなきゃ始まらないじゃない，と思う。
　B　うん，「言ってよ」って言ってくれると嬉しいね。「お父さんどう思ってるの」って言ってくれるから，言える。さて，言ってもいいものかどうかと迷っているから……「言って」って言ってくれたからこんな話ができて，そのことが嬉しい。
　Aのダブル　お父さんがお母さんに謝らなくてはいけないって言いましたよね。
　A　ああ，お父さん立派って思いました。（全員笑う）そんなことしない人だと思ってた。
　B　父親の気持ちとしては，いつも声をかけてほしいんですよ。

Aのダブル　そして，いつもふり向いて欲しい娘もいるんですよね。だれよりもAさんにとってお父さんが大きいように思う。

A　いつも，お父さんには，何かしてあげなくてはいけないと思っていた。重荷と一緒に，何かかばわなくてはいけないと，かかわりをもっていた。だから「もう，しなくてもいいのね」って言ったんだと思う。

監督　その意味で，身代わりになっていくあなたがいて，みんながあなたに頼っていったということもあるようね。

A　受けとめたいと思っているもんだから……可愛い子，ぶりっこ，っていう感じ……（全員笑う）。

監督　では，終わりましょう。

【事例1の考察】

　この事例は，葛藤の多かった家族の中で，その葛藤をおさめようと一人で気を使い，心を痛めてきた娘が，病気をして以来黙ってしまった父親と交流しようとする場面である。

　Aは父親が病気をして以来，父が消極的な態度になったことに対して憐憫と苛立ちを，そして母の一家を支えようとする労苦と父への苛立ちに同情と反撥を感じて，アンビバレントな気持ちのまま仲介役を果たしてきたのであろう。その気持ちの錯綜した高まりは，言語化できぬまま鬱積し，どうにかして家族の中で表現したいところにきていた。しかし，現実にはそれができぬままに毎日が過ぎていたのであった。家族ロールプレイのワークショップはそのような時に行われた。

　実際の家族の中では敢えてできそうにもないことで，しかもどうにかしたいと思っていることは，ロールプレイの課題として最適である。Aは最も気になっている父親に話しかけることを課題として選んだ。そして，その課題はBの絶妙で真に迫ったプレイで見事に達成されていった。Aは必ずしも実際の家庭で同じことが起こるとは思っていない。しかし，父親との対話のロールプレイで得た洞察とカタルシスはAのそれまでの心理状態を変えるに十分であった。

　Aは父親が自分から話しかけられるのを待っているかもしれないと思うことができた。Aがその気になりさえすれば，次のチャンスには少なくとも「言わなきゃ始まらない」と話しかけることができる。言語化したことで，A自身，父母の仲介という嫌な役をとらされてきたと同時に自らもとってきたことをも

明らかにすることができた。また，母親に対しては，苛立ちを表明した後で同情を言語化することもできた。兄には自分ばかりが負わされてきた重荷への怨みを伝えることができた。

つまり，ロールプレイによって，Aはまず自己内で錯綜していたアンビバレントな気持ちをひとつひとつ言語化し，そのことによって自分の気持ちに区切りをつけていったといえよう。それは，ロールプレイという許容的な雰囲気の中で，しかもAの涙なくしては語れぬほどの努力によって，初めて可能になった出来事であった。そして，最後にAは，自分が父母の間に入って善意ながらも「いい子」役をとり，それは役立ったと同時に余計なことかもしれなかったことを洞察する。

次にこのロールプレイでは，Cの家族関係の中におけるCの問題と，Dの臨床家としての感受性の問題を垣間見せてくれた。これらの問題はこの場で取り上げないが，CとDのロールプレイの課題と心理臨床家の訓練課題を検討するときの参考になる。監督はこの問題を記憶しておく。

2．事例2

トレイニー（E）は38歳の女性。問題は長女をめぐって，夫を含む家族関係。

1）ロールプレイの目標

思春期を迎えた長女をめぐって，母親として長女との新たな対応の仕方と夫との協力の有様を探ること。

2）家族メンバー

夫，長女（中学2年），E。夫もEも仕事を持つ。（家族の状況等については省略）。

3）場面設定

長女が成績表を父母にみせているところ。

4）配役

夫－F，長女－G，それぞれにダブルをつける。
（オブザーバー2名）。

〈ロールプレイの場面抜粋〉

最初は普段の（新たな対応でなく）対応ではじまる。

……（前略）
E　理科どうしたの，あなた。
G（長女）　ちょっとね。でも英語ちゃんと頑張ってるでしょ。
E　英語はいいのね。
G（長女）　うん，英語は好きだからね。
E　高校入試には社会も理科もあるよ。
G（長女）　そりゃそうだけど。
E　好きな科目ばかりやってないで嫌いな課目もやらなくちゃだめでしょ。
G（長女）　頑張ったけど，ほかの人の方が成績が良かったんだもん。
E　間違ったところは直して，ちゃんと覚えたの？
G（長女）　やったよ。
E　教科書を丸暗記するぐらいのことをやれば，100点とることぐらいできるはずよ。
G（長女）　私はやってるんだけど，まるでなにもやってないように言うんだよね。やってそれだけの点数しか取れないんだからしょうがないじゃない。
E　あなたはやってるつもりだけなのよ。実際には頭に入ってないのよ。
G（長女）　入って来ないんだからしょうがないじゃない。
E　ママだって言いたくないんだけどさ。
G（長女）　言いたくないんだったら言わないほうがいいんじゃない？
F（夫）　ママはちょっとGにうるさすぎるんじゃないかね。本人は頑張ったって言ってるんだから少し誉めてやったっていいだろう。
E　あなたは甘すぎますよ。実際，高校に落ちたらどうするんですか。
G（長女）　やってるのにママがいろいろ言うからやる気がしなくなるんだもん。黙って見ててよ。
E　昔はあなたもっとできたわよ。
G（長女）　だって難しくなってるんだよ。
E　やり方をもっと工夫してみなさいよ。
　監督　（EとGに）はい，役割を交換してください。〈Gに向かって〉「やり方をもっと工夫してみなさいよ」ともう1回言ってください。
G（E役）　やり方をもっと工夫してみなさいよ。
E（長女役）　きっとママはわたしがいやだって言ったら，ママが教えてあげるって言うんでしょう。

G（E役）　言う通りしたいから，能率があがらないのよ。
　E（長女役）　教えてほしくないのよ。そんな……。
　G（E役）　だって教えないといつまでたってもちゃんとやらないじゃない。
　E（長女役）　もう言うのやめてよ。ほんとにやる気がなくなっちゃうのよ。
　G（E役）　じゃあ，自分で工夫しなさいよ。
　E（長女役）　だから工夫してるじゃない。いちいちとやかく言わないで！
　G（E役）　じゃあ，ちゃんとそれだけのことやりなさい。結果がでてないでしょ。
　E（長女役）　とにかくぐちゃぐちゃ言わないでよ。あんまり，気にしないでよ。私は私でやるんだから！
　G（E役）　気にするわよ。
　E（長女役）　それがおかしいって言ってるのよ。
　G（E役）　じゃあ，気にしないでもいいようにちゃんとやってよ，自分で。
　E（長女役）　パパ怒ってよ，こんな……ママが高校行くわけじゃないでしょ！　それにママは大学出たってパートの仕事しかないじゃない。ばかばかしい。

　監督　はい，もう1度役割を交換してください。

　G（長女）　ママは大学出てる，出てるって言ったってさ，結局パートじゃない。
　E　そんなー，そんな言い方ないでしょ。
　G（長女）　成績，成績って言ったってさ。
　E　パパ，なにか言ってくださいよ。
　F（夫）　G，ママの心配わかるの？
　G（長女）　ママは私の成績が良くないのが気に入らないだけなんじゃないの。心配してる感じしないよ。
　E　うーん，成績がよくなったらあなただって気分いいんじゃない？
　G（長女）　ママが気分よくなりたいんじゃない？　とにかく黙っててほし

い。

　F（夫）　もしかしたらママはGの「やってる、やってる」って言葉が気に入らないのかもしれないよ。どういう風にやってるのかそこが聞きたいのかもしれないし……。

　G（長女）　そうお？

　E　でも、もういいわ。これはGのいるところで言うべきことじゃないかもしれないけど、私のおばあちゃんがすごかったのね。私たち、おばあちゃんの思いどおりになったのね、大学までは。そこから確かにずれてきたから……。そして、社会に出てからは学校の成績が良かった人が延びてるとは限らないし、それも関係ないっていうこともあるのね。

　だから矛盾してるのよね。ママはそれもわかるんだけどね……すこし様子をみますかね、パパ。

　G（長女）　成績は良かった方がいいんだけどね。

　監督　はい、ストップ

　ふりかえりは、まずダブル役の気持ちを聞くところから始め、ロールプレイをした人たちのフィードバックへ。Eは後半になってどんどん本音に近い迷いがでてきたこと、生活ではこんなに話せない不全感が残っていたこと、そして生育歴（祖母との関係）がクローズアップされる。

【事例2の若干の考察】

　このロールプレイでは〈役割交換法〉を活用することによってEの迷い、本音が明らかになっていった。ここでも〈事例1〉と同じく、実際の家族の対話の中ではやれないほど長時間にわたって、対話を継続することができ、そのことで、実際には起こらないかもしれないEの体験が深められた。また、日頃から薄々感じていたEの生育歴の問題が明確に感じられ、課題化された。

　時間が許すならば、Eの源家族のロールプレイを次のシーンで展開することもできる。それはさらに深いEの教育分析の意味をもつであろう。

V 考　察

　本論では家族ロールプレイの実際場面とふりかえりを中心に紹介して，家族ロールプレイの教育分析的活用法の可能性を提示した。ロールプレイやサイコドラマは技法訓練とセラピーによく活用されるが，セラピストの訓練にはまだ広く活用されてはいない。その効用についても今後の研究と検討を必要とするところであるが，多くの可能性を秘めていることを提示した。

　訓練の中の位置づけとしては，第一に，家族ロールプレイそのものを単独で教育分析の一環に組み入れ，必要に応じて被訓練生が何回か受けることが考えられる。その場合は，セラピストとしての自己の検討については，1回の合宿で家族場面を一つ用意し体験学習による自己洞察を得る。同時に他のメンバーの家族役割を取ることで新たな役割体験や自分の他の問題に触れるチャンスがある。次に考えられることは，一対一の教育分析と組み合わせて活用する方法である。このようなコンバインドによる訓練により，一対一だけでは得にくい体験を得，解決しにくい問題の解決に役立てることができる。

　今回は紹介しなかったが，逐語から推察できるように，これらの場面は，家族のコミュニケーションや家族力動，そして家族の問題のアセスメントそして介入の練習にも活用できる。そのためVTRをとっておくとよい。

　今後の課題としては，まずトレーナーの問題があろう。トレーナーはサイコドラマ，またはロールプレイングに精通している必要がある。ストップのタイミング，役割交換やダブルなどの意味ある活用法，ふりかえりの方法と介入の仕方など，体験の積み重ねによる熟達が必要とされる。

　さらに集団学習の効果的な装置づくりにリーダーシップを発揮することが重要である。ロールプレイという構造を利用しながら，メンバーの自由な相互作用と許容的な雰囲気を促進しなければならない。

　その意味では今後の課題として，トレーナーの養成が最も急務であるかもしれない。関心ある各位との情報交換と方法の洗練へのアドバイスを期待するところである。

文 献

1) 長谷川行雄，台利夫：心理劇による―慢性分裂病者の役割取得の発展．季刊精神療法 10(3), 1984.
2) 平木典子，福山清蔵：ロール・プレイ．Creative O., vol Ⅱ, 201-250, プレスタイム, 1978.
3) 平木典子：家族心理専門家の養成と研修．講座家族心理学6　家族心理学の理論と実際．261-279, 金子書房, 1988.
4) Harvill, R., Masson, R.L. & Jacobs, E. : Systematic group leader training ; A skllls development approach. *The Journal for Specialists in Group Work* 8 (4) : 226-232, Association for Specialists in Group Work, Nov. 1983.
5) Holloway, E.L., & Johnston, R. : Group supervision ; Widely practiced but poorly understood, *Counselor Education and Supervision* 24 (4) : 332-340, Association for Counselor Education and Supervision, June 1985.
6) 磯田雄二郎，磯田由美子：集団志向的なサイコドラマ——心理劇の集団過程．集団精神療法 3(2): 161-164, 1987.
7) 増野肇：心理劇とその世界．金剛出版, 1977.
8) 増野肇（編）：サイコドラマ．現代のエスプリ 198, 至文堂, 1984.
9) 松村康平：集団精神療法の理論と技法．集団精神療法 4 (2): 109-115, 日本集団精神療法学会, 1988.
10) McWhirter, J. & Frey, R.E.C. : Development of group leaders ; A pregroup training and supervision model. *The Journal of Specialists in Group Work* 11 (1) : 25-29, Association for Specialists in Group Work, Mar. 1986.
11) 日本HR協会・編：ロール・プレイ訓練マニュアル．近代経営社, 1979.
12) Sperling, M.B. & et al : The collaborative team as a training and therapeutic tool. *Counselor Education and Supervision* 25 (3) : 183-190, Association for Counselor Education and Supervision, Mar. 1986.
13) 台利夫：臨床心理劇入門．ブレーン出版, 1982.
14) 台利夫：ロール・プレイング．日本文化科学社, 1986.
15) 台利夫，増野肇（監修）：心理劇の実際．金剛出版, 1986.
16) West, J.D. : Utilizing simulated families and live supervision to stimulate skill development of family therapists. *Counselor Education and Supervision* 24 (1) : 17-27, Association for Counselor Education and Supervision, Sept. 1984.

11. 家族ロールプレイ II
―― 家族療法家の教育分析の事例 ――

I 問題

　家族ロールプレイは，その活用目的によって大きく 2 種類に分けられる。その一つは，家族療法の中で，治療に訪れた家族が家族療法家の指示によって治療の一貫として，家族関係の新たな認知や家族関係の変容のために行うものである。もう一つは，臨床家あるいは被訓練中の臨床家が，その臨床訓練の一部に取り入れるもので，①多様な家族関係の理解，②面接技法の学習，③臨床家自身の自己及び家族理解，などの目的のために活用される。

　本論で取り上げる家族ロールプレイは，上記の目的の中でも，特に第三の，臨床家の自己理解と家族関係の理解を含む教育分析を目的として行われたものである（平木，1989）。

　この訓練法の特徴は，数人の被訓練者たちによる疑似家族をつくることによって，①臨床家が自分の家族体験のある場面を再現し，再体験できること，②臨床家が疑似家族の中や被訓練者同士のグループ・ダイナミックスの中に，自らを投影し，それをふりかえることにより，家族関係や役割関係，家族内コミュニケーションにおける自己の固定化した心理状態や行動様式を理解できること，そして，③外傷的な家族体験を疑似家族によって癒しの体験にしたり，新たな可能性を持った家族体験にしたりできることなどである。

　本論は，これまで訓練を受けた者の中から一人のケースを選び，その事例研究を通してこの方法の臨床家訓練法としての可能性と今後の課題を検討したい。

Ⅱ　訓練の概要

1．プログラムの内容・目的
「家族生活の中での気にかかる場面，思い出す場面のロールプレイを通して，自己理解，自己の内なる家族理解を深める。ロールプレイによる教育分析」。

2．訓練対象
　私立の心理臨床家の訓練のための研究所，在籍者及び本プログラムの公開に応募し，下記の資格があると認められた者。
　a．現場の心理・教育専門家。
　b．心理・教育系大学院の在籍者（同準ずる人）。
　c．精神科・内科の医師。

3．日程
3泊4日（合宿形式）

4．ファシリテーター
平木典子

5．事前準備
参加申し込み者に対して，次のような事前準備の指示を行った。
　1）ロールプレイの場面を1〜2場面を用意する。
　2）その場面は，家族（現在の家族でも，源家族でもよい）との人間関係の中で，日頃気になっていること，かねてより問題だと思っていること，もっと意味や内容を深めたいと思っていること，解決したいと思っていること，などが含まれているものとする。
　3）それらの1〜2場面について，簡単なメモを作り自分用に1部，提出用に1部ずつコピーを作り，研修初日に持参する。

6．訓練の実際
　1）参加者：5名（男3名，女2名）

A（男）：公立機関の相談員，45歳
　　W（男）：大学院生，25歳
　　X（女）：ケースワーカー，38歳
　　Y（男）：ケースワーカー，40歳
　　Z（女）：研究所訓練生，24歳
2）所要時間
1セッション（S）を3時間（h）として，全体では：
一人当て5S+2S=7S
3h×5人+6h=21時間
3）セッションの組み方
第1S：オリエンテーション及びウォーミングアップのための家族ロールプ
　　　レイ「家族」の実施
第2S〜第6S：各参加者のロールプレイ
第7S：全体のふりかえり

Ⅲ　事例の概要

1．トレイニー
公立機関の相談員A，相談歴15年，45歳，男子

2．Aの家族図

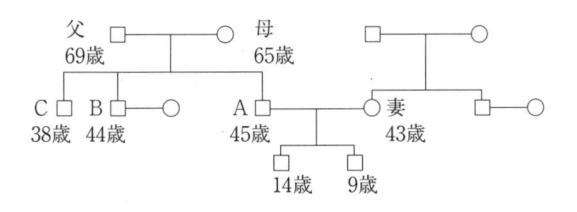

図11-1　Aの家族図

3．Aの取り上げたテーマ・問題
「源家族における末弟をめぐっての家族内葛藤の解決法を探る，と同時に源

家族における自分の青年期の有様をふりかえる」

4．Aの家族状況

　Aは大学入学と同時に地方から上京し，大学を卒業後，東京で就職，結婚。夫婦共フルタイムの仕事をしている。二男あり。

　アルバイトをしながら，演劇に熱中し，身体をこわして収入がなくなり，借金をしてしまった出生家族の末弟を同居させ，生活の面倒を見ている。

　出生家族には，停年退職後の父母と父の会社を継いだ次弟一家が残っているが，末弟の不安定な生活状況をめぐってAとの意見の対立，出生家族内葛藤がある。

Ⅳ　事例の経過

1．ロールプレイの準備

　Aより家族の状況，登場人物の性格，背景，特徴などの説明をしてもらう。質疑応答を十分し，それぞれの役割が把握できたところで，ロールプレイに入る（なお，〈　〉は，ファシリテーターが指示した部分）。

2．第1場面

〈場面設定〉

　末弟Cの今後の生活について話し合うため，源家族5人が揃ったところ（実際，ロールプレイの約1カ月後に予定されていた）。

〈配役〉

　AはAの役を取り，父－W，母－X，次弟（B）－Y，末弟（C）－Zとなる。

　Aから話を切り出す。「Cが3カ月前からA宅に同居しているが，今後このままでいいのか，皆どんなことができるか，Cはどんなことを考えているのか，少し話をしてみたい」。

　父（W）と次弟B（Y）は，C（Z）が兄Aに世話になりながらアルバイトで食生活を立てており，健康保険もない不安定な生活を10年以上も続けていること，長髪では定職に就けないであろうし，それは結果的に人に迷惑をかけること，多くの借金（Aから約100万円，友人から50万円を）を抱えて，友

人には月賦であと半年返済をしなければならないこと，早く人に迷惑をかけない生活をするため髪を切って一から出直すべきこと，そうすれば助ける気持ちがあることを主張する。

母（X）は，「どうしてこんなことになったのかわからない」と言いながら，ただC（Z）のことを心配するのみで，父（W）の意見に基本的には逆らわない。

しかしC（Z）は，今回は健康を害したため仕方がなかったのであり，基本的には誰にも迷惑をかけているつもりはなく，また，一定の時間に出かけ，帰宅し，定期的にお金が入ってくるという定職があることが必ずしも幸せな生き方とは限らないこと，面白いと思った仕事がたまたま毎日定期的に出かけるようなものではなかっただけだと言う。Aは，Cはこういう形で生きていくしかないこと，父やBが言うような生活をさせようとすることは無理なこと，自分たちは定住した生活をする農耕民族，Cはその日その日狩りをしながら生活していく遊牧民族のような生き方をしていること，したがって唯一の問題は，アパート代，光熱費などの定期的出費をどう捻出するかであり，それを誰かがカヴァーするしかないことを主張する。

その一案として，住むところがあればいいのであり，家賃がない間は郷里で自宅からアルバイトに通い，経済的な基盤ができたら，また上京して好きなことをするという生活を保証していこうと提案する。

しかし，父母（W，X），次弟（B）はその案に賛同しない。

Aは，Cがこのような生き方を選んだことには自分の責任もあることを感じていることを述懐する。長男でありながら家の跡継ぎを次男に任せて，学生運動に熱を上げた自分の青年期にCの生き方は似ていると述べる。

〈ストップ〉

3．第2場面
〈場面設定〉

前日の話は平行線に終り，次の日の夜，父（W）母（X），Aが揃ったところ。Y（次弟，B役をとった）は父のダブル，Z（末弟，C役をとった）はAのダブルになる。

A　自分としては，Cの生き方を受け入れるしかないと思う。どうしようも

ないのではないか。

父（W）　そこがおまえの冷たいところだ。放っぽらかしにすることで，どうなるか。そんな奴が山谷にいっぱいいる。

A　Cの生き方は彼らと同じようなものだが，アパートなどに定住しようとするところで矛盾が出てきているだけだ。自分は冷たいのかもしれないが……。

母（X）　心を入れかえて貰えないだろうか。どうしてあんな髪をしてるのだろう……。

A　今のままでは郷里にも帰らないだろう。反抗しているのでは……。

〈役割交替して話を続ける〉

WがAに，Xが父に，Aが母になる。

A（W）　Cは父親と違った生き方をしたいのではないか……。

父（X）　それにしても極端すぎる。あれじゃ自滅だ。

母（A）　そんなこと言わないで……。

父（X）　ただ，あいつは人を騙すような人間じゃない。

A（W）　彼は三男坊でそう強い奴ではない。Bのような強さはない。

父（X）　中学の頃から俺に反抗していた。甘やかし過ぎたのではないか……。

A（W）　母さんは父さんの忙しさや親戚中の後始末だらけの中で，Cにベッタリして，やさしかったから……。

父（X）　おまえたちにそう否定されるとは心外だ。俺はあのとき大変だった。

A（W）　母さんはCをどう見てきた？

母（A）　Cは優しい子だった。

父（X）　優しいだけでは生きていけない。

A（W）　あいつが家出したときは？

母（A）　心配した。どうしてあんなになったのか……と。それにほとんどあなたは家にいなかったし……。

A（W）　親父の雰囲気にはついて行けなかった。

父（X）　どんな風にだ。

A（W）　Bは父親と，Cは母さんと組んでいた。だから自分は自分でやればいいと思っていた。

母（A）　あなたはほとんど家にいなかったでしょ。
父（X）　高校までは成績も良かったのに，突然，勝手なことをし始めた。
Ａ（W）　期待されていることは嬉しかったが，荷が重かった。会社は大きくなって良かったと思っていたが，母さんの実家のこともあって……。
父（X）　おまえはそれでもきちんとした生活をするようになって良かった。
Ａ（W）　自分勝手をしてきたから，Ｃを父さん，母さんに押し付ける気はない。ただ，少し手を貸してやりたいと思った……ただ，自分のやり方があるので，協力が欲しい。自分だけと言うのも……意見が違うとちょっと困る。
父（X）　しかし，わしがいなくなると金も出せなくなるぞ。
Ａ（W）　それまでにはＣもどうにかなる。あと10年ぐらいすれば……。
母（A）　でもＢは何と言うか……。
Ａ（W）　Ｂは父さんの跡を継ぐと言っていた。父さん，母さんの老後はＢに頼むしかない。Ｂと父さんの意見は良く一致するから……Ｂと自分で役割分担するしかない。

〈ストップ〉

4．第3場面

〈場面設定〉
　時間をスリップバックする。時は学園紛争の時期。Ａは闘争に参加し，ほとんど大学には行ってない。それを聞いて父母がアパートに尋ねてくる。
　役割を第2場面の始めに戻す。すなわち，父をW，母をX，ＡはＡの役に戻る。

父（W）　一体この部屋はなんだ。今，何してるんだ。
Ａ　　　いろいろ忙しい。この間電話で話した通りだ。平和運動のグループで活動している。ゲバじゃない。
母（X）　自分のこととか，職業のことを考えなさい。平和なんて……。
父（W）　東京の大学でこんなことやらせたくて学費を出したのではないぞ。
Ａ　　　今，何をすべきか。ベトナム戦争がこんな状態で，黙っているほうがおかしい。

父（W）　ベトナム戦争が終わったらどうするんだ。ベトナムにでも行くのか。

母（X）　ここは日本よ。

A　日本はアメリカと一緒にやっているようなもの。加担している。

父（W）　一人や二人がやっても世の中は変わらない。前の戦争で証明済みだ。戦争とはそんなものだ。直接動いても変わらない。特攻だっておなじだった。

これからどうする？　跡は継がないのか。

A　それは無理だ。Bが継ぐだろう。

母（X）　冷たい人ね。

父（W）　俺だって19のとき父親を亡くして，今の会社も好きでやってるんじゃない。

A　好きでやっているように見える。Bも好きのようだし……それに，自分は長男として育てられた感じはしてない。同じに扱われてきた。

母（X）　だって1歳しか違わないのに可愛そうでしょ。どちらがお兄さんかわからなくなったわね。

A　自分はあとをやって行けるとは思わない。

父（W）　もう25歳にもなって，だれも雇ってくれないぞ。その髪を切りなさい。

A　仕事のことは考えている。Bは○○会社（父の会社）に入ると言っている。今は，自分のことで精一杯だ。

〈ストップ〉

【ふりかえり：各メンバーの発言のまとめ】

A：あらためて父母と距離を置いているなと感じた。もう少し近づきたいと思ったが，残念ながらできなかった。それと20年前に戻ったところで，Cが自分の続きをやっているなという思いを持った。もう一つは，自分が苛立つ時は，Bに気兼ねしている時で，自分の中では幼い頃より定められた運命でやるべきことがあることと，母親からベッタリされることから距離を置こうとすることとの間によくわからない葛藤があったのだと思った。思春期の頃よりよく家に帰らないとか，思春期病棟の子どもがするようなアクティングアウトをしていた。それはずっと大学闘争につながっていったように思う。

その問題を今度は家族のために，自分なりに自分で家族のことを考えることで償おうとしているのかな……それも逃げだしたところで……とにかく変わり身が早くて調子がいい。

W（父親役と役割交替でA役）：父親をやっていて，この息子（A）は甘えたがっている，甘え足りてないと思った。そして，自分も甘え足りない父だな……と。ただ，とても長男は可愛い。

最も印象的なことは，父親とAは，職業にしても身内の世話をするか，他人の世話をするかの違いだけでまったく同じことをやっているし，少年航空兵として特攻に志願したことも，学園闘争に参加したことも同じことだ。

Y（次男B役と父のダブル）：父としては側にいる次男よりもAをあてにしているところがある。特に高揚した時期（学園紛争の時期）は，息子二人を見ていると自分と並ぶ瞬間があった。落ちてしまうわけでもないC，そこに父親から近づいて行きたい，近づかざるを得ない感じがあった。

Bとしては，ある種，やきもちがある。父を持ち上げているが，側にいる自分を本当に当てにしてもらい，自分に向いてもらっているのか不安になる。

X（母親役と役割交替で父親役）：母の微妙な立場を感じた。男3人のだれについて良いかわからない。自分の実家の面倒まで見てくれる夫には当然ながら，夫の次に頼る人は長男とはならない。長男を独身の叔母に任せて育ててもらった自分には，子育ての実感は末っ子のCに対してあるのみ。その一番近い身内のCとは物理的にはなれていて，しかもこんなになってしまって，どうしてこうなったのか……途方にくれている。だから子どもに差をつけていない。

しかし，家族のことでは本当に困ってはいない。実家のことを含めて，経済問題のほうがずっと大変。問題はそれらの他の問題のところに写し出されることが多くて父親との葛藤にはならない。夫婦連合はある。家族のバウンダリーが拡大されていて，いろいろな人とのかかわりの中で育った家族である。

Z（C役とAのダブル）：Cとしては，父には，生き方まで否定されているように感じるが，長兄Aは生き方はわかってくれて，具体的な生活について「……したほうがいい」とアドバイスしてくれる。長兄を通して少しずつ先が見えてくる感じ。一人では誰にも向かえない自分を助けてくれる兄貴は有り難い。

Aは，家族を放っていない。無視しているのでなく，どうにかしようとしている。

ファシリテーター：Aが最もわかりにくいのは母親ではないか。自分たちの実家の問題にかかわらざるを得ないところで，二人の愛を確かめる間もなく，意思で家族をつくってきた父母，葛藤を表面化させず，ともかく頑張って行く父母。

そんな父母の有様を何時の間にか直感的に受け止めて，父母に頼ることが無理なことを察し，一人で育ったと思っているA。しかし，実際は父母以外の他の人々から愛をもらって生きてきたA。家に帰らなくても，行った先で受け入れてもらう術を身につけ，外で親密さを体験してしまったAは，どうしても家族とは距離がある。だから親に反抗してしまう。

父母は，Aにどう対応して良いかわからない。もし父が，Aが甘えたいのだとWのようにわかったら，それはすごいことだ。

A：混乱した時に，高校の時も大学でも出会っているのはいつも牧師。恩師にも友人にも恵まれてきたし，今でもつき合っている。父母は，私の親代わりに密かに会って確かめ，安心している。

それと，自分はずっと甘え足りない気がしていた。いろんなことを自分でかきわけながら生きてきたと思っていた。親からは衣食住だけで，メンタルなものはもらっていないと。

中学時代，母に対して悔しい思いがあって，冷たく当たって，酷いことを言ったことを覚えていて，気にしている。今度会う時，それは謝ろうと思う。

考えてみれば，わが家はクリスチャン一家で，家族外から愛を受け入れる基盤はあった。父はロータリーをはじめ地域社会や仕事仲間の集まりなどでいろんな役を引き受け活躍していて，それが楽しくてしょうがないよう。そんな無節操なところは自分もそっくりだ（笑い）。

Ⅴ 考　察

ある臨床家の教育分析的家族ロールプレイによる自己理解，家族理解の経過を示した。

次に，①参加者，特にAの内的体験の変化の観点，そして，②教育分析的ロールプレイのファシリテーションの観点から考察を加えたい。

1．Aの内的体験について

このロールプレイは典型的成功例の一つである。成功の理由の第一は，参加メンバーに恵まれたことでAの内的体験がかなり促進されたことである。臨床の学習と経験が長く，深いメンバーがいたことで，役割イメージの把握がスムーズで，しかも役割の中における内的体験の言語化が豊富で，適確であった。役割内，役割交替後の役割取得の適切さは，第一場面からすでに想像できたが，特に第二場面の役割交替後に顕著に表れている。
　A役をとったWは，実際のA自身とはちがったCの見方をしてくれる。曰く，「Cは父とは違った生き方をしたいのかもしれない」(A (W))，「CはBのような強さはない三男坊だ」(A (W))，「Bと父，Cと母の連合の中で，自分ははみ出し者だった」(A (W))，「自分勝手を反省しているので，Cを助けたい」(A (W))などである。
　さらに，母への批判を「Cとベッタリだった」(A (W))と返し，母を客観的に見て，ついでに自己弁護も忘れない。
　次に，父親役をとったXは，父としての思いやりをAにもCにもかけている。曰く，「Cは人を騙すような人間ではない」(父 (X))，「Aは高校までは成績がよく，勝手はしたが，今はきちんと生活している」(父 (X))。さらに，実際には言わなかったかもしれない父親としての心情や母親批判を「おまえたちに批判されるような生活ではなく，頑張るしかなかった」(父 (X))とか，「母さんはCを甘やかして育てた」(父 (X))と言う。
　それを母親役をしながら聞いていたAが側にいる。自分が常々感じているがなかなか言語化できないできたことをWが自分に成り代わって言ってくれること，日頃聞きたいと思っていた父からの思いやりや母親批判の言葉をXから聞けたことで，心が癒されてゆく。そして，母親役をしていたAは，A (W) に向かって，つまり自分に向かって「あなたはほとんど家にいなかった」と言う。それは半ばA自身の自戒を込めた言葉でもあったのではないか。
　第二の成功場面は，Aの大学時代である。第1場面の最後で，Aが「長男でありながらBに跡継ぎを任せて大学闘争に熱中したと」述懐しているが，これはAの未完の仕事と思われる。
　第1場面でCに対する影響の責任という形で自己表現していたAが，この場面を経験することで，(ふりかえりではっきりしたように) 自分の続きをCはやっていると感じる。だから，面倒を見るというだけではなく，応援したくなるのである。

また，自分が大学時代には言えなかった母への恨みを言語化する。「自分は長男として育てられた感じはしてない」（A）と。
　父親役のWは，「特攻のように一人が頑張っても，世の中は変わらない。それは自分の痛い体験だ」と，特攻に入った父自身とAのやっていることとの重なりを感じさせる台詞を言う（父（W））。
　母親のXは，おそらく実際の母親は言語化しないが，心の内にあるであろう思いをAに伝える。曰く，「あなたは冷たい」（母（X）），「1歳しか違わない兄弟だったから平等に育てたつもりだ」（母（X））と。
　特に有効であったのは，ふりかえりにおけるメンバーの内的体験の言語化である。
　Aは，Cの今回の出来事への関心は，単にCを助けようとするだけでなく，Aの提案に父母が協力することで，これまでの自分と父母との関係を回復しようとしていることをはっきり認識する。また，これまでほとんど意識しなかった似たような道を歩んでいる父のAへの思い，Aの父への思いを明確化することができた。
　それは，Wの父親役の体験のふりかえり「甘えたがっているA」「Aと父親の青年期の過ごし方，職業上の類似点」によって，さらに明らかになる。父親のダブルであったYも，「側にいるBよりもAをあてにしている父」，「大学闘争で自分（父）と並んでいるA」，そして「それはCへ繋がっていること，だから父親はCを援助せざるを得ない心境であること」を明らかにする。
　WとYのふりかえりは実際の父親の認識とは異なっているかもしれない。しかし，それは問題ではない。Aのそれまでの心の内なる不可解な父親イメージが，自分と重なるところのある理解可能なイメージに変わったことがAにとって重要なのである。なぜなら，われわれは，現実に確かめることができなかった心理的リアリティ（心の内なる家族イメージ）を現実として生きているのであり，そのイメージは多少ずれようとも，より理解可能で，納得のいくものであるかぎり心の安定が得やすいのである。家族療法とはそれを現実の家族とともに作り直す作業といえるであろう。
　Aの母親に対するアンビバレントな思いは，XのふりかえりとA自身の母親役の体験によって，自分の母への欲求と母の立場・心境の理解を区別する形に変わる。つまり，Xのふりかえりでは，実家の重荷を背負って父に気兼ねをしながら，父の思いやりに追いてきた母，その気兼ねは息子3人に対しても同じ

くあること，だから誰か（特にA）を頼りにしたいが，その気持ちをはっきり言えなかったこと，などが明らかになる。その気持ちは母役をやっていたA自身がA（W）に対して「あなたは家にいなかった」と言うことで母の心情の理解を深め，さらに父母の窮状を察知した長男であるAが，けなげにも母親代わりを外に求めて親密さを獲得しようとし，またある程度得られたこと，しかしそれでは十分ではないと恨みに思っていたことなどが判明する。自分の母親に対する甘えと母親の立場・心情が明確に分化できたところで，Aは「自分は調子がいい」と自己客観視し，親を許す気持ちになる。

2．ファシリテーションについて

この教育分析的ロールプレイにおいては，ファシリテーションのポイントが二つあると考えられる。

一つ目のポイントは，場面設定・場面変換の重要性とその意図である。

このロールプレイにおいては，場面が2回変わっている。1回目は5人の話し合いが大きく対立している場面で，Aが自己の内面を語ったところで，次の日のAと父母との3人の話し合いに変わっている。この場は，その直後の役割交替（その意図については後述する）とダブルの活用のための布石である。参加メンバー5人の中で，ダブル役を有効に活用するには，だれかを役割から降ろし，しかもその前にとっていた役割の経験をまったく失うことなくダブルについてもらう必要がある。したがって，父親と同じ意見を持っていたB役のYに父のダブルを，Aに支えられAの若かりし頃を再演しているかに見えるC役をやったZにAのダブルをしてもらった。

このダブルの活用によって，登場人物の心理を多方面から体験することができるので，フィードバックが豊かになる可能性が広がる。実際，ふりかえりにおいて，数人の同時的体験によって厚みのあるフィードバックがなされたが，それは，このダブルによる効果が大きい。

2回目の場面変換は，時間を後戻りさせて，Aの青年期の大学闘争時の父母との会話である。ファシリテーターには，こんな会話場面が実際あったかどうかは不明である。しかし，第1場面の最後にAがふと漏らした「大学闘争とCの生き方との重なりの連想」はAの未完の仕事を想像させるに十分であった。その場面の中で，Aは明確に家族の中での自分の思いと取ってきた関係の仕方，そして今やろうと思っていることの意味を自覚する。そして，未完の仕事を完

成する。

　二つ目のポイントは，役割交替のタイミングと方法である。

　役割交替を行ったのは第2場面が始まって間もなくである。ロールプレイでは，前の場面と同じ配役のままでも登場人物や場面を変えれば人間関係のダイナミックスが変わることはある。しかし，Aと父母の場合，この会話を続けることは第1場面のくり返しになる可能性は高く，新たな視点が生まれるには時間もかかる。そこで役割交替をすることで，それぞれの役をしていたときの体験をどこかに残しながら，それぞれの新たな役を体験するチャンスをつくる。その方向は，

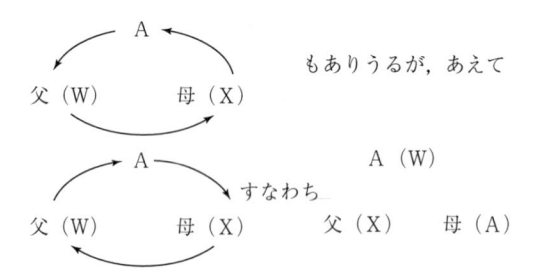

```
       A
    ↙   ↘
  父（W）  母（X）     もありうるが，あえて

       A
    ↙   →              A（W）
  父（W）  母（X）  すなわち  父（X）  母（A）
       ←
```

とした。この方向に交替することは，Aが母親の心情を体験することとなる。つまり，Aが最もこだわっていながら，理解し得なかった母になってみることで，母を体験的に理解する方法としての交替である。先にもふりかえりの効果のところで述べたが，この交替によって，それ以前の固定した役割から解放された，異なった視点と心情の言語化が行われたと思われる。

　可能性としては，ダブルとおもての役の入替えをしてもよかった。そうすれば，おもての人物がまだ表現しきれなかった思いや心情がさらに表現された可能性が高い。また，第2場面でもう一度AをA役に返してみることも考えられる。それはふりかえりの場ではなく，ロールプレイの中で，ふりかえりで述べたような心の内を父母にリアルに表現するチャンスとなったかもしれない。それはAにとっては，その後のシミュレーションにもなり得た。ただ逆に，それをすることで場面が思わぬ方向に変わってしまったり，逆行することもあるので，ファシリテーターの適切な判断を必要とするところである。ここでは，それは敢えて避けたということである。

Ⅵ 家族ロールプレイの臨床家訓練への意義と効果

「家族ロールプレイ」の目的は，心理臨床家のプライベートな家族とのかかわりに焦点を当てて自己理解と家族理解を促す教育分析的なグループ・トレーニングであることを10，11章で述べた。

臨床家の自分の家族とのかかわりは，直接的，間接的に臨床場面で影響を与えると言われている。クライエントは家族との葛藤を抱えて来談したり，また，家族について語ったりすることが多い。臨床家自身が家族について未解決な問題を抱えていると，クライエントの話を共感的・受容的・中立的に聴くことは困難であろうし，夫婦や家族とのかかわりに影響するであろう。

それらの問題を最小限にするには，臨床家自身の家族の中での距離のとり方や葛藤解決の仕方などについて少なくとも自覚し，できれば解決していることが望ましい。

つまり，精神分析が重視する逆転移の理解と解決をはかり，自己分化度の高い臨床を実践するための教育分析は不可避となる。野末は (1998) は，家族ロールプレイによる教育分析的アプローチの効果について以下の8点について述べている。要約して引用させていただく。

家族ロールプレイの効果

（1）カタルシスと癒し

家族について語り，ロールプレイとして演じることにより，現実の家族関係では触れることのできなかった自分自身の怒りや憎しみ，悲しみや寂しさ，甘えや依存などさまざまな感情や欲求を体験し，ありのままに表現することができる。そして，その体験をグループで理解され，受容されることによってカタルシスが得られ，それまで抱えてきた心理的な外傷体験が癒されることもある。

（2）現実の家族関係の再演と観察：情緒的自律性の獲得

ロールプレイでは，自分以外の家族メンバーはすべて本人ではないが，あたかも現実の家族が今ここにいるかのように再演されることにより，改めて自分自身の葛藤や家族とのかかわり方がより明確に意識される。また，自分以外の家族メンバーの役割をとったり，役割から離れて観察者の立場から全体を見た

りすることにより，自分と家族とのかかわりを冷静に観察することが可能になる。その結果，それまで見えなかった家族の情緒的渦への巻き込まれから解放され，不自由であった動きがより自由で，自律的になる。

（3）新たな試みの機会

自分と家族との関係がより明確に理解され，情緒的自律性が増すと，それまで現実の家族関係の中ではできなかった新たなかかわりの試みが可能になる。新たな試みは，硬直化し，パターン化したそれまでの家族とのかかわりに行動の選択肢を加え，関係を変える原動力になる。

（4）投影の解消と家族イメージの修正：パーソナル・コンストラクトの変化

自分が家族の他のメンバーを演じたり，他のトレイニーが自分や他の家族メンバーの役割を演じたりしてさまざまなフィードバックをもらうことにより，自分の家族に対して現実であるかのように受け取っていたイメージが，自分の内的世界（欲求・感情・空想など）の投影であり，多かれ少なかれ歪曲されたものであることに気づく。つまり，現実生活では気づかなかった自分の内的イメージと実際の家族メンバーの姿とのずれが明らかになることにより，投影が解消され，家族イメージが修正される。その結果，現実の家族は何も変わっていなくても，それまでとは違った家族の見方・かかわり方ができるようになる。

（5）論争あるいは関係回避から対話へ

トレイニーが提示する課題は，家族メンバー間で続いている論争や，逆の関係回避の状況であり，コミュニケーションが成り立っていない場面やテーマであることが多い。ロールプレイを通して自己理解が深まり，家族イメージが修正されることで，コミュニケーションそのものが変わり，率直に自由に自己表現しながら，相手の話にも耳を傾けるような対話が可能になる。

（6）新たな課題の発見

課題のロールプレイにより，自分自身の問題や葛藤がより明確に意識化され，自己理解が進むだけでなく，自分が課題として提示したことよりもさらに深いテーマや課題に気づくことも起こる。

（7）来談家族に対する理解の深まり

家族ロールプレイに参加することは，ある種のクライエント体験である。個人療法家が教育分析によってクライエントの体験を情緒的・認知的により深く理解できるようになるのと同様，家族ロールプレイによってトレイニーは来談

家族のシステム全体としてのパワーや資源，個々のメンバーの内的世界とメンバー同士のかかわりをより深く理解できるようになる。さらに，心理療法を受ける家族は病理的で機能不全の状態にあり，専門家の家族は健康で何も問題がないといった驕った認識ではなく，来談家族をより対等な立場で見ることができるようになる。その結果，セラピストの強力な技法や権威よりも，来談家族との協働（collaboration）を重視する姿勢をとるようになる。

（8）現実生活における家族関係の変化

家族ロールプレイは，トレイニーの現実の家族関係を変化させることを目的とした治療的家族療法ではないが，この訓練によってトレイニー自身が変化することにより，トレーニング前とは違った肯定的な関係が現実の家族関係でも展開されることが多い。

教育分析的家族ロールプレイを事例を通して検討した。本論文の事例の主役であるAからは，このような形で訓練を公けにすることの了解を得ている。それでもなおプライバシーを考慮して，事例の理解にさしつかえのない限りで，個人が特定されないよう変更を加えてある。公表することに同意してくれたAとこの訓練の参加者に対してここに感謝の意を表する。

文　献

1）平木典子，福山清蔵：ロール・プレイ．Creative O.D., Vol Ⅱ, 201-250，プレスタイム，1978.
2）平木典子：家族心理専門家の養成と研修．講座家族心理学6　家族心理学の理論と実際．261-279，金子書房，1988.
3）平木典子：家族ロールプレイⅠ——家族療法家のための教育分析の試み．家族心理学研究 3 (1): 33-43, 1989.（本書第10章に収録）
4）平木典子：夫婦の愛の形成過程と崩壊過程——夫婦・家族療法の実践から．心理学評論 33 (3): 393-406, 1990.
5）Holloway, E.L., & Johnston, R.：Group supervision；Widely practiced but poorly understood, *Counselor Education and Supervision* 24 (4): 332-340, Association for Counselor Education and Supervision June 1985.
6）増野肇：心理劇とその世界．金剛出版，1977.
7）増野肇：サイコドラマのすすめ方．金剛出版，1990.
8）日本HR協会・編：ロール・プレイ訓練マニュアル．近代経営社，1979.
9）野末武義：家族ロールプレイ．平木典子・袰岩秀章（編著）カウンセリングの実習——自分を知る，現場を知る．北樹出版，1998.
10）Sperling, M.B. & et al：The collaborative team as a training and therapeutic tool, *Counselor Education and Supervision* 25 (3): 183-190, Association for Counselor

Education and Supervision, Mar. 1986.
11) 台利夫:臨床心理劇入門. ブレーン出版, 1982.
12) 台利夫:ロール・プレイング. 日本文化科学社, 1986.
13) 台利夫, 増野肇（監修）:心理劇の実際. 金剛出版, 1986.
14) West, J.D.: Utilizing simulated families and live supervision to stimulate skill development of family therapists, *Counselor Education and Supervision* 24 (1): 17-27, Association for Counselor Education and Supervision, Sept. 1984.
15) Wibur, M.P., Robert-Wibur, J., Morris, J.R., Betz, R.L. & Hart, G.M.: Structured group supervision: Theory into practice. *The Journal for Specialists in Group Work* 16 (2): 91-100, Association for Specialists in Group Work, May 1991.

12. 個人心理療法と家族療法の接点
―― 大学生のカウンセリング事例 ――

I 学生相談の特徴

　大学の学生相談室におけるカウンセリングは，クライエントが，発達段階上青年期後期に位置しているという点で，独特の課題と側面をもっている。
　青年期の発達課題はひと言でいえば，主体性（アイデンティティ）の確立であり，生理的，精神的，社会的に自立を達成することである。そして，そのために青年は心理的激動の時期を過ごすといわれている。それは一時的人格の解体，極端な内向化，衝動や欲望の抑圧，体制（エスタブリッシュメント）への反抗，自己と将来への不全感，無理な知性化や行動化，反動としての依存や無気力化など，さまざまな心理的ゆさぶりとなってあらわれ，人によっては，「死と再生の苦しみ」ともいわれるドラマを体験する。その上，時には，青年期以前の発達課題を完了せず青年期に持ち越していることもあり，問題がより複雑困難になる。課題や問題がそのときの青年にとって過重である場合には，発達課題そのものである人格の再統合（アイデンティティの確立）の失敗という危険性もはらんでいる。この時期に，モラトリアムの延長，青年期特有の神経症症状や行動の出現，統合失調症（精神分裂病）の発病などが多くみられるのもそのためである。
　青年期クライエントの心理臨床には，したがって，特に自我確立の援助の見地を見落とすわけにはいかず，そのために精神力動的アプローチが不可欠となる。すなわち，大学生の心理臨床には，自我確立のプロセスにある青年の心理の理解，そしてその異常への援助が必要であり，そのために，彼らの生育史を中心とした人格形成過程と家族力動を追求するのである。
　しかしながら，大学生のカウンセリングにおいては，彼らの発達課題が自立であるゆえ，個人心理療法が主となることが多く，そこに家族が直接かかわることは，児童期や青年期前期のクライエントより少ない。また時には，発達課

題達成や心理療法のため，あえて青年を家族から離したリ，カウンセラーも家族に接近せず，青年を中心にカウンセリングを行うことが多い。

大学の学生相談室におけるカウンセリングでは，今述べたように，学生の個人心理療法を主としながら，生育史や家族力動を考慮しなければならないところにその特徴があるといえるであろう。「個人心理療法と家族療法の接点」は，その意味で，大学生のカウンセリングのプロセスに多くあらわれ，家族療法のシステム理論の観点は，合同家族療法そのものを行わない場合でも有効である。

以下，学生の個人カウンセリングのケースを通して，そのプロセスにあらわれたクライエントと家族とのかかわり，青年の精神力動に及ぼす家族の影響，そして個人心理療法と家族療法の接点を検討したい。なお，ケースはプライバシー保護のため本論に影響しない程度に変え，セラピストの介入については省略してある。

Ⅱ　M子のケース

初来所時年齢，19歳6カ月，大学1年生，ただし大学入学は前年で，強迫神経症のため入学と同時に1年休学。地方出身。

父は48歳，会社員，母は50歳，高校2年と小学校4年の妹がいる。

来所の理由は，休学中入院治療をしていたが，復学を期に症状が再発，安定してきたものの，不安になったとき，すぐ連絡のとれる医師を紹介してほしいということ。相談所の嘱託医（精神科）を紹介。毎週1回の面接にすぐ入る。その後2年間はその医師との面接が継続されたが，3年目より，医師とカウンセラー（筆者）との並行面接となる。理由は症状が軽くなってきたことと医師が嘱託を辞任したこと。したがって，医師の面接には大学外へ通院。

幼稚園から小学校3年までは，明るく，茶目っ気があって，のびのびとしていた。甘やかされて育ち，卑屈なところはまったくなかった。

小学校3年のとき，転校したが，その学校は前に通っていた学校との「仲が悪く」，生徒から「便所小学校」などと悪口を言われ，バカバカと軽蔑され，いじめられた。以後読書ばかりしていた。ピアノにも熱中。小学校5年のときに，急に勉強しはじめ，中学2年にはオール5に。

中学の1，2年ころは楽しかった。中学2年のときは，勉強勉強とすべての

エネルギーを集中。夜勉強中，部屋の戸を閉めた気がしなくて，確かめていたら父に気づかれ，「お前いつからそんなことをしているのか」と言われて，父がすごく心配気な顔をした。勉強に熱中していたので，そのことはあまり気にならず高校へ。ただ授業中は身を入れて勉強したが，家ではいろいろなことが気になりはじめ勉強できなかった。それでも成績はずっとトップだった。

　気になったことは，家で勉強していかなくては……とか，答えられなかったらどうしよう……などを始め，しみ，きず，穴，自分のスカートのチャックなどの心配。模擬試験のとき，眼鏡が落ちたらどうしようと気になり出して問題が頭に入らず悪い点をとった。それからは，どの大学にも入れないのではと緊張と不安の連続。高校3年の受験前には，耳の穴の中に髪の毛が入るんでは？入ったらどうしよう？と不安になり，泣いて帰宅した。母に耳の穴をほじってもらうことたびたび。耳に髪がかからないよう短く切り，そのことは入院後，気にならなくなった。

　大学受験直前，妹が目の前を通り過ぎたとき突然，眼鏡がきたないと気になり，目が痛くなるほど目をふいたこともある。以後，ずっと眼鏡のよごれが気になって何度も洗ったりふいたりする。一度，「どうしてこんなに自分を苦しめるのか」と眼鏡を投げつけてこわしたこともある。入院してほとんど気にならなくなっていたが，医者とけんかして，早目に退院してしまい，復学の直後から再び症状が再発。いやらしい不安なので，男の先生に言うと性犯罪者か何かのように軽蔑されるのではないかと，眼鏡のことは話せない，と。母にそのことを言ったら「性犯罪者みたい」と言われたから，と。自分は絶対に性犯罪は犯してないと思うが，もししていたら……と思うと手ばかり洗う。

　いやらしい話というのは，「眼鏡のふちやつるに帯下（こしけ）がぺたっとくっついて，白く長くたれていたらどうしよう，学校にいても，歩いていても自分であそこにさわってくっつくのでは」というもの。その心配は，眼鏡にジャムやシュークリームのクリームがくっついたらどうしようというときもあったが，トイレに行くのも，ふいているときに手にさわったらどうしようかと，手ばかり洗ってしまう。

　セックスについては，中学3年のとき，父が「いやらしい大人のマンガ」を読んでいたのを見て漠然と知り，父を軽蔑し，はっきりそう言った。「何で悪いんだ？」と父は言った。以後，父のいないとき，父の部屋に入ってその本を見たり，高校に入って友人が話したりしているのを聞いて，はっきり男女のセ

ックスや出生について知った。そのことについては好奇心があってすごく知りたがったが，一方ではそんなことを知ろうとしている自分がいやらしいと思っていた。

高校2年のとき，すごくいやな体験をした。家の塀にしけ虫（毛虫のようなくさい虫）が大量に発生し，ビッシリくっついていて，夜になると家の中にも入るほどだった。家中で，はしではさみ殺虫剤で殺した。その後母はしじゅう草むしりをして，その虫を見つけると殺していた。虫はニョロニョロして黒くて大嫌い，と。

父とは，ほとんどしゃべったこともなかった。帰宅も遅く，よく酒を飲んでいた。姉妹げんかすると怒ったが，妹の方ばかりかまって，M子はかまってもらえなかった。戸閉りを気にするようになってから急にやさしくなり，それまで反撥していたが，好きになった。ポルノ・マンガは，M子が指摘してから読まなくなった。父は苦労して大学を卒業し，尊敬していると。

母はやさしく，人は良いが，子どものように妹とののしりあったりする。子ほんのうで愛情深いが，あまり意味も考えずにしゃべったり，ののしったりする。小学校5年のときのこと，いつものように勉強を終えて母と一緒にテレビを見ていたとき，隣の同級生の女の子の2階の部屋に灯がついているのを見て，「M子ちゃんはえらいわねェ」と言ったので，「そうね」と答えたが，すごく，いやだった。「それ以上勉強することなかったし，良い成績を保っていたのに」。うるさくいろいろ言うが，本当はやさしい人だと思う，と。

だから母にはむかうと罪悪感をおぼえる。「うるさいなあ」と言ったりしただけでも，後で悪いことをしたとモヤモヤし，手がきたないような気がして手を洗う。母は妹とはよくけんかもするが，二人は仲が良い。M子のことは，二人とも「きれいでない」と言う。美人でないことはずっと気になっていて，その上眼鏡をかけなければならないのはとてもつらい。妹は父母にも，その他の人にもよくかわいがられ，頭をなでられたりしていたが，M子はそんなことはなく，かわいくないのだと思ってきた。

復学後の訴えは，勉強に対しても何に対してもやる気が起こらないこと，眼鏡や手を洗うこと，教科書や壁のしみ，戸締り，ガス，電気機具のさしこみなどが気になることなど，強迫観念，強迫行為に関するものが次々と出る。不安になるたびに，母親を呼び寄せ，母に苦しみを訴えたり，かまってもらったりする。しかし，上京するたびに勉強しないことを指摘されたりする。母はM子

が相談所に通うこともいやがる。母が上京していないときは、ほとんど毎日、母親から電話がかかるか、M子が電話するかで、多いときは1日4〜5回する。母親は電話代がかさむと文句を言う。入院しているときもかまってもらいたくて狂言自殺をはかったが、入院後3年目の春に、再び手首を切るまねをする。「2年間も医師に診てもらっているのに病気が治らないことで、生きていても先の望みはないし、仕方ないと思ったんです」と言い、でも同居を始めた妹が見つけて「お姉ちゃん、また遊んでいるの？」と言われ、母と妹には人の気をひこうとしてやっているとしか思われてないのでさびしいと言う。

　嘱託医の辞任前後から、医師への転移が起こり、3年目以降は、転移感情と強迫観念との混沌の中で、大きくゆれはじめる。治療を打ち切られるのではないかという不安や、医師、カウンセラー不信が出る。言語確認がはげしくなり、また一方では、事実誤認、人の言ったことの誤解が多くなる。

　たとえば、医師に「先生は絶対に私を治してくれますか」と問うと、「絶対とは言えない」と言われたが、「あとで自分が恨まれないよう絶対などとは言わない」と言われたような気がして、医師は責任をとってくれないのだと不信を強めるといった具合い。

　また、その不安を電話で父に訴えると、「ほこ先が向いたので身をかわそうとしているのかな。おまえにくいつかれたらかなわないからね」と言われたと言う。特に夏休みに、帰省中、大量に薬を飲んで自殺未遂をした後は、その薬を出した医師は、責任を感じていて、それ以上責任とるのがいやなのではと勝手に想像してしまうと言う。またその折りに飲んだ薬について、「頭痛がずっと続いているのはあの薬のせいで、薬が脳の中にこびりついているのでは……自分の一生はメチャメチャだから、電車に飛びこんで死んだ方がましだ」と思ったと言う。父親にも、何度も薬が脳にこびりついてないかと確認して、最後に怒り出され、「それなら、やっぱりこびりついているんだろう！」と言われ、父にも相談できなくなる。

　秋に上京するが、すぐに帰省、帰省先から頻繁に電話が入る。そのたびに母親が干渉。母親は、「お医者さんを信じて治療してもらわなくてはいけないよ」と言いながら、東京に電話をすることを止めさせようとする。しかし、ある日、M子が一日中母にまとわりついて離れず、脳のことで確認しつづけ、たまらなくなった母が相談所に電話してくる。筆者が出ると、M子がまず出て、母親とのいさかいの顛末と頭痛を訴え、母に代わると、「まるで地獄のようです」と

切り出す。「本人には、医者を信じるようにと言っていますが、ほんとのことを言って、本人の前ですが、私も医者を恨みたい気持ちです。春ごろはよくなったと思って感謝していたのに、どんどん悪くなってきて、○○先生も無責任ではないかと思います」と言う。

その後、いくつかのいきさつがあって、4年次の春、入院治療のため、相談所でのカウンセリングを中止。

Ⅲ　M子のケースにみる家族力動

M子のケースを大まかにみてきたが、ここでは、治療構造の問題、転移の処理の問題等、このケースの治療的側面にみられる問題点はあえてくわしく述べていない。また、その側面からのケース検討は重要であると思われるが、この論文においては、その面での検討も行うことはしない。

ここで注目したいことは、M子が強迫神経症に至るプロセス、あるいは治療のプロセスの中で、家族の力動と構造がどのようにかかわっているか、それはどのように明確になっていったかである。

筆者がM子と面接を開始したのは、M子が来所しはじめて3年目であるので、M子の生育歴や学校歴は医師の記述による部分もあるが、家族関係については、主に筆者が聞き、記録したものから記述した。

この中で、注目に値する家族力動の第一点は、年が離れた末の妹を除いて、4人の結びつきが、父－母－妹対M子の構造を示していることである。父はM子と妹がけんかすると妹の方をかばったということであるし、母は妹と一緒になってM子を不美人といい、M子も母と妹は似ていて「整った顔立ち」をしていると言っている。そのため、妹が母親とけんかをしながら分離していったのに比して、M子は気に入られようと成績を上げ、背のびをして完璧を目ざした一面があるとみることができる。母親にはむかった後の洗浄強迫や、妹が目の前を通ったときからの眼鏡に対する強迫観念もこのあたりの関係がからんでいると思われる。

また強迫神経症の症状が父に知れてから、父親の関心を獲得し、そのことのために、父親とのアンビバレントな関係が続いている。父親に依存もし、尊敬もするが、それゆえに、父親の言動に著しく左右され、そのことが治療者とM子との関係を複雑にしていった。母親についても、大学入学後は、たびたび上

京してもらって一人占めするチャンスも得るのだが，そのたびに干渉に耐えきれず帰ってもらい，今度は毎日電話をして，母親の関心をひきつけようとしている。いずれにしても，M子の強迫神経症は，かなえられなかった父母への求護欲求を満たすには合法的訴えとなり，父母の愛情を確認しようと訴えをエスカレートさせ，ついに父母を耐えきれなくさせて，期待以外の反応をもらうという具合にエスカレートしていった。それらは，たとえば，自殺未遂を，母や妹にまで気をひくためとか遊びと思われたり，多量服薬後の頭痛に対する疑惑癖に，父が「それならやっぱり脳にこびりついているのだろう！」と，どなられたりしていることにあらわれている。そこで起こす見捨てられ恐怖は，「父は嫌いだったが，尊敬している」とか，「母はうるさいが，本当はやさしい人」といった表現に願望としてあらわれ，それは治療者へも投影され転移を生んでゆく。

　病理の発生以来，M子はこのような構造の中で症状を強化し，入院と2年間の医師の面接の中で快方に向かっていったが，自らの行動が起こす人間関係の悪循環を断つことはできず，医師の辞任と転移の処理の不成功によって父母や頼りたい人へのアンビバレントな欲求をもちつづけたまま，来所をやめたといえよう。その時点においても，父－母－妹対M子の家族構造は変化しておらず，大学入学を果たし，同居しながら，M子をかえりみず自由に楽しく生活を始めた妹と再び入院を決断させられたM子の対照は，一時的に構造を強化したとみえなくもない。このようにみると，退所直前のM子の確認癖やさまざまな強迫観念は，このあたりのM子の心性を表現していることが了解できる。

　注目したい家族力動の第二点が，ミニューチンのいう「巻きこみ」(enmeshment) があることである。M子の家族は成員の境界線が不明瞭で，考え方，行動の独自性が確立されていない。母とM子の妹は「子どものように」ののしりあうし，父と母の役割行動も混乱しているようである。一見，父はM子の治療に対して決定権をもっているかにみえ，M子も父の権威や言葉を盲信しているところもあるが，くわしくM子の訴えのプロセスをたどると，ほとんどの決定の鍵は母親がにぎっているようでもある。たとえば，母親のフラストレーションが極限に達すると父親が動き出すし，入院も母親のすすめが強かったようだ。ただ他方では，父親が大学学生相談所や医師への不信を語るので，母親が相談所からM子を離そうとしたむきもないではない。また，M子の治療者への不信やアンビバレントな感情は，そっくりそのまま父母に電話で伝達さ

れ，その訴えに対しても，父母の立場をはっきり示す判断は伝えられていないようである。「医者を信じなさい」と言いつつ，来談をやめさせようとしたり，「本人の前では言うべきことではないが」と言って医師への不信を述べたりするのがその例である。

　M子の家族のシステムは，家族成員の境界線を不明瞭にすることにより，維持され，外部のシステムから自分たちを守っているわけであろうが，そのことのために，家族システムそのものはなかなか変わらないようになっている。このシステムの中では，M子のみならず，父も母も，だれが，何によって，どんな決断をするのかを明確に判断することはむずかしく，どこかでだれかがいつの間にか動いてものごとが決定されていくといった思いの不安をもたざるをえないであろう。M子の自立が妨げられるのも無理からぬところであり，だからといってこのようなシステム内の人間が，システムから離れることは死を意味するほどの恐怖になるので，家族内力動を不安のない形で変える必要が出てくる。合同家族療法への手がかりの一つが，ここにあるように思われる。

　家族力動の第三の注目すべき点は，コミュニケーションの側面である。M子の家族にも，IPのいる多くの家族にみられるように，問題の発生にかかわる，二重拘束のコミュニケーションをみることができる。筆者が直接体験したコミュニケーションではないので確実とはいえないが，M子を通じて聞かされたものだけでも，「C子ちゃんはえらいわねェ」という母のメッセージには，内容として「C子はよく勉強していていい子だ」ということを伝えながら，メタ水準で，「それに比べておまえ（M子）は，いい子ではない」ということを伝えている。セックスについても，父とポルノ・マンガを見ているが，母親からは，セックスについて一言も話は出ず，M子は「いやらしい」という概念をどこかで植えつけられた節がある。公然と男女の性を「悪くない」と伝えながら，その類いの雑誌が以後なくなったりしたことで，M子には二重のメッセージが伝わり，性や男性に対する態度を曖昧に，自信のないものにしている。

　治療に対する不信感を父親に訴えたときの父の反応は，「ほこ先が向いたので，先生は身をかわそうとしているのかな。おまえにくいつかれたらかなわないからな」というものであったが，前半では，「お前の判断は正しい。先生は責任をとるつもりはないかもしれない」と言い，後半で，「しかし，先生の気持ちもわかる。自分もおまえに大へんな目にあわされているから」と前半を半分否定し，複雑にも，その裏で「それでもお父さんはお前の味方だよ」と言い

たげでもある。

　このような二重拘束を想像する例は，筆者が直接父母と接したときに，きわめて明らかになる。確認癖がはげしくなって帰省していたおり，M子が東京へ電話をすると，「電話代がかさむ」とM子を制止する母の声が電話の向こうから何度も聞こえてくるのだが，自分が耐えられなくなるとかけてくるのである。その中で，本人をそばに置いて，「本人の前では言えないことだが，医者を恨みたい気持ち」と母親は訴え，M子に「聞いてはいけないことを聞いてしまった」という気持ちと，「母親の本音は自分と同じだ」という気持ちを抱かせている。それは，父と最後に相談所を訪れたときも同じで，「本人の前では言わないできたが，医師には恨みがましい気持ちだ」と，本人をそばに置いて父が語っていることも同様である。「表向きはありがたいと言うべきだからそう言うが，内心は恨んでいる」ということをいかにも本人を支持しているふうに言っているつもりなのだが，M子はそこでもメタ・レベルのメッセージを受け取ったにちがいないのである。

　すなわち，これらの一連のコミュニケーションのパターンは，表面で言っていることと内心思っていることは違うということをM子に知らせつづけているのであり，それゆえに，M子は常にメタ水準のコミュニケーションに敏感にならざるをえなくなる。その場その場では，たてまえと本音のどちらに反応しても自分にとって良い結果が得られない体験が重なるので，相手の本音を理解し，確かめるのに必死になるというわけである。確認癖や言語へのこだわりは，ようやく自らの確立に目ざめはじめたM子が，はじめて実行した自己確認の作業であり，くいちがいを明確にしていこうとする努力のあらわれとみることもできるのである。

　M子の家族は，妹を除いて，二重拘束のメッセージを，しかも父母ほぼ同じパターンでM子に送っていたと推察してもよいと思われる。家族療法におけるコミュニケーションの悪循環の側面が家族の機能を維持する助けになるという説が，M子の家族の場合にもあてはまらないであろうか。M子の治療には，家族の協力が必要であると思われるゆえんである。

　以上，M子とその家族について，家族の果たす機能，システムの問題，コミュニケーションの病理の3点を指摘した。M子については，家族との接触が少なく，長期に心理療法を引き受けたわりには治療が進んでいないが，心理療法の中止直前になって得られたいくつかの家族との直接体験は，ケースを理解し，

M子を援助するにあたって，多くの深い洞察を得るきっかけをつくってくれたと思う。個人心理療法が，家族に接することで，たとえ合同家族面接を行わなくとも，より深く，より効果的に進められる可能性をもっていることを示した一つのケースである。

Ⅳ A夫のケース

初来所時年齢，24歳3カ月，大学4年生男子，ただし1年浪人。4年次留年して2度目の4年生。地方出身。

父は54歳，会社員。母は49歳，喫茶店経営。27歳の嫁いだ姉と大学2年の弟（A夫と同居）がいる。

来所は，2年目の4年次の秋，直接の理由は，就職を目前にしての進路の相談であったが，大学3年の秋からほとんど大学に来ておらず，アパシー状態で過ごしてきたことも含めての相談ということ。ただちに筆者と週1回の面接を開始した。

小学校までは普通に，特に取り上げるほどのこともなく過ごしたが，中学に入ったころから，勉強が嫌いで，あまり勉強もせず怠けていた。それを母親は，勉強嫌いととらず，なんだかわからないがやる気があれば大丈夫といった励まし方をした。勉強嫌いを正当化できる論理があることを知り，反体制的考え方に傾いていった。それは主に，フォークソングからで，以来，大学3年までは軽音楽部に入り，もっぱらギターをひいていた。

A夫の言によれば，「中学のときも，高校のときも，先生たちは自分のことをわからなかったと思う。悪いこともせず，成績も良くも悪くもなく，おとなしかったから……」と言う。そして，「しかし，ひそかに先生たちを批判していて，自分のことはわかってもらえないでも，自分の論理をどんどんつくっていった」とも言う。

高校2年のときガール・フレンドができる。「女の子との関係などは，"こうあればいいな"ということから始まって，"こうあってほしい"になり，"こうあるはずだ"になって，ついに衝突が起こり，それを避けようと自分を表に出すのをやめて——破たんという感じ」と言う。彼女の方から別れ話は出て，それでも「恥ずかしいことに」A夫は自分の方が変わればどうにかなるというくらいにはじめは思っていた。ところが，1度だめになったものはとり返せな

いのだということをわからせられて，以後は，自分は女の人を必要としてはいけないと思って生きてきたという。

それ以来，自分のことを極端にしゃべらなくもなり，具体的内容はなるべく抽象化して話そうとしていった。5～6年彼女とのことは引きずって考えてきたが，いまだにはっきりまとまらない，とも言う。

一方，中学のころから，父の弟にあたる叔父とよく話をした。家族の人間関係の複雑なことを聞かされ，同じことに対してでも，家族や親戚が，まったく違った見方をしていることを知り，「そんなものか」と家のことをみるようになった。だから，自分のことを人に話さず，心の中で自分の世界をどんどんつくり上げていった。何が正しいかを常にさぐりながら……。

父親は，家業を継いで，A夫が中学までは自営の仕事をしていたが，破産してサラリーマンへ。「何もしないで，ほとんどしゃべりもせず家では影のうすい人」。A夫は，何でも事後承諾で父親との対応はすませてきたという。だから大学に入っても留年しても，父はA夫に直接ものを言うことはない。

母親は「観念的な思いこみが強く」，「変に理想主義的なところがあって」，いつも命令口調で，「ああしろ，こうしろ」と言いつづけている人。母親にとってA夫はドジな子だが言えば聞く子でもある。いつも一方的に言いたいことを言い，A夫は黙って聞いているといった関係なのだが，A夫が反抗しているなどとは思いもしない。そのわずらわしさを逃れたくて，勉強はしたくなかったが，家を離れたくて大学に来た。相談所にA夫が訪れる気になった理由の一つも，母親がしつこく毎晩のように就職はどうしたと電話をかけてくるから。

姉は母親そっくりで，きちんとした人。約束したことはきちんと守る。東京で結婚して，A夫の留年1年目の4月，5月には，義兄に頼んでA夫にアルバイトを紹介してくれたりした。時には母親代わりになって，小言の電話をA夫にかけたりする。

弟は姉と異なり，何も約束しない人。勝手気ままにやっているが，母は弟のことはほとんど干渉しないので，弟は，具体的な買物などをねだっては送金してもらっている。

姉と弟に比べて，自分は約束をしても守らない人だとA夫は言う。たとえば4年で卒業するはずなのに留年するなどがそう。やるべきことはやらなければ，と思うところは母親の影響を受けていて，それでやれないからどんどん自己完結的になっていくのだと言う。

上に述べたことでもわかるように，Ａ夫の話はきわめて抽象的で，具体的に理解することが困難である。たとえば，初回面接で，どんな就職を考えているかという筆者の問いに対して，「変かもしれませんが，冗談でなく，やりたいことは神さまだ」と言ったりする。その中味を聞いていくと，神のようにすべてを知りたいということで，人間の仕事の中では，芸術家や哲学者が近いのだが，それでは食っていける自信がないから……という。

　就職の相談は，職業興味テストで，「戸外」が高く出ると，イギリスの園芸家に嫁いだおばの所に行こうかと考えたり，搾取する側にまわるのは本意でないので，有機農業をしようかと農場を訪ねたりしていった。その背景には，人と話をするのがおっくうで，きちんと話せないという理由もあったが，ガール・フレンドと別れる羽目になったとき，友人が「彼女は郷里を出たくても出れないということを君はわかっていない」と言われたことがからまっていて，周囲の人をすてて自分だけが都合のよいことはできない，と言う。しかし，有機農業の現場は，理想にほど遠く，そこにいる仲間同士は，理念に燃えてやっているが，現金収入を得るためには各人が社会に出て働くという形をとっていることを知り，あきらめる。

　年が明けると，母親がいらだちはじめ，相談所に手紙が来る。「本人が親に話せるような納得した事態が来てないとは言うが，気長にそれを待つことは気がもめて仕方ない」というもの，そして「あなたさまにともかくすがりたい気持ち」と結んであった。

　本人は，自分が考えていることを母親に理解してもらう努力をまったくしてこなかったので，勝手に母親のいいように解釈されても仕方ないと，あまり母親に話をしようとしない。しばらくして再び母親より来信。期末試験の心配と，パスしない場合も大学は中退と考えていること，あせりにさいなまれているのだが，本人は相談にうつつを抜かしているようなので，この際引導を渡してほしい旨の内容。本人は母親のあせりを察し，また母親からの電話で手紙が出されたことを知り，母親のいらだちが，自分の不決断によることをすまながる。ともかく形のあるものをきめれば安心するのはわかっているのだが……と言う。就職の見通しも立たず，帰郷する気もないのであせりはひどくなる。

　大丈夫と自信をもっていた学年末試験が，本人の予想を裏切って不合格となり，事態は緊迫していった。卒業が再び不可能となり，母親から相談所へ電話が入る。本人にはほとんど話ができないので，間接的で申訳ないが，息子の話

を聞かせてほしいというもの，約束の時間をとる。
　ところが，約束の日には，1時間も早く母親は本人を連れて来所。できれば当日中に息子を連れて帰省したいので，早く会ってほしいという。約束の時間まで待ってもらって相談室に入るや，いきなり本人をさしおいて話しはじめる。
　「昨夜，この子の姉と弟と4人で話し合った。去年留年になったときは，授業料は家から出すから，生活費は自分でかせぐように言って義兄に頼みアルバイトをさがしてやり，弟と一緒に住まわせたのに，2カ月でやめてしまった。就職運動があるというので，再び送金をしてやっていたのに，以来，何もしていなかったではないか。仕事も勉強も，遊ぶことすらしないで，これではどうにもならないと思う。話し合いの結果，今日連れて帰ることにした。周囲の者も，自分も，何もできない子どもに道をつくってやるしかないと思ってやってきたのに，弟も，"兄とはこれ以上一緒にやれない"というので，連れて帰るしかない。父親にもそう約束した」と一方的に訴える。
　カウンセラーは，そのけんまくに押されながらも，「期待を裏切られた思いで，興奮もし，いたたまれない気持ちもあるだろうが，一方的に連れ帰るという宣言はひどいではないか。先日の約束では相談したいということだったので時間をとったが，一方的宣言なら，必要ないことなので，このままひきとってほしい」と告げる。母親はたじろぎ「宣言ではない。しかし，この子は何もできそうもないので，手もとに置いて少しずつ道をつけるしかないと考えたのだ」と言う。また，「放って自分でやらせようとも思ったが，それは今年で試験ずみだし，男の意地で一人でやって，どうしようもなくなったら頼みようもあるだろうとまで言うのだが，本人は一向にはっきりしないので，父親に少なくとも意志を伝えるようにと連れ帰るのだ」と言う。
　筆者は，母親の過干渉，先どりが本人を無気力，不活発にしていること，挫折して帰るところまで用意されたのでは，男の意地としてそれはやれないだろうことを伝え，帰ることは本人が納得したのかを聞く。
　すると，本人が突然話を始め，「高校時代から自分はマザコンといわれ，結局，大学に入っても，何も自らできずに今日まできた。今は前科があって実績がないので何と言っても"ウン"と言ってはもらえないと思っている」と言う。
　「"ウン"と言ってもらわなければ，やりたいことができないのはマザコンの続きだ，ともかく，帰るか帰らないかは自分で決意して行動するように」と言うと，「帰りません」と母親に告げる。

母親は単身で帰省するが，毎日のように退学するよう電話をかけてくる。しかし，A夫自身は次の日から，意気揚々とアルバイトさがしを始め，自力で3度目の4年生を過ごす決意をする。しばらくは家の干渉が続いたが，決心は変わらず，午前中授業に出席，午後はアルバイトという生活を続け，無事卒業しある会社に就職している。

V A夫のケースにみる母‐息子関係

A夫のケースの後半はかなり紆余曲折があるのだが，ここでは，筆者と母親との直接面談を中心に，A夫のケースを検討したい。

ここで注目したいことは，直接家族に会うことの重要性である。多くの思春期のケースの心理療法は，これまでも適宜必要に応じて，家族面接を併用してきたと思われるが，A夫のケースに関しては，その効果がかなりはっきりあらわれたとみることができる。

母親と直接会う前から，母親のグレート・マザーぶりはA夫の話にうかがうことはできるし，2度の手紙の中にも，片鱗をみせる文章がある。「観念的な理想を押しつけてうるさく言う人」とか，連日電話をかけてきて命令するとか，それにA夫は反応を示さず，黙って聞いていて，A夫がしたいように行動をとるといったあたりである。また，筆者に対する手紙の中にも，婉曲にではあるが，「本人の動き出すのを待てない，どうにかしてくれ」といったニュアンスや，「あなたと相談していてもらちがあかないから，相談を打ち切ってくれ」など自分の思い通りにことを運びたいといった姿勢がうかがえる。

それは，面接のときに全面にあらわれて，まず息子と1時間も前に来所してすぐ会いたいということから始まり，一方的宣言から，話の後も，息子を連れ帰ろうとすることになってゆく。

このような母親に対応するには，息子一人では不十分で，それをひそかに意識して，A夫は相談所を訪れたのであろう。母親のエネルギーに対抗するには，かなり強い自我が必要で，そのためにオルター・エゴ（補助自我）の役割を果たし，A夫の言いたいこと，とりたい態度を表現したのがカウンセラーだったとみることができる。

カウンセラーは，母親に会ってはじめて，A夫が骨抜きの状態に置かれていることを目撃することができたし，その現実をA夫にとって有効なものに変え

るべく, 母-息子の相互作用にはたらきかけたといってよい。すなわち, 息子が母親に圧倒されそうになっているところに, 本人と異なる対応だが, 本人が望んでいる対応をして家族内の構造——相互交流のパターンを変える一助をしたということである。

　ミニューチン (1974) など構造家族療法家は, 合同家族面接の中で, 合目的的に家族の一員に加担し, 新しい相互関係を創造するよう援助することがあるが, そのような手法にも似たアプローチをしたことになるのではないだろうか。もちろん, A夫の場合, 補助自我はあくまで補助自我で, 母親の強力なA夫への関心と干渉は, A夫の自我の確立を妨げることがその後も何度かあった。さらに, 抽象的に話をしておけば, 具体的に話をするよりも相互の違いが明らかにならないですむからという理由と自己防衛から, その後も, なかなか具体性のある話が出なかったのも事実である。しかし, 母親との面接以来, A夫が立ちあがり, 前向きに歩みはじめたことから, 家族へのはたらきかけの重要性を認めることはできると思われる。

　A夫は地方出身であったためと, また母親の相談所に対する抵抗のため, 以後母親に接触することはなく, 再びA夫だけの面接で卒業を迎えているが, できれば, あと数回は母親面接を実施した方が, 母子分離を早めることができたかもしれない。ただ, 一方では, 物理的に離れていることで, 就職前に経済的自立を達成し, 精神的自立にも大きな助けになったことも見逃すことはできない。

結　び

　以上, M子とA夫のケースを通して, 個人心理療法と家族療法の接点をみてきた。A夫のケースについては, ほかにも多く存在する思春期の心理療法で, 父や母の面接を取り入れる場合と類似していると思われる。母子の精神力動と構造は, 母に接してみてはじめてセラピストに明瞭に自覚され, その力動と関係にセラピストが強力な介入をするという場合の例である。

　他方, M子のケースは, より複雑な家族構造が治療を開始してからも症状や回復に影響し, 家族の力動にセラピストが直接介入しなかったこと, IPを通して介入するにはIPの負担が大きすぎることにより, 心理療法が不成功に終わった例である。しかし, 治療中断前の筆者と母親や父親とのコンタクトは, それまでの筆者の想像する家族力動と一致する証拠を提供してくれた。しかも,

コミュニケーションに関するデータは，多くの場合，直接相手に接することによってはじめて正確になる。その意味で，合同家族療法にもっていかぬまでも，家族との接触の重要性を物語ってくれている。また，このケースに関しては，もっと早くから，コミュニケーションの側面に注目してM子と面接していたら，セラピストの見通しや面接そのものが，異なった展開をしたとも思われる。家族療法の観点が，思春期ケースの治療に有効だと思わせる例である。

先にも述べたが，大学生の心理臨床は，自我確立という発達課題と密接にかかわらねばならないゆえに独特の側面がある。自立の達成のためには，A夫のケースのように，母と息子が物理的に離れていて本人の心理療法をもっぱら行う方が有効な場合も多くあるだろう。しかし，ほんの1度の母親面接で，場面の展開が促進されるという場合もあるわけである。ましてM子の場合のように，問題の根が複雑にからまって，家族システムそのものが悪く循環をくり返している場合，せめて母親面接ができたら，ケースは異なった展開をみせたであろうことが十分想像できる。

いずれにしても，家族システム理論，家族内コミュニケーション理論，家族精神力動理論は，思春期臨床には欠かせぬ観点であり，家族療法そのものを行わない場合でも，クライエント理解の幅をひろげ，深める上で重要なことはまちがいないといえるであろう。

文　献

1) Ferber, A., Mendelsohn, M. & Napier, A.：*The Book of Family Therapy.* Houghton Mufflin Co., Boston, 1972.
2) Haley, J. & Hoffman, L.,：*Techniques of Family Therapy.* Basic Books, Inc., New York, 1967.
3) Minuchin, S.：*Families and Family Therapy.* Harvard Univ. Press, Cambridge, 1974. (山根常男監訳：家族と家族療法．誠信書房，1984.)
4) 岡堂哲雄：心理学的家族関係学．光生館，1976.
5) Satir, V.：Conjoint Family Therapy. Science & Behavior Books, 1967. (鈴木浩二訳：合同家族療法．岩崎学術出版社，1970.)
6) Satir, V.：*People Making.* Science and Behavior Books, Palo Alto, 1972.
7) 清水將之（編）：青年期の精神科臨床．金剛出版，1981.

13. 家族の発達課題とカウンセリング
―― 一女子学生の同棲をめぐって ――

はじめに

　家族のライフサイクルの上で，子どもが青年期に達すると，家族はその発達課題のうちでも困難なもののひとつに出会う。青年期の子どもをもつ家族は，子どもの成長に伴い大きな変容を迫られるが，その変容が首尾よく達成されぬとき，家族は危機に陥る。つまり，この時期には，子どもたちは親離れを開始し，子どもたちの発達に従って家族全体が新たな段階に進む必要があるわけである。

　この時期の家族の発達課題の第一は，子どもたちが家族の境界（boundary）の外に自由に出入りすることによって起こる家族境界の拡大とそれへの適応である。乳幼児期，児童期の子どもを中心として安定した家族境界を保ってきた家族は，子どもたちの外の世界との交流の増加に伴って，子どもの自由な出入りを許容し，柔軟性を急速に高める必要がある。青年期の子どもたちは，家族外での同世代の仲間との親密さを深め，父母代理を見つけ，父母とは異なった自己を確立し，異性との情緒的，性的関係を求め，いわゆる自立を達成しようとする。

　しかし，一方で，子どもたちは安全を求めて外からもどってくる。その際，必要に応じて避難と保護の場を提供し，また安定した心理的対象となるのは父母である。子どもは父母に反応して束縛や干渉を逃れようとしつつ，家族や家に精神的拠所としての機能を期待し，中間地帯または基地であってくれることを望む。

　子どもはこの時期，多くの家族外の出来事を持ち込む。それに柔軟に対応し，境界の開閉を適切に行うことがさらに重要になる。

　発達課題の第二は，子どもたちの親離れの動きと平行して，中年期の夫婦自身にも生活の変化が訪れるためそれに伴う葛藤に対処することである。子ども

の不在を信頼をもって見まもることができるか。子どもの外から持ち込む家族に異質な考えや行動を許容できるか。子どもの反抗に耐えられるか。子どもの家族からの分離，自立に不安はないか。子どもを大人への過渡期の存在として認めていく過程は容易でなく，またそれを乗り越えるには夫婦の協力が不可欠となる。

夫の仕事へのより深い関与が始まる時期における子どもの自立は，それまでの家族の人間関係の隠された部分への問いとなって現れやすい。いわゆる主婦の「空の巣症候群」もこの時期に始まることが少なくない。

第三の発達課題は，出生家族の変化に対する対応である。実家の父母（子どもの祖父母）の老齢化，生活の変化に伴い同居，別離，看病などさまざまなストレスに出会う可能性が生じる。これらの夫婦をはさんだ二世代への対応は，さらなる発達や成熟の第一歩ともなり得るし，また家族の混乱や崩壊のもとともなり得る。

ここに紹介する事例は，女子大学生の半ば同棲的な男子学生とのつき合いをめぐって，家族が転機を迎えたことが明らかになったが，その移行に非常な困難を伴ったものである。家族療法に接したばかりの筆者が，その影響を受けて，一種の危機介入として，初めて合同家族面接をした過程が含まれているが，その面接には多くの家族療法の初心者が陥りやすい失敗と問題が含まれている。

家族全体の変化のプロセスとセラピストの反省すべきかかわりについて述べたい。

I 事例の概要

家族構成：父，54歳（会社役員），母，53歳（元小学校教師），IP，19歳（女子大学生，都内に下宿）

II 面接の経過

初回

ボーイフレンドと一緒に来談。IPのみに面接。クラブの先輩であるボーイフレンドと1年前からつき合い始め，ときたま彼のアパートに泊る仲になった。先日，女の友達の家に泊ったことにして彼の所に泊っていたところ親に知れて

しまった。それまでは，彼のアパートに泊るときは，ガールフレンドに連絡し，もし父母から電話がかかったら適当に返事してもらうことにしていた。その日も母からガールフレンドの家に電話が入り，彼女はIPが風呂に入っていることにしてその場をつくろってくれた。それを知らずに渋谷の公衆電話から家に電話し，「今どこにいるのか」ときかれ，「渋谷」と答えてしまい，うそが発覚。真実を追求されてボーイフレンドのことを探り出されてしまったと言う。

そのことで父母は「裏切られた」と怒り，強引に彼に会って，IPとの交際をやめるよう申し入れた。彼は交際を断つことは了解せず，そのため母親が仲を裂くべく監視のため上京し，アパートに泊り込んでいる。授業時間をはじめ，帰宅，持ち物などを管理されたIPと母親との口論が毎日続いていると言う。

IPはこれまでの生活を反省して，きちんと学生生活を続けたいというのだが，母は「期待を裏切ったのだから信用できない。つき合いをやめろ」の一点ばり。IPは「つき合いはやめたくない」の主張をくり返すため平行線になり，毎日顔を合わせているのが疲れたと言う。また，「つき合いをやめないのであれば，大学はやめて帰省するように」と母は言い始め，電話で父とも連絡し合って，つれて帰ると言い出していると言う。

本人の意志を確認すると，「彼とのつき合いもやめたくない。大学も続けたい」ということで，それをそのまま父母に伝えることをセラピストは支持し，

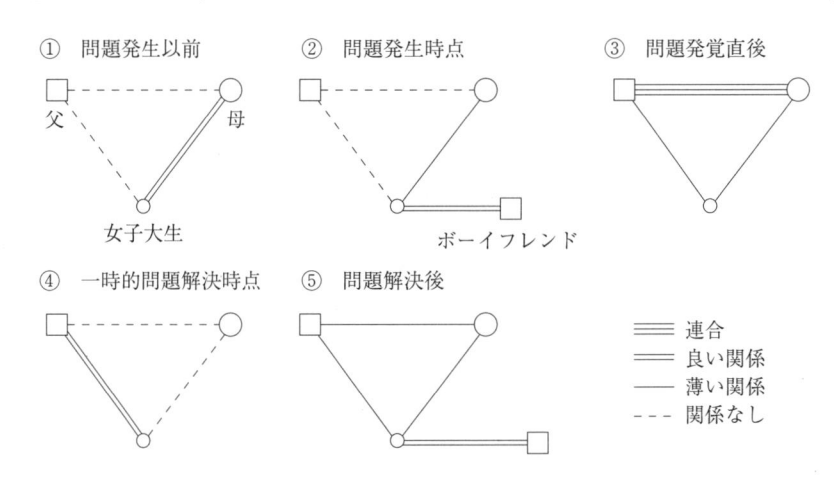

図13-1 問題発生と解決のプロセスにおける家族関係の変化

① 問題発生以前
② 問題発生時点
③ 問題発覚直後
④ 一時的問題解決時点
⑤ 問題解決後

≡ 連合
＝ 良い関係
― 薄い関係
--- 関係なし

次回の面接を約す。

第2回
IPのみ来談，後に母親とも面接，父親には電話連絡。

「家を出たい」IPは母に告げた。母は「彼と別れなければ大学には行かせぬ」と主張をくり返すのみだと言う。

二人の緊張を察しセラピストの母親への連絡の了解をIPにとる。IP承諾，下宿にいる母親に電話をし，来談を呼びかける。母は，「誰かに相談したいと思っていたところだった」と即座に来談する。

母の語るところによれば，これまで娘の言うことは何でもきいてきたと言う。あまりにもやりたいようにさせすぎて，甘やかしたのがこんなことになった原因だ。高齢出産の一人娘だったため，帝王切開も娘のためと即座に了承し，育児のため仕事もやめた。大学入学時は寮に入れたかったが，友人とつき合っていくには泊りに来てもらえる所がいいと言う娘の希望をきき入れて，夫と3人で今の所をさがして住まわせることにした。一人暮しを許したことを後悔している。これほど信頼してきたのに裏切られた思いだ。

こんなふうに裏切ったのだから，クラブもやめ，ボーイフレンドとのつき合いも断って，家に帰ってほしい。今彼に会うとよりがもどってしまうのでしばらく家に帰ることには父も賛成している。それにいがみ合って二人で顔をつき合わせているのは自分にも苦痛で，これ以上耐えられない。

セラピストは，双方の言い分の対立をすぐさま解決することの不可能なことを察し，二人に伝える。と同時に父親に問題解決に参加してもらうことを提案。二人の了解を得て父親に電話連絡。上京を依頼することにする。3日後に上京し来談することを決定。

電話を通しての父親談。恥ずかしい次第だがとんだことになってしまった。うすうす感じていて，それとなく注意もしていたが，先日ついに本当のことをききだした。先方の親にも電話したが，彼らは「本人たちの問題だから」ととりあってくれない。今度ばかりはつくづく男の子の親になりたいと思った。相手の男子学生にも会ったが，娘のような未成年を成人した先輩が良識をもって導いてくれなかったことが非常に残念。二人をこのままにしておくわけにはいかない。

娘は大学を続けたいと言うので，会わないならばと譲歩したのに，それはで

きないと言い張っている様子で困っている。下宿は今月一杯で出ることにしてある。

セラピストは，本人が帰るのを断固として反対しているため，上京して話し合いに加わってほしいと依頼し，父親は仕事の都合をつけて上京することとなる。

第3回　合同家族面接
父，母，IPの3人で来所。

まず父親が電話の内容とほぼ同じ言い分をくり返す。娘は帰省することを一時は了承したのに，今になって前言をくつがえすとはけしからんと言う。

IPは，今までのつき合い方のまずかったところは改め，勉学にも励みたいこと。先日は父親の勢いに押されて帰省するようなことを言ったが，交際を断たなければならないほど悪いことはしてないし，クラブもダメ，大学もダメというのは，今では納得できないと言う。

母親は，彼がともかくけしからん。「娘さんが自分につくか，お母さんにつくかです」などと言った。そんなこと言われるすじ合いはない。そんな人には今後絶対会ってほしくないと言う。

セラピストからのこれまでの親子関係がどうであったかの問いに対しては，IPが主に答える。

父と母はよく大げんかをしていたが，たいていの場合，その原因はIPのこと。父親が娘の要求を拒むことが多く，IPは母に訴え，母が娘の味方になって父を説得したり，母の意見を通したりというパターン。「母は自分の言うことには何でも耳をかしてくれ，甘やかしてくれ，自分のわがままが最終的には通ったと言う（図13-1①）。

大学を選ぶときも，アパート住いをするときもそうだった。母が自分の味方をしてくれるときは助かったが，父とのけんかをみるのはいやだった。また，自分のために仕事を捨て，やりたいこともやらずに子育てに専念したと恩着せがましく言われ，心外だったと言う。

父は仕事一筋の人。趣味もなく，遊びもせずまじめに働いて現在の地位を築いた。自分に対しては厳しく，わがままは許さないという態度で接してきたと思う。

父母の意見が一致すると，今回のように強硬で，言い負かされ，まるめ込まれてしまうところがある。その点自分がまだ甘いし，しっかりしなければと思う。

彼の言い分は，「彼女の両親は裏切られたというが，裏切られたのは自分の方で，二人で押しかけてきて，一方的に自分を悪者にされた」感じ。母親から腹の立つことも言われ，自分を押さえていたが，つい怒りが出てしまったと言っていた。

性，男女交際については，オープンに話をする雰囲気はなく，彼とのつき合いも意図的に隠していたわけではないが，一言も触れる機会がなかった。

父母は IP の以上の話のうちこれまでの家族関係についてはほぼ同意しながらきいている。彼の話になると，父母そろって「あの人は信用できない」とか，「失礼なことを言った」と言って，感情的に IP の話に介入する。また，「こんなふうになった娘の親の気持ちは体験した者でないとわからない」とか，「こんなことになるぐらいなら大学など出なくて結構」などとセラピストに対する反感も表明する。

お互いに平行線で交わるところがないことを指摘すると父母娘ともそれを認める。ひとつの解決案として，IP は大学の寮に住むことにして，大学を続けることをセラピストは提案するが，父親は「今月中にアパートを引き払う」と断固として譲らず，IP も大学はやめないと言いはり，話し合いにならず。

時間切れで次週，再度の面接を約す。

第 4 回

IP とボーイフレンドのみ来談。

「アパートを引き払うことになったので，しかたないから，帰省することにした」とのこと。

Ⅳ　面接後の IP と家族

IP は月末にアパートを引き払い帰省。ボーイフレンドとは IP からの一方的電話連絡のみでの隠れたつき合いを続けた。帰省後の家族関係は，図 13－1 の④，⑤のごとく変化していった。IP と母は険悪な状態でほとんど口をきかなくなり，IP は父親の方がよほど話がわかると思うようになる。そのため父－娘が今だかつてないほど会話をするようになり，そのため母は，父に対する不信を表明し始め，離婚をほのめかすようになる。

IP はそのような関係に巻き込まれるのを嫌って，「夫婦の問題は二人で解決

してほしい」と宣言。二人から距離を置いて，自分の世界に閉じこもるようになる。

夏休み過ぎまで家族は不安定な日々を送ったが，IPはついに大学に再びもどることを父母に納得させ，一応彼とは会わないという約束のもと上京する。女子学生寮に入り，通学を始め，図13-1⑤のような状態で一応落ち着く。

V 考　察

この事例は，長期的にみれば家族の危機を経て，次の安定した関係に入ったということができる。その意味では危機介入として必ずしも失敗例とはいえないかもしれないが，合同家族面接の場面には，初心者の犯す未熟性をいくつか見出すことができる。

まず家族の力動を事件前と事件後で比べてみると，家族関係図に示したように，母子が連合して，父親がはずされていたような関係から，適当な過渡的関係に変わったかに思える。図13-1⑤は，望むらくは夫婦（父母）連合が成立し，同時に娘とボーイフレンドの連合もでき，4人がよい関係を保てるようになれば理想的ということであろうが，IPとボーイフレンドの関係が今後どう発展するかは，まだ不確定なところがあるとみる方が適切であろう。

IPは母の共生的かかわりから逃れるべくボーイフレンドとの関係を強化していったとも考えられるし，ボーイフレンドの存在が母との関係を希薄にしていったともいえるであろう。本来ならばそこで父母が連合を強めるという方向へ向かうのであろうが，この家族の場合，娘に対する親としての役割を通して，つまり娘の危機を救うという共通目的を通してしか夫婦連合は獲得されなかった。別の見方をすれば，ボーイフレンドは娘を母から離し，母を父へ近づけさせる役割を果たし，さらに同棲は，父母をいっそう密接に結合させる働きをしたと考えることができるであろう。

それは，ボーイフレンドの存在が外見的にはなくなり，IPが父母の命令に従った直後，父母は問題発生時の親密さをなくし，さらに，父と娘の連合ができあがりそうな気配に母は不安を覚えたと思われ，離婚をほのめかして，父娘を引きはなそうとしていることでわかる。

ここは父母の自立性が問われ，またIPの自立性が危うくなりかけたところでもある。IPはこの出来事を通して，母への依存を解消することはできたよ

うである。帰省後は，母を利用して自分の要求を通すというパターンには逆もどりせず，むしろ一人になることを選んでいる。そのことによって，父母は離婚の危機を免れたともいえるであろう。

次に合同家族面接の問題点を検討してみよう。合同家族面接は，ここでは一種の危機介入であり，まず第一に危機介入としての位置づけをはっきりさせて面接に入るべきであった。そうであれば，面接は家族の構造やコミュニケーションのあり方などの検討だけではなく，他のアセスメントと指導へと向けられたものとなっていたであろう。それは，たとえば，親子三人の今後の目標についての意見の出し合い，この危機を脱出するために協力体制をどう作るか，父母の協力関係をどう活用するかなど，現在（事件当時）から近い未来に向かっての現状を活用した突破口探しである。

セラピストはそこに目が向いていなかったことにより，治療目標を曖昧にして，家族の現状のアセスメントらしきことを，しかも主にIPを通して行ってしまっている。

問題の第二は，個人心理療法から家族療法へ移行する際，陥りやすい傾向についてである。セラピストは長年青年期の大学生の治療に携わってきており，青年の自立とアイデンティティの確立への努力や葛藤に対して，特別の共感を持っている可能性が高かったと思う。それにプラスして，IPの訴えを最初に聞いており，さらにIPの価値観や言動にはそれほどの異和感を持たないのに比して，母親と父親の言い分には疑問を持ってしまったということがある。

つまり三人を目前にして，二対一になって孤立しているIPに肩入れしてしまうところがあったと思われる。そのことは母親には敏感に感じとられ，母親の反感や敵意を引き起こしてしまった。家族療法家は，システムに共感するのであって，特定の家族メンバーに長時間，しかも無意識に一方的な協力体制を作ってしまっては問題解決は困難になる。

効果として，IPの補助自我としての機能がIPの自我や自主性を強化したところは認めることができるが，それだけでは家族面接の目標のわずかな部分を解決したことにしかならない場合もあるだろう。このIPの場合，事件後も自立性が高まって成長していったので結果として成功したといえるのであって，家族療法としては，それを意識的，意図的に行うのでなければ成果とはいい難いであろう。

問題点の第三は，家族に対して，セラピストは解決案の提示しか行っておら

ず，家族の現状，事件の意味，家族の発達課題，家族の今後のあり方などについては，ほとんど何も伝えていないということである。それに加えて，家族全員から，家族の見方，問題の抱え方などに対する意見を聞くことにも成功していない。したがって，全員の意見や見方をもとにした治療目標を立てることができなかったともいえるであろう。

　たとえば，家族の力動に関するセラピストの見方や，ボーイフレンドやIPの家族システムに果たしている機能などについての解釈を伝えて，問題の抱え方をreframeすることは，少なくとも解決策の提示よりはるかに重要なことであったと思われる。特に，事件前と事件が起こってからの家族関係の変化については，家族全員が意識化できるよう問い，見方を強化して，家族システムの問題へと視点を移す援助をすべきであった。そうするならば，自ら解決案は導き出されてくるであろう。事件後つくられた父母（夫婦）連合の強化を怠り，親子の対立を激化させてしまったことは，システミックな考え方を見失うことになった。さらにIPの立場のみを養護するようなセラピストの動きは，家族にゆさぶりをかける役は果たしたが，システムをどう再構成するかという視点に欠けたことにより，不十分なものとなった。

　最後に，この家族にとっての今後の発達課題を示唆する努力をすべきであった。この家族にとって娘の自立に伴う夫婦連合の再強化などのシステムの変化は，今後当然経るべき課題であった。そのような将来の見通しを家族がどのように考えているかを問い，家族の考え方を明らかにする一方，家族の全員がある程度納得できる未来へのステップの模索を，セラピストは家族と共にすべきであったと考える。

　以上，合同家族療法の観点から，第3回目の面接を考察した。この面接をした直後のセラピストの感想は，頭でわかっているつもりでも，家族の力は予想外に大きく，セラピストを家族内の力動に巻き込むことが容易に起こるということであった。そして，その力動は，家族の長い生活の歴史という縦糸と，個々人のパーソナリティの深さという奥ゆきと，場の人間関係という横糸の三つの側面から，複雑に織りなされていることを身をもって体験した。

　この初心者の体験が，今後家族療法への道を歩もうとする人々の参考になることを期待して，事例報告を終えたい。

14. 摂食障害とカウンセリング

I 摂食障害の特徴

　思春期，青年期のカウンセリングの中で，最近特に増加の傾向を示している症状に摂食障害を含む心身症がある。心身症の増加は，一方で心と身体の循環的相互影響のプロセスを示し，心身双方からの治療的アプローチの必要性を認識させることになったが，他方，青年の精神力の欠如，悩む力，耐える力の脆弱さを明らかにすることにもなった。

　その中でも特に近年注目を集めているのが摂食障害である。先の心身医学会では，300に及ぶ口頭発表のうち，3分の1が摂食障害に関するものであった。また摂食障害の中には，大まかに拒食症（anorexia nervosa；神経性食欲不振症とか思春期やせ症とも呼ばれる）と過食症（bulimia）を入れるが，最近は拒食症患者よりも耐性の低い人に表れやすい過食症の方がはるかに多くなった。ということは，生命にかかわるほどの病態を示す拒食症には，精神的援助のほかに内科的援助が不可欠であるのに比して，過食症はカウンセリングや心理療法の対象になりやすいことを示しているといえる。

　摂食障害とは，摂食行動の異常を伴った多様な心理障害を指し，詳しくは拒食（または不食），少食，食欲不振などの体重の減少を伴ったものと，過食（または大食），盗み食い，などの肥満を予測させるものとしての不整食欲（嘔吐や偏食を含む）が含まれる。

　病態の歴史としては，拒食症が死の危機に迫られることの多い食行動であることもあって，はるか以前に注目され，過食の方は肥満との関連で問題にされたことはあったが，心身症として拒食と同レベルで論じられるようになったのは，近年になってからである。

　もっとも，拒食のクライエントの中にも，当初から過食行動は認められており，この障害が，食への嫌悪と愛着の双方を示すアンビバレントな心理を示すものであることは明らかであった。

1. 拒食症

　拒食症は，不食，やせ，無月経，便秘などの身体症状と，やせ願望，抑うつ，強迫傾向などの心理を背景にもつ疾患である。主症状である無食欲は，やせ願望から始まることが多く，そこから不食に至り，食べられなくなってゆく。しかし一方では，飢餓感から盗み食い，つまみ食い，残飯あさりなどのむさぼり，気晴らし食い，多食に傾くこともある。頑固に不食を続ける者には，無月経はもとより，日常生活が不能なほどの体重減少をきたし，死の危機と隣り合わせにいながら，過剰活動と長期にわたる下剤の使用などが見られる。したがって入院治療が不可欠な場合も少なくないのだが，することもなくじっとしていることが苦痛であるうえに，回復させられることへの反撥から，治療や入院を拒み，周囲の者を絶望的にすることがしばしばである。

　拒食症の精神病理としては，成熟拒否と女性性拒否が認められている。その内実は肉体性の否定，清浄さ，精神性，無性性，禁欲への憧憬などである。発症前の性格傾向は，親の手のかからぬ「良い子」としての几帳面さ，真面目な努力家の側面をもち，知的，内向的傾向が強く，真の自己主張や自己決断力に乏しいとされている。このような傾向を野上（1981）は，「他者と競争して自己の有用性を証明しようと努力し，それによって不安定な同一性を確立しようとする」かたわら，一方で，「彼女らは自己の有用性を自己の感覚としてとらえることが主体的には不能で，他からの評価に依存する傾向が強い」としている。野上（1981）によれば，やせ症へ至る過程は次のように要約される。

　……彼女らは物心つく頃から自己制御して良い子であろうとし，やや長じては自らの有用性を証明する競争に参加していた。そして青春期にその同一性をゆるがす危機的状況の下で痩せの美学の追求者となる。ひとたび痩せ競争に参加すればもちまえの自己制御で不食・体重減少に熱中し，際限なく不食にはげむ。自己の有用性へのあがきが痩せることに集約すれば，願望の実現は当人にとって，勝利であり，彼女らは誇り高い態度で，その根底にある低い自己評価や孤立無援感，同一性混乱を否認し，過活動的なままである。それは一種の躁病的否認ともいえる。

2. 過食症

　過食，大食，多食は，「気晴らし食い発作」の形をとった摂食障害である。

大量の食物摂取がくり返される一方，節食，意図的嘔吐，下剤の使用によるやせの試みなどの放食が行われる。とはいえ拒食症のように体重の減少はほとんどなく，短期間に8〜10キロの変動はあるものの，どちらかというとやや肥り気味の体重を維持している者がほとんどである。

やけ食いと違うところは，やけになるようなさしたる原因がなく，ものにつかれたように衝動的に食べはじめ，止まらなくなるというところである。身動きできぬ所まで食べ続けた揚句，往々嘔吐する。

精神的には，拒食と異なり抑うつが強く，活動性も低い。依存傾向が強く，不登校などを伴うこともあって自己評価が非常に低い。良い子で努力家，真面目だった病前性格は拒食と共通するが，日常生活での気分の動揺，不安，焦躁感は拒食よりもはるかに強く，情緒的には不安定である。特に過食，嘔吐は人に隠れてなされ，その後，自責，罪悪感，無力感におそわれる。その気持に耐えられなくなって再び過食に走るという悪循環が始まる。遠山，馬場（1987）によれば，「……持続する慢性的な不安定さと引きこもり，さらには慢性的な飢餓状態——些細な誘因による過食と肥満恐怖に基づく嘔吐行為——一時的な緊張解消と自責，無力・絶望感のとりこ——自信と目標喪失，食物のみに関心が占有——適応力低下と一層の引きこもり，といった病的な循環状態」に陥るのである。

性格傾向は拒食のクライエントと似ており，学校では模範生，家では気のつく良い子である。再び遠山，馬場の描写を借りれば，「……一面における良い適応性と，それとは切り離されて感情，欲動，言葉などが未発達なまま潜在すること，自分を慈しむ力を失っていて，甘えが排除されているがための無力感，低い自己評価や基本的な安定感に関する障害を伴う」ということである。

簡単に要約すると，摂食障害の特徴は食行動の異常と対人関係の障害が重なって出てくると考えることができる。摂食障害者の家族の特徴は，幼児期から母または祖母との感情的葛藤があること，両親，同胞間の対立・抗争が激しいことである。母（または親代りとしての祖母）の養育態度は支配的で，その反応としてクライエントは「ロボットのような従順さ」を示す（下坂，1982）。父は専制的で家庭的でないタイプが多く（無力で権威に乏しいタイプもある）クライエントに対しては放任，甘やかし気味の対応をしている。そして，両親の間には潜在的な緊張感が常に存在し，妻は家族のために自己の願望を犠牲にしており，内心では夫を尊敬していない。パラッツォーリ（Palazzoli, M.）は，

家庭内においては母が優勢で，父が感情的に不在であると述べている。

つまり，摂食障害のクライエントを取り巻く家族状況は，家長としての父の権威的態度，それに一見従い家事，育児に没頭しているかにみえる母親という外面的特徴と，二人の支配性の内に潜む，夫の専制に罪なき犠牲者を演じて，子どもの支持を得ようとする母，夫をどこかでみくびっている妻といった心性がある。そして，ミニューチン（Minuchin, S., 1978）は，そこに積極的に巻き込まれるクライエントによって家族の纏綿状態（enmeshment）が成立するという。このような家族状況にいながらも，比較的母親に遠い子どもや男子は巻き込まれることが少なく，母親に近く，また同一化しやすい女子が摂食障害を起こしやすい。

これに加えて，筆者の摂食障害のクライエントとその家族とのかかわりの経験からは，以下のようなことが考えられる。

摂食障害は，食生活に困らない豊かな国に見られる思春期から発症する食行動異常であることから，経済的豊かさと自己確立に関係がある障害であることがうかがえる。つまり，食うに困らない国・家庭の病理であり，基本的には生死にかかわる食をもって，それ以外のものの過剰と過少を示唆する問題提起とも考えられるのではないか。

それを家族関係に置き換えてみると，摂食障害は，物質的にも心理的にもナージ（Boszormanyi-nagy, 1986）の言う give and take のバランスの悪さによって起こっている障害，そのバランスを取り戻すための訴えの症状と仮説化できるように思う。

拒食症は，おそらく過干渉や過保護によって，クライエントは与えられすぎて拒むことが困難な状況におかれ，さらに，クライエントが与えようとすることは受け止め（acknowledge）られず，その欲求も満たされない経験が，「過剰」を拒否し，「必要」を訴えている姿と受け取ることができる。クライエントの過活動は，acknowledge される人や場を求めている姿ではないだろうか。

また，過食症は，与えられるべきものや欲求が満たされず，その空虚を満たそうとする行動であり，満たされるべきは食ではないことから，過食・嘔吐をくり返し，必要を満たす放浪を続けている姿と受け取ることができないだろうか。彼女たちは，「過剰」を拒否するというよりは「必要」を訴えており，自分が与えることはできない状態にいるのだろう。

両者とも，個々に基本的欲求（生理・安全の欲求）は満たされているものの，

人間のより高次な欲求としての関係の欲求（愛し，愛され・尊重され・自己実現する欲求）が満たされていないことを訴えている姿であり，それを満たす術を知らず，また，それを求めることに臆病になっている姿と受け止めることができるように思う。

II 摂食障害の治療

　先にも述べたが，摂食障害は圧倒的に未婚の女性に多く，しかも思春期・青年期が好発期である。但し，やせ症は主として思春期前後に発症するのに比して，過食症は18歳から22歳の青年期後期にみられるという特徴がある。

　やせ症の心性は日常生活における過度の自己コントロールで成り立っているため，他者の援助の必要を自らは認めない。生命の危機にさらされても治療を拒むことにより優越性を顕示しようとする傾向があり，援助が困難な場合も少なくない。それに反して，過食症の場合は，空腹感，飢餓感にまつわる自己コントロールの不安があり，過食・嘔吐による自責と無力感のため，援助を自ら求める傾向が強い。

　特に最近は，過食のみを主症状とするクライエントが増加しており，体重の変動の多い過食，拒食とやせの後に過食に移行し定着したものが目立つようになっている。したがって，やせ症が本人よりは危機を感じた親の訴えによって援助が開始されるのに比して，過食症は，大食，嘔吐の後の自己嫌悪，抑うつ気分を背景に，本人自身が求助行動をとることがほとんどである。つまり，やせ症は初期にはがんばりと孤立を通す傾向が強く，過食症は一人になると過食に走り，そこからの悪循環の開始をコントロールするすべを求めて，外界に依存する形をとるのであろう。

　いずれにしても，摂食障害は家族の人間関係が密接にかかわっているので，心理療法やカウンセリングの果たす役割は大きい。現在では，この障害に対して，対象関係論を中心とした精神分析的アプローチ，家族療法，行動療法などのアプローチがあり，家族または母親が治療に参加しているケースも多い。

　また，拒食より生命の危険を感じないですみ，羞恥と自責を背景にもった自発来談率の高い過食症は，個人カウンセリングを求める傾向が強い。この傾向に，好発年齢が大学生の時期であることが重なって，大学の相談室には摂食障害，特に過食症の女子学生が多く訪れるようになっている。そのほとんどが入

学以前の拒食の移行型が，過食として定着したものであることも特徴である。
　先にも述べたように，自発来談が主であり，過食や嘔吐が秘かになされると同じく，来談も家族には内密に行われ，カウンセリングを受けていることを家族に隠したがる。異常な食行動を隠そうとしながら，一方でコントロールのできない自分を恥じ，どうにかしたいと第三者に援助を求めるわけで，神経症者の心性を持っている。

Ⅲ　大学生の過食症のケース

　次に述べるものは，二人の大学生の過食症のカウンセリングのケースである。
　A子は，筆者が家族療法を学ぶ以前に面接したケースで，地方出身であったこと，本人が母親の来談を強く拒んだこと，などから個人カウンセリングのみで3年半面接を続けた。卒業して就職し，3年後には一応の自己コントロールを確保している。B子は，本人の1年時の6月に来談した。在京の自宅通学生であったが，本人の自立志向が強かったため，親の来所は勧めず，そのかわり家族療法的なアプローチを行い，ほぼ1年で回復し，そのプロセスで退学を決断，新たな進路選択をして道を拓いていったケースである。
　二人のパーソナリティの細かいところの差異，家族関係，育った環境の違い，専攻，友人関係などの違いはあるが，過食症にみられる特徴，親子関係などには類似点も多く，そこに異なったアプローチをしたことを含めて，比較検討してみたい。その中で，特に個人カウンセリングによって家族の問題を含む摂食障害にいかにアプローチするかを考察し，今後のカウンセリングへの示唆を得たいと考えている。

1．症例A子，来談時19歳（一浪して入学し，文学部1年次生，地方出身）

　主訴：過食症と対人関係の困難さ。ある雑誌で，自分のような症状を過食症と知った。その背景には精神的未熟さと家族の問題があると指摘されており，また対人関係でも困っているのでカウンセリングを受けたい。
　家族構成：父，母，兄，父方の祖母。
　生育歴：A子は，教師をしている父親と父の2歳年下で専業主婦の母，3歳年上の兄，女手一つで子どもを育て，男をたて過去を語らず，泣きごと一つ

言わない来所時80歳の祖母という家族の中で育った。
　人の言うことにほとんど耳を貸さず，自分の趣味や意見を押しつけ「傲慢ともいえる態度や言葉で人を傷つけ」平然としている父に，ほとんど口答えもできず，憎しみや不満を殺して従順に従って，良い子に育っていたA子，そして，その父としじゅう口論（女性問題だったよう）し，ののしられたり暴力を振るわれたりして，泣き寝入りする母を見て，身を縮め，けんかの終わるのを待っていたA子。「おまえはすぐ口答えをし，素直でない」と父が母に向かって言う言葉を真に受けて，叱られても決して何も言わず，無言の抵抗を続けていたA子。男優先の価値観をもち，父と兄の言うことを従順に受けとめ，A子を明らかに兄と差別して扱う祖母。父は母を子どもの前で愚弄し，女，子どもの意見はにぎりつぶし，楽しみを一人占めにするが，母は半年間も同じ服を着，老眼鏡や虫歯もなおせず耐えて，文句一つ言わない。
　A子はそんな中で，女は耐えるもの，そして頑張るものという価値観をもって，良い成績を保ちながら成長した。小学校までは，「体格がいい子」という程度であったが，中学から肥り始め，高校では68キロまでになった（身長は156センチ）。受験に失敗して，予備校が始まるまでの2カ月，ポッカリ空白ができた時，思いたって減食を始めた。ある本に従った食べながらの減食法だったが，その本の規定よりもより少く食べるようにして，3カ月で20キロやせた。体重が減っていくのが楽しみで，最も気分が明るい時期だったと言う。体重が多い時もだるさは感じていたが，やせてもだるい感じは変わらず，生理は止まり，階段を上るのがつらく，よく居眠りをした。48キロになったので，そろそろ減食をやめようとしたら，今度は食欲が止まらなくなり，アッという間に58キロになった。
　予備校に通っていた時の11月，雑誌で拒食症と過食の記事をみて，自分が神経性食欲異常症であることを疑い始める。しかし特別な処置もとらず，そのままの体重で大学を受験。入学が決まって，雑誌の記事の医者のところに行こうと思って母に話したが，ただの肥満への不満と受けとられ，反対される。
　上京してあるコミュニティ・カレッジのプロポーションを整えるクラスに通いはじめたが，食事制限が中心で，精神的援助はない。入院するなりして，絶食療法をするか，自律神経の訓練をして，減量をしてもらいたかったが，それができないので，カウンセリングを受けようと学生相談の窓口を訪れた。

A子のカウンセリングの経過
　初回は精神科医に会いたいとの本人の申し出により，1回だけ会ったが，医者のすすめで，カウンセリングのみになる。
　来所時の体重は58.4キロで，自炊を始めて2カ月ほどは，楽しく食事のコントロールができたと言う。ところが6月に入って，残りものを片づけるのがいやで下宿の部屋にある食べものはすべて食べてしまわないと気がすまず，特に菓子類は，一袋全部，長方形のケーキはすべてなくなってしまう。
　コミュニティ・カレッジの仲間との競争心がかえって悪く働くから，できれば大学で食事の指導をしてほしいと言うので，栄養士（相談所員）を紹介する。本人は過食症には性格や家庭環境がかかわっていると言い，自己コントロールを習いたいと言いつつも，初期の3カ月は，ほとんど体重の増減のこと，食事のことにこだわって話をする。
　10月に入ってようやく家族の話を始め，父への憎悪，母への哀れみと軽蔑，両親への反撥と兄への羨望（兄はやせているので祖母がもっと食べるよういつもすすめていた），祖母の忍耐による専制への怨みが出はじめる。と同時に，気分が落ち込み始め，人間関係を求めながら人の中に入ってゆけぬいら立ちとひけ目を訴える。
　またひんぱんに帰省し，怠惰になって過食することが多くなる。帰省する度に，幼児期のことを思い出し，祖母から兄と差別されたこと，父が命令することは必ずきき入れ，自分の希望が言えなかったこと，女性のことが原因で父母がよくけんかをし，震えて耐えていたこと，兄が冷たかったことなどを語り始める。
　日常生活では，感情を出さないよう押さえてきた自分に気づき始め，反対意見や，押えていたマイナス感情を感じ，選択場面で「べき」と「……したい」の間でゆれる自分を問題にし始める。「ストレスを食べている感じ」といった表現が出はじめ，自己嫌悪に陥りながら，60キロに体重増。1年次の終わりはアルバイトをしたりして多少活動的になったが，食べることを気にすることから逃れられずに2年次へ進む。
　2年次の話題は，もっぱらクラブの人間関係に終止した。時たま体重のコントロール失敗を報告することもあったが，人間関係に期待しすぎて，相手の欠点が気になって離れたり，自分に厳しいように相手に厳しくなることを反省したり，他人はカウンセリングも受けずに葛藤ある生活を送っているのに比べ，

自分はひきょうだと反省したり，体重のコントロールへの関心が，対人関係に移る。

　また，小遣いはほとんどアルバイトでまかなっていたが，時たま家に不足分を請求するようになる。つまり，多少の自己主張が場によってできるようになる。夏には友人がアパートに泊りに来るようになり，秋以降はその友人との親密な関係への移行の葛藤を問題にし始め，自己洞察（羨望から言いたいことが言い合える関係へ）が深まる。一方，夏休み中に帰省している間，家族の人間関係の中で刺激されて思い出した幼・児童期のエピソードを手紙で書き送ってくる。その結果，秋には家族を感情混じでなく，時には笑いながら描写するようになる。また秋以降，やせる努力をしなくなり，体重・食事の話が失くなる。クラブの人々の中に入る，入らないの選択が自由になり，無理して仲間になっていることも少なくなる。

　3年次になり，ボランティア活動に知恵遅れの子どもたちの世話を選び「肥ってもいいや」と思うようになったと言う。時たま涙ぐんで自分の気持ちを表現することもあり，感情表現が豊かになる。友人との間に距離ができ，そのことで淋しいとか，嫉妬を感じるとか言いはじめる。意見を言うことも多くなり，よく話すようになる。

　一方，歳の暮に祖母がぼけの症状を出し始め，休日は帰省し，家人のいない間看病をする。家人の動きも変化し，父や兄が掃除をしたりして手伝うようになる。片方で父に反論したり，母の不手際に意見を言ったりする。

　4年次もほとんど毎週来談はしたが，ほとんど大きな事件はなく過ぎた。教育実習，卒論も問題なく終了，教職の試験に落ちて，就職浪人をすることをきめて卒業する。このプロセスで，母が黙々と耐える強い女であることを認識，当初の腹立たしさと哀れみの感情が消える。

　暮に祖母が死亡し，可愛がっていた父，兄に疎まれ，つらくあたっていた母と自分にみとられていったことのつらさを共感をもってふりかえる。家族4人の団らんが得られる。春休みには車の免許をとって，「カウンセリングに来るのは，一度もいやだと思ったことはなかった」と言って卒業する。

2．症例B子，来談時19歳（一浪して入学し，文学部1年次生，東京在住）

　主訴：登校不能とむちゃ食い。やりたいことがわからず大学にいることに疑問がある。一方，親との関係，特に父拒否などからストレスのため過食気味に

なり，入学の健康診断時，学生相談所を紹介されたことを思い出して来所。来所中はずっとズボンをはいてきた。

家族構成：父，母，弟。

生育歴：家族は，商社マンの父親と，時たまパートに出る母，2歳年下の弟。

小学校3年から中学1年まで，父の仕事の関係でアメリカで過ごす。父親とは怒鳴られたり，殴られたりする以外，ほとんど話をしない。母はアメリカ生活の時から「物欲と見栄で生活しているような人」で，枠にあてはまった日常を送る。親の強制はあったが，アメリカの日本人学校に通っていた頃は男の子のように自由で，活発な子どもだった。帰国後，塾，ピアノ，書道に通わされ，体育が好きで，将来体育の教師になると言うと，「あれはバカがなる」と言われたりした。ピアノは特に熱を入れて習わされ，親は芸大に入れようとしていた。「普通の道は歩むな，人と異なる道を！」と言われ続け，空手を習っていたこともある。

また父からは「一事が万事」という考え方を植えつけられ，手伝いができなければ，他のこともダメ，勉強ができないで，他のことができるわけがないと中途半端を厳しくチェックされたが，ほとんどのことに長続きせず，劣等感を刺激され続ける。

高校時代に拒食になり，炭水化物を全部とらない生活をしてやせた。ところが3年になって受験勉強が始まってパニックになり，むちゃ食いを始め，父母に注意されるようになる。受験に失敗。父母に隠れて食べる習慣に入る。その間月経不順で，産婦人科を訪ねるが，順調にもどらぬまま，第二志望の大学へ一浪して入学。入学時は152センチ，56キロ。

B子のカウンセリングの経過

来所時，B子は母と6時起きして，朝の掃除を手伝い，朝食をすませて，母がパートに，父弟がそれぞれ家を出ると，TVをつけて，家にあるものを食べ始めるというパターンになっていた。

母が病気になっても家の片づけ，清掃に執心している様子を憎々しげに語る一方，自分が手伝わないと母がもっと大変になること，パートに出るのは，自分が私大に入ったからだと母への気兼ねを口走る。母の指示通りに動いてきた自分が，何をしてよいかまったくわからず，そのことでイライラする。そして

食べるという悪循環。家にいると食べるので，バイクで外に出るが，大学までの道もわかってしまうとつまらなくなり，几帳面に休んだ回数を記録に残しつつ，大学には出ていない。

　クラブを続け，アルバイトをするようアドバイスし，以後，カウンセリングを受ける時だけ来学。初回面接の次の日，生理がもどる。すぐさま家庭教師のアルバイトを見つけて開始，一方，英会話を習いに行き始める。

　好きなことは何でもやるようにというアドバイスに従って，アルバイト料を，デッサンを習うために使い始め，夏休みを過ごす。

　かなり実行力があることを見込んで，秋から父母への働きかけの援助を開始。デッサンの成績がよいことをきっかけに，父親に「大学をやめたい」と言う。その理由を大学が遠いことにしたため「大学をかわれ」と言われて挫折。

　母とのけんかがあって，父，母，IP（本人）の関係が浮き彫りになる。母は娘のことをつげ口する形で父に近づく。父は母の言い分を鵜呑みにして，娘を叱り，殴る。母が浮き浮きして，娘の御機嫌をとって洋服などを買って与えるというパターン。そのパターンに気付いてから，そこに巻き込まれないよう母との距離をとり，殴られるのを覚悟で父に直接ものを言うようになる。そうすると，父はかえってやさしくなり，ドライブを教え，大学をやめることを承認するようになる。父の落着きで，母がおだやかになり，夫婦はよく話をするようになる。

　ファースト・フードのアルバイト先では，ほぼ同年齢の店長と仲良くなり，同年齢の女性のしっかりした生きざまに触れ，学ぶことが多くなると同時に，愚痴をこぼすことができるようになる。一人で買物をし，喫茶店に入ることができるようになる。帰宅がおそくなって，父母に叱られ，反抗する時もあったが，素直にあやまることもできるようになり，安定をとりもどす。弟は受験勉強で，あまり家族に巻き込まれぬまま，IPは，12月に退学をきめ，デザインの学習に専心することになる。

Ⅳ　二つのケースの簡単な考察

　あまり詳しくは述べられなかったが，A子のカウンセリングは，本人の気持ちの受容と自己洞察を中心に，成長のプロセスで積み残してきた自立の課題を解決していった事例といえる。A子のペースにそって，話題も過食中心から，

親子関係，そして現在の人間（友人）関係へと移り，その中で自己理解を深め，現実適応能力を確保していった。

一方，B子の場合は，筆者が家族療法を学んだことと自宅通学者であったことで，親子関係の現実的理解として固定化した悪循環のパターンを指摘し，それを変える動きをうながしながら，自己検討のための行動の奨励を行った。その結果，親子関係が変化し，同時に幸いなことに，デザインの才能を認められるチャンスに恵まれた。

すべてのケースがこのように成功するとは限らないが，過食症のクライエントは主訴は他のものによって隠されていても，支援者が不在で，求めているので援助のペースに乗りやすく，カウンセリングもすすめやすい。特に家族力動を視野に入れて悪循環を良い循環に変える介入をするならば，早期に行動の変化が起こりやすいと思われる。さらに家族が全員，または父母ともども参加したカウンセリングが行えるならば，サポートを得ることによって効果はさらに進む可能性が大きいだろう。認知と行動の変化の良い循環をつくる介入の工夫が，今後の課題である。

同様に，拒食症に対しても，先に述べた仮説（与えられすぎ・与えたいことを受けとめられない体験）に応じた対応をしていくことがヒントになるかと思う。

文　献

1) Boszormanyi-nagy, I. & Krasner, B.R.: *Between Give and Take.* Brunner/Mazel, 1986.
2) Minuchin, S., Rosman, B.L. & Baker, L.: *Psychosomatic Families ; Anorexia Nervosa in Context.* Harvard University Press, 1978. （福田俊一監訳：思春期やせ症の家族——心身症の家族療法. 星和書店，1987.）
3) 野上芳美：不食と過食の精神病理. 季刊精神療法 7(1), 1981.
4) 下坂幸三：思春期やせ症と家族. 加藤正明, 藤縄昭, 小此木啓吾編：講座家族精神医学 3　ライフサイクルと家族の病理. 弘文堂, 1982.
5) 遠山尚孝, 馬場謙一：過食の精神病理と精神力動. 季刊精神療法 13(3), 1987.

参考文献

大野裕：摂食障害患者を生み出す家族の病理. 加藤正明, 藤縄昭, 小此木啓吾編：講座家族精神医学 3　ライフサイクルと家族の病理. 弘文堂, 1982.
下坂幸三, 秋谷たつ子編：家族療法ケース研究 1　摂食障害. 金剛出版, 1988.

15. 家庭内暴力のカウンセリング

I 思春期の家庭内暴力とは

1．さまざまな家庭内暴力

　一般に，家庭内の不和とか暴力というと，夫婦の不和，夫の妻や子どもに対する暴力，親の子どもへの虐待，子どもの親やきょうだいに対する暴力などを想像する。しかし，思春期の子どもの家庭内不和とか暴力となると，子どもが親の指示に従わないとか，明らかに反論したり親の好まない言動をとって反抗するとか親やきょうだいに対して暴力を振るうなど，家庭内の人間関係が行動面で歪んでくるようなものを予想するであろう。そして実際，思春期の子どもは一見抑制困難に陥っているかのように，爆発的に暴力を振るうことがある。
　その暴力は，時には「金属バット事件」や「祖母殺し事件」「女生徒集団殺害事件」のように，殺人に至ることもあり，一般常識では理解できないほどの大事件になることもあり得る。確かに，それらは大人にとって理解できない子どもの振る舞いであり，できごとであるが，しかし，一方，子どもの立場に立ってみると，それしかできなかった，あるいはそれをしてまでも訴えたかった子どもの気持ち・意向があったとみることができる。つまり，そこに至るまでに，周囲の大人がその訴えを理解し対応できなかったことの責任は大きいともいえるのである。その意味では，子どもの気持ちを前もって受け止め得なかった大人，それを暴力でしか訴え得なかった子どもという関係の問題として捉えることができ，事件の背後にある事情は深刻である。

2．思春期の子どもの言動の意味

　とはいえ，現実には，思春期の子どもの気持ちや言動・訴えを理解することはかなり難しい。思春期になると子どもたちは，精神的に自立の準備を始める。その一つの表現として，彼らは自分の世界に閉じこもったり，同年代の仲間同士の世界に没入したりし始める。その結果，子どもたちは家族が自分の世界に

介入することを嫌い，よく言われるように，「めし，金，風呂」でしか自分の気持ちを表現しないことも確かなのである。

　子どもは，親が自分と一生共に生きてくれるわけではないことを悟り始める。その頼りなさや寂しさを埋めるためには，自分が自立することと，親に代わって自分と共に生きてくれる仲間を捜すことが必要なことを無意識のうちに自覚し始めるのである。

　したがって，子どもが思春期に達したならば，大人は彼らの自立の始まりの証しとしてのいわゆる「第二次反抗期」を覚悟する必要がある。しかし同時に，その時期にとる子どもたちの一見ささいな言動が何を意味しているかを，大人は理解する努力をしなければならない。なぜなら，彼らは一方で，家族と離れて自分の世界を守り育て，仲間と共有できる世界を広げようとしているが，一方では，栄養や安らぎの補給基地としての家族関係を必要としているからである。思春期の子どもの心理状態を理解することの難しさは，この反抗と依存が同時に現れるといった一見矛盾した言動が見られるところにある。しかも，これは彼らの第二の分離‐個体化（第一は3歳前後）に必要不可欠なプロセスなのである。

　特に，この時期の子どもたちにとって，仲間との競争や葛藤に疲れた時，また自己の個性を守ろうとするあまり孤独になった時，家族はおそらく唯一の安息と自己確認を与えてくれる場になるだろう。そんな時，もしこの世に自分を受け入れてくれる人や場が見つからなかったならば，かれらはそれをさまざまな形で表現し，訴えるであろう。簡単に言えば，そのひとつの表現形態が家庭内暴力なのである。

Ⅱ　家庭内暴力の事例

　ここで，思春期の家庭内暴力がどのような経過で起こり，解決するかを事例を通して考えてみよう。

　主訴：A男（14歳）の家庭内暴力
　家族療法：知人に紹介されて父母で来談。A男は来談を拒否しているということで，初めは父母のみ，機会をみてA男を含めた家族療法を行うこととする。
　家族構成：父‐会社員（42歳），母‐主婦（41歳），A男‐中学2年（14歳），

妹小学校6年（12歳）

　来談までの経過：A男は小学校時代は，おとなしく，それほど活発な子ではなかったが，物事はきちんとする方で，成績も良く，先生からは「いい子」と見られていた。中学に入って，ちょっとしたいじめにあい，学校に行くのを嫌がったことがあったが，それもすぐおさまり，その後は大きなできごともなく過ぎた。

　夏休みに入り，自分から塾に行きたいと言って通い始めたが，秋頃から，便秘がひどくなり「トイレに行きたくなったら困る」と言って，塾を休んだり学校に行かなくなった。中学2年の5月の連休過ぎからは，まったく登校しなくなり，部屋に閉じこもりがちになる。夏より時々，部屋で大声をあげたり，物音が大きいと文句を言ったりするようになり，壁をげんこつで殴ったり，家具を壊したりし始める。便秘だといって始終トイレに行く。

　ある時，父母とA男の3人で雑談をしていた時，父が席を立ったところ，それがけしからんといきり立ち，父の部屋まで新聞を丸めて追っかけてきて，殴りかかったことがあった。以来，何かちょっと気にいらないことがあると，母を蹴る，家具類を壊すといった暴力行為が続いている。妹にだけは当たらないが，父母には自分がこうなったのは，父母の育て方が悪かったからだと，責め立てる。母のつくった食事は一切食べず，小遣いで買い食いをしている。

　A男が機嫌のいい時には，父母が注意深く接すれば，なごやかに話ができる時もあるが，いつ暴力が出るかわからない。父母の対応に問題がある可能性もあると知人の紹介で来談。父母とも疲れ切った様子。

　家族背景：父は，6人きょうだいの長男で，早く家を出て自立。母は，3人姉妹の末っ子で，高校を出てOLをしていたが，教会に通っていて，そこで父と知り合い結婚。二人とも敬虔なクリスチャンで，子ども二人も洗礼を受けている。父は仕事に忙しく，帰宅はいつも遅い。母はA男の妹が小学校1年に入った時からパートに出，現在ではフルタイムの仕事をしている。父は，「自分はほとんど父母の世話になった記憶もなく，子どもは自然に成長するものだと思っていた」と言う。母は，「A男については，初めての男の子だったこともあり，しつけも厳しく，かなり頑張って育てたが，下の子になると女の子でもあったので，のんびり育ててしまった」と言う。

　A男の便秘については，何となく気づいてはいたが，初めはそれほど気にしなかった。最近はお腹の中が空になっていないと気持ちが悪いと言って，すぐ

トイレに行くので，極端に気にし過ぎていることを心配していると言う。

面接の経過：父母の面接を月1回のペースで行い，3カ月目にはA男と妹の4人で来談。その後は，父母面接のみで，全8回で終了。

最初の回は，問題の経過と父母のこれまでのA男とのかかわりを聞き，帰宅したら夫婦でA男に次のことを言って欲しい旨伝えた。「父母でカウンセリングを受けに行ったこと，カウンセラーはA男がカウンセラーや父母に何かを伝えようとしているように思えると言っていたこと，いつかカウンセラーもA男に会いたいこと」である。そして父母には，今後，機会があったら短い言葉で良いので，A男に声かけをするようにとアドバイスした。

2回目は，父母ともやや顔色も良く，少し落ちついた様子。A男に先回の面接の伝言を伝えたところただ黙って聞いていたと言う。父母とも，簡単な，言葉をかけることを努力し，A男の生活ぶりは変わらないが，いらいらする様子は多少減り，1回だけ父親に，「お帰りなさい」と，言ったことがある。

母親は，「きっとあの子も苦しいのだろう」と涙ぐむ場面も。この回は，A男の窮状をもっと早く察知できなかったことを後悔する父母の話が多く出て，厳し過ぎるしつけの問題もふりかえられた。しかし，実際A男に接する場面では，親密な言葉かけはできてないようであった。カウンセラーは現在の言葉かけを続け，次の回には家族全員で来談することを提案してほしいと伝えた。

3回目は，家族全員で来談。A男は，言葉少なに返事をするだけであったが，便秘については，その大変さに父母が関心を示さなかったことのつらさを訴えた。妹は，父母がA男に厳し過ぎること，父母があまりにもまじめ過ぎて，家庭で息が詰まりそうなこと，A男も父母に似てまじめ過ぎて，大変だろうと心配していることを述べた。

カウンセラーは，便秘についてこれまで苦しかったであろうことを共感し，内科医に相談に行くことを勧めた。ただ，心理的なストレスの影響もあることを伝え，これから徐々にそれを軽くしていくことが必要なことを強調した。

4回から8回までの面接は，父母のみで行った。

A男は，それまで父母が勧めても行かなかった内科医を訪ね，医者の指示に従って朝起きができるようになった。その結果やや精神的に安定し始めたこともあって，家族療法には「父母だけで行け」と言ったとのこと。

4回から6回の面接は，主に父母の生育歴，実家における家族関係について語ってもらった。二人とも比較的放任の家族関係の中で生活してきており，親

密な親子関係を体験していない。ただ二人は，中学，高校時代より教会活動に参加し，牧師や教会員との強いかかわりの中で育ったようであった。それに比して，A男は友人も少なく，小学校の低学年ごろには日曜学校に行っていたが，そこでの友人が引っ越してから行かなくなっていた。父母は自分たちの生育歴とA男のそれとを比較するうちに，A男の気持ちがわかるようになっていった。自分たちの話をしたり，A男のことを二人で考えたりするうちに，次第に夫婦の親密さも深まり，A男へのかかわりも変わっていった。A男は学校には行かないものの，母が作った食事の中で好きなものは食べるようになり，父母には，時々手紙で気持ちや意見を伝えたりして，暴力は治まっていた。

　最後の2回は，A男の再度の暴力（7回）と登校を始めた報告（8回）であった。暴力は母が自分の嫌いなものをつくって置いたということで，母の丹精して育てていた鉢植を全部ひっくり返してしまったこと。母はそれを母のつくった食事を食べたいというサインと受け取り，以前のような狼狽は示さなかった。最終回は，A男が週に2回ほどであるが登校を始め，担任の先生と話し合うようになり，学年末試験は受けると言っているということであった。

　完全なA男の回復ではないが，父母はこれまでのやり方に自信を持ち始めており，また問題があったら相談に来たいということであったので，8回をもって一応終了した。最後にカウンセラーからのアドバイスとして，A男の今後の課題が友人，仲間づくりであること，そのための援助や見守りが大切であること，3年の新学期が始まってしばらくしてから，1度報告が欲しいことを伝えた。

　フォローアップ：両親より5月の半ばに連絡があり，A男が元気に登校していること，あいかわらず便秘気味ではあるが，トイレに頻繁に行かなくなったこと，友人宅に泊まりがけで出かけたりしていることなどが報告された。

Ⅲ　家庭内暴力を含めた家庭内不和の考え方

1．A男の家庭内暴力の理解

　以上の事例によって，家庭内暴力の大まかなメカニズムが理解できたであろう。この事例では，一見，両親の対応のみが問題を解決したようであり，したがってそもそも両親の対応が問題であったかのような印象を受けるかもしれない。しかし，親子の関係はそれほど簡単ではなく，必ずしも親だけの責任を追

及することはできない。

　A男の場合、おそらく両親の厳しいしつけによって律儀で、固い考え方をする性格に育っていたこと、したがって親に自分の意見を言ったり、気持ちを伝えたりすることができなかったか不慣れであった可能性がある。両親の親密なやり取りは少なく、したがって願望や情緒の表現が制限された家庭であった。しかし、父母は長年そのような生き方をしてきたのであり、そのこと自体を責めることはできない。多くの場合、厳しいしつけで育った子どもは、言われたことを守ったり、ルールに従って行動することはできるが、生き生きと自由に動いたり、創造性を働かせたりすることが苦手である。A男はおそらく、中学に入って、その点で他の子どもたちに後れを取り始めた可能性がある。それを、彼はたまたま起こった便秘を気にすることで、対人関係場面に直面することを避けてしまった。それは、A男の訴えの欠如や弱さによって父母に十分に知られることがなく、また、家族がA男の対人関係場面の苦しさを理解しない態度によってA男はそれ以上訴えないという循環が強化された可能性がある。

　その悪循環の結果、A男の自己否定視の傾向は強化され、未来に対する希望は失われ、慢性化した欲求不満が蓄積されていったと思われる。唯一のSOSは便秘を訴え、登校しないことであったが、両親には、それが自立を達成するための心理的危機の訴えとは受け取れなかった。受け取れなかったとしても、両親にとっては無理もないことであろう。

　そこで、A男の鬱積した欲求不満と両親へのSOSは、激しい怒りとなって暴力化した。多くの親は、そのような突然の子どもの変化に接して、戸惑い、無力になって途方に暮れてしまう。A男の両親も同じであった。ただ、彼らは真面目に考え、行動する人たちであっただけに、問題への対応が早く、また、カウンセラーのアドバイスを取り入れ、二人で協力しあった。その真面目さは、A男の問題を起こしたのかもしれないが、また、解決の力にもなったのである。

　7回の面接の前にA男は、再度、家庭内暴力を起こしている。多くの家庭内暴力のケースで、暴力が治まり始めて、親や周囲の対応が少し甘くなると、子どもはそれまで有効な主張方法であった暴力をくり返すことがある。それは、親にとってはまた同じことが始まったことになり、狼狽し、失望するできごとであるが、子どもの側から、言わせれば、自分の方をまだ向いていてほしい信号であり、以前とまったく同じ状況に戻ろうとしているわけではない。A男の

母はそれに適切に対応をした。

2．家庭内暴力の意味

　A男の家族の問題解決のプロセスに見られるように,子どもの家庭内暴力は,言語表現の未熟な子どもや抑えられた子どもが長期にわたって鬱積した不満を訴える手段であり,その対応の鍵は家族のコミュニケーションの回復であることが多い。コミュニケーションの回復には,A男の家族に見られるような試行錯誤による相互交流の積み重ねしかなく,また,それなくして家族の信頼関係を取り戻すことは難しい。換言すれば,子どもは幼児期より積み残してきた父母との関係を,思春期になって自分が親から離れる前に,再確認しようとしているのである。その確認が取れない限り,子どもはまだ,ひとりぽっちで世の中に出ていくことはおぼつかない,まして,同年代の仲間に入れない時は,一時的に帰れる場所が欲しい。もし,帰ろうとした家が,安息を得られる場でないならば,必死にそこを作りかえるより仕方がないてあろう。

　子どもの家庭内暴力やその他の家族内の不和は,一見,親子関係の破壊,家族関係の崩壊を図っているかに見える。しかし,多くの場合,その言動の意味は,「……してほしい」という願望と関係回復への努力の表現である。それですまされない時,表現が暴力や限りない言い争いにエスカレートし,問題は深刻になるのである。

Ⅳ　家庭内トラブル（暴力）への対応について

　それでは,そのようにエスカレートした願望の訴えを起こしている家族に,カウンセラーはどう対応するのだろうか。簡単にいくつかの視点を述べる。

　第一は,家族内の情緒的交流の活性化である。突然の暴力や激しい言い争いが起こっている家族は,一般にそれまで,物事をきちんと進め,他人には迷惑をかけないで,几帳面に,あるいは勤勉に,真面目に生活してきた可能性が高い。好き嫌いの表現,反対意見,自分の希望を直接伝えることなどがほとんどない。欲求不満や怒りの気持ちは抑えられ,表面化した論争や葛藤も少なく,穏やかな生活をしている。一見,平和で,仲の良い家族のようであるが,その背後には,表現されなかった気持ちや希望が蓄積され,慢性化した欲求不満がある。特に表現を抑えてきた人は,感情表現に慣れていないため,表現がつた

なく，他者に理解されにくい。したがって，理解されない欲求不満がさらにたまっていく。たまり切れなくなって表現する時は，爆発的になったり，暴力を伴いがちになる。

　このような家族への援助のポイントは，まず夫婦の関係の強化による情緒的交流の活性化にある。夫婦の仲が悪かったり，薄い場合は，人の協力がすぐ得られたＡ男の家族よりも時間がかかる可能性がある。夫婦の関係が変わると，子どもはそれを敏感に察して，欲求をさまざまな形で表現し始める。それは，ひいては子どもの情緒表現の練習につながり，登校時の友人関係の持ち方の準備にもなる。

　第二に，これまで述べてきたことでも明らかなように，思春期の子どもの言動の深い意味を理解することである。

　思春期の子どもは，家族との絆を確かめながら自立していく。もし，その確認ができないほど家族が不安定であれば，彼らは無意識のうちに家族，特に父母に対して再調整の挑戦をする。そのひとつの表現形態が暴力である。それは，あたかも，子どもが「自分が巣立った後，父母の仲は大丈夫か」と問いかけているようでもある。また，父母に対して，人には情緒交流が必要であり，また，激しい怒りはこのようにぶつけるのだと教え，夫婦関係の親密化を促進しているとも受け取ることができる。自分の自立に際して，子どもは，単に自分勝手をしているだけではなく，無意識のうちに，家族の新しい関係のためにも働いていることを見逃さずに，対応することが必要である。

16. 夫婦面接，その留意点・工夫点
──家族療法・多世代理論の視点から──

はじめに

　筆者は，統合的心理療法研究所（IPI）という家族の問題について相談に応じている研究所で個人・夫婦（カップル）・家族のカウンセリングを行っているが，最近は，カップル・夫婦面接が全体の6割以上を占めるほど増えてきた。その理由の一つは，カップルや夫婦のカウンセリングをするところが少ないことがあげられるが，もう一つは社会状況として，カップルの問題が多くなったことが反映していると思われる。

　特に最近のカップルの問題は，妻の専業主婦としての生き方からの自立志向と古い夫婦観との不一致として取り上げることができる。女性にとって，結婚・子育てを当然として仕事を選択肢の一つとした生き方よりは，仕事を当然として，結婚・子育てを選択肢の一つにする方向が見え始めているにもかかわらず，夫はまだその現状に気づいていないところから，男女のずれが生じている。一方，新しい傾向として，夫がこれまでの会社中心の生き方に疑問を持ち始め，すべてをやり直したいと考え始めることから生ずる家族内の混乱もある。高度経済成長の中で家族のためと自分に言い聞かせて仕事一筋の生活をし，経済力も地位も獲得した有能な夫が，家族とのかかわりも精神的充実感もない人生を問い始めた時，家族は必ずしも夫・父の支えになり得ない状況が起こっているようである。

　さらに，上記のような社会現象は，長寿国の四世代の家族観や子育て観の違いとして具体的家族関係の中に現れ始めている。つまり，いま日本では，四つの世代の夫婦がそれぞれ異なった家族観をもち，そのために世代間の隔絶や混乱に直面している。急速な変化の影響を受けて，家族の形態も在り方も多様になった。最近では，ほとんどかかわりのないバラバラの大人が一つ屋根の下に住んでいる家族を称して，「孤族」という言葉も生まれたようである。

このような社会状況を背景にして，最近のカップル・カウンセリングには，結婚する前のカップルがさまざまな事情で結婚を決められないとか，結婚直後のカップルがセックスの問題を含めて新婚期の相互適応の問題を解決できないといった対人能力，問題解決能力の未熟さを示すような訴えが持ち込まれている。また，結婚後15年以上たって，子どもの不登校や摂食障害，あるいは自立の問題をきっかけに，夫婦の生き方の問題がクローズアップされ始めている。

今，われわれ夫婦面接をする者は，右に述べたような社会の激しい変動を背景にした家族やカップルの変貌を視野に入れながら問題に取り組む必要を感じる。同時に，いつの時代にも変わらぬ人間やカップルの心理的，関係的問題にも直面させられる。家族やカップルには，時代的，社会的側面からと人間としての成長の側面からのアプローチが必要である。一方，家族療法の理論と実践で開発した，家族の成長・変化と家族を取り巻く環境の変化のかかわりを，家族システム，家族を形成するサブシステムとしての個人システム，そして家族を取り巻く上位システムとしての環境システムの視点から捉え，その相互作用の問題として追求することも必要である。

本論では，夫婦・カップルという家族システムとはどんなものなのか，心理的側面と関係の問題について，家族療法の理論のうち，カップルを理解する上で最も助けになると思われる多世代理論の視点を紹介したいと思う。多世代理論がカップルを理解する上で最も助けになると思われる理由は，カップル・夫婦は配偶者を選択する時でも，夫婦の共同生活の適応にも，子育てをする上でも，親世代，あるいは祖父母世代の影響が最もよく表現されるからである。家族を理解する上では，核家族内の親子が形成する役割や力の関係を見る視点や，個々のメンバーが行っているその場のかかわり・コミュニケーションに注目することも重要である。しかし，夫婦・カップルを理解するには，それに加えて，今この場にいる人だけでなくこの場にはいないけれども重要な他者として存在した人々，そして今後存在するであろう子どもたちに，世代を越えて伝わっている心理的遺産についても，歴史的に理解することが重要だと考えられる。

I　夫婦の心理とライフサイクル

夫婦とは，形態的には，一般に同居を前提として他人である男女が相互選択

によって形成する二者関係であるが，心理的・社会的には複雑な多くの関係を含んでいる。お互いに配偶者であると同時に，実家の父母にとっては子どもでもあり，また子どもたちにとっては父母でもあるといった役割関係を持ち，現在生きている人々との関係だけでなく，亡くなった人々，これから生まれてくる人々との歴史的関係をも生きている。また，夫婦は外見的には二人の個人によって成り立つが，心理的にはまったく異なる家族システムの結合と考えられる。それぞれの夫婦が，個としてもカップルとしてもその重層的役割関係を生きるには，多くの課題に出会うことが予測され，課題の解決にはある程度の心理的成熟とかなりのエネルギーが必要であり，時には適切な援助も必要となる。

夫婦面接をするに当たって，筆者は二つの視点から夫婦を理解することにしている。一つは，個人としての成長の視点で，もう一つはカップルとしての成長の視点である。いずれの視点も，固定化，絶対化させてしまうと，援助の役に立つどころかえって阻害する要素になり得るが，夫婦の状況を仮説的に理解するための一助としては有効だと思っている。ここでは，その二つの視点を少し詳しく見ていくことで，夫婦関係の理解と援助に役立てていただこうと思う。

1．夫婦の個人的成長
a．個人のパーソナリティの理解

夫婦，または配偶者の一人が面接に訪れた時，他のカウンセリングや心理療法の面接と同じように，個々人のパーソナリティの理解は重要である。まず，個人の動かない側面としての気質的な部分（体質的，遺伝的，生化学的性格の基礎）を理解することは，夫婦が問題としている関係を理解する上で助けになる。面接担当者が現在持っている個人理解の枠組みを活用することだが，たとえば内向的か，外向的かとか，対人関係の有り様（関係するか・しないか）とか，性格の基盤としての情動性（感受性・気分・精神的テンポ）とか，分裂気質・循環気質・粘着気質といった指標である。これらの指標は，どちらか，あるいは両方の親から受け継いでいる性格の基盤であり，夫婦関係の中で，それを理解し，受容することは，重要である。換言すれば，配偶者同士がこの部分を変えさせようとして葛藤を起こしているとしたら，かなり理不尽な要求で争っていることになる。

もう一つは、発達上、人間関係上でどんなパーソナリティを形成してきたかという理解である。どのパーソナリティ理論も完璧なものはないが、たとえば、フロイトの発達的段階論や防衛規制の理論などは、精神分析の視点からのパーソナリティ理解を可能にしてくれる。最も卑近な理解の例としては、「厳しい親のしつけに従った結果、強迫的な性格になった」とか、「無頓着な親の元で、整理整頓が不得手だ」といったことでも助けになるだろう。このような環境のパーソナリティへのかかわりは、時には本人に不適切なパーソナリティ形成を促していることもあり得、それを持ちながら配偶者との不可解な葛藤を起こしていることもある。そのあたりの微妙な絡まりを理解することは、夫婦間の不適応や争議を解決する上で、重要な手がかりになる。

　つまり、気質上、発達上のパーソナリティがどのように重なり、どのように分かれて形成されているかを理解することは、夫婦の結びつきや葛藤を理解する上で助けになるのみならず、面接者が目の前にいる被面接者とどのようにかかわるかのヒントになるだろう。面接者は、被面接者のパーソナリティに添った、相手が受け止めやすいものの言い方や態度を心がけ、少なくとも被面接者のパーソナリティに逆らったり、乖離したかかわりは避けたいものである。たとえば、演技的なパーソナリティの持ち主には、そのパーソナリティの奥にある注目して欲しい気持ち、賞賛や是認を求める気持ちを受け取りながら面接を組み立てることが、有効なアセスメントと介入のために必要ということである。

b．個人の発達課題の理解

　第二の視点は、パーソナリティの視点とも重なるところがあるが、個人が人間となるための課題をどれだけ達成しているかということである。人間は、人となるためにさまざまな心理的発達課題をクリアする必要がある。発達心理学や臨床心理学では、どの時期に、どのような発達課題を達成すべきかを議論してきたし、それには一定の順序と時期があると言われ、育児書や心理療法の指針としても大いに活用されてきた。つまり、親や援助者は、その課題を頼りに育児や援助をし、個人差を十分配慮するならば、そこに示唆された発達の目安や方向は大きな助けになる。

　すでに発表された発達論や発達課題が、どの民族や文化にも適切か、さらに言うならば、私たちが対応する個人に適切かということは議論の余地のあるところである。したがって、民族や文化の違いを含めて個人差を認め、一つの予

測できる変化の基準として柔軟に活用することが重要であろう。その一つの例としてエリクソン（Erikson, E.H.）の生涯発達の観点からの発達段階と発達課題を表16－1の真ん中から左側の欄に示した。詳しいことは参考文献などで確認していただきたいが，親子関係や心理的発達を考える上で参考になる考え方である。

　面接をする時，個人がどのような親子関係の中で，必要と思われる発達課題をどのように達成してきたか，あるいはどのように達成するチャンスを失ってきたかを理解しようとすれば，カップルには見えてない個々人の期待や要求のずれや欲求不満のポイントが見えてくる。つまり，一方がどのような生育史の中で，何を獲得し，何を獲得し損なったか，それは相手にとって，どんな問題なのか，といったことが第三者として理解できることで，理解を進めたり，ずれを調整できるかもしれない。特に，発達課題の中で，一方が「当然」と思っている生活習慣や関係の取り方が，他方にとってはまったく「非常識」に見えているといったことは多く，そのような時はお互いに相手を理解することが困難である。その助けができるのは，多くの家族がその家族なりの文化と独特の生活の仕方をもっていて，そのどれもがある意味で「正しい」のだということがわかる第三者だろう。

　たとえば，遊戯期に自主性の基礎を十分発達させるチャンスが得られなかった人は，自主的に動くことに罪悪感を持つようになっているかもしれない。自主的に動くことが当たり前と思っている人を見ると，それは勝手過ぎると見え，そんなことをする相手が罪悪感を持たないことが理解できないといったことが起こるだろう。それは，発達課題の積み残しなのか，それとも違いなのか，もし積み残しであれば，問題の状況，現在の課題などと重ね合わせて背負っていることにならないかなど，多くの問題が見えるだろう。

　面接をする人は，発達課題を来談者に当てはめて，正常な発達をしていないとか，異常であるといった判断をするのではなく，自分のバイアスのかかった見方よりは標準に近い，平均的と思われる発達と発達課題を一つの参考として，カップルの一方が何を「当然」とし，どこを問題にしているか，他方はどうかを比べながら，理解を広げたり，深めたりすることが必要だと思われる。カップルの援助者は，そのような理解を促進するために，自分にとって最も参考になる個人の発達の視点を持っていて，それにこだわることなく，柔軟に活用し

表 16 - 1　個人と家族のライフサイクルと発達課題

個人のライフサイクル	個人の発達課題	家族システムのライフサイクル	家族システムの発達課題
1.乳児期	基本的信頼 vs 基本的不信	（親世代 - 家族の拡張期）	（Ⅲ　幼い子どもを育てる時期の課題）
2.幼児期初期	自律性 vs 恥・疑惑		
3.遊戯期	自主性 vs 罪悪感		
4.学童期	勤勉性 vs 劣等感		
5.青年期	同一性確立 vs 同一性拡散	（親世代 - 家族の拡散期）	（Ⅳ　青年期の子どものいる時期の課題）
6.前成年期	親密性 vs 孤立 職業における自己確立 経済的自立	Ⅰ　独身の若い成人期：	a．源家族からの自己分化
7.成年期	世代性 vs 沈滞 友人関係の再編成	Ⅱ　新婚期・家族の成立期： 結婚による両家族の結合	a．夫婦システムの形成 b．夫婦相互適応性の確立 c．実家の親とのつき合い d．子どもを持つ決心
	（子世代 - 乳児期・幼児期初期・遊戯期・学童期）	Ⅲ　家族の拡張期： 幼い子どもを育てる時期	a．親役割への適応（夫婦連合） b．子どもを包含するためのシステムの調整 c．実家との新たな関係の確立
	中年期の職業上の再編成 （子世代 - 青年期）	Ⅳ　家族の拡散期： 青年期の子どものいる時期	a．柔軟な家族境界 b．中年期の夫婦関係 c．祖父母世代の世話
	（子世代 - 前成年期）	Ⅴ　家族の回帰期： 子どもの巣立ちとそれに続く時期	a．夫婦システムの再編成 b．成人した子どもとの関係 c．祖父母世代の老化・死への対応
8．老年期	統合 vs 絶望 　配偶者・同胞・仲間の喪失への対処 　自分の死への準備 第 2 世代 - 成年期	Ⅵ　家族の交替期： 老年期の家族の時期	a．新たな夫婦の機能・社会的役割の取得 b．第 2 世代が中心的な役割を取れるよう支持 c．年の知恵と経験を包含

（注　Erikson（個人）と Carter & McGoldrick（家族）より平木が作成）

ながら，相互の理解に資することが要請される。

それに加えて，最近のカップルの面接で必要だと思われることは，日常生活上のスキルの獲得の問題である。これは，社会的な問題の反映と考えられる部分であるが，発達とも関係がある。生活の電化・機械化の中で家事が省力化され，また女性の自立指向の中で少子化，子育ての他力依存化の進むプロセスで，生活のスキル，対人関係のスキルが不十分な夫婦・カップルが増えてきたように思われる。「快食・快眠・快便」という表現で象徴されるきちんと食事や睡眠をとり，衛生的で健康な生活を送るためには，誰もが基本的な生活技術を身につけていることが必要である。しかし，その部分を専業主婦の母親に依存してきた夫婦は，男女が働くことが当然になりつつある社会で，男女を問わず身に付けなければならないはずの生活のスキルの欠如のために，期待のすれ違い，役割分担の争いとなってカップルの問題を生じている。

また，夫婦間の簡単な挨拶，いたわりや思いやりの言葉かけ，相手を賞賛したりほめたりするやりとりなど，基本的な対人関係のスキル，率直な自己表現のスキルがないために，親密な人間関係の形成には不可欠なコミュニケーションができなくなっている。カップル・夫婦面接では，コミュニケーションの側面からの援助も必要になっているのが現代である。

c．自己実現の援助

最近のカップルを援助するにあたって重要と思われる第三の視点は，第一，第二の視点とも重なるものだが，カップルの一人ひとりが個人として，自己実現に向かって成長していると同時に，カップルとして成長していくことである。産業界でも教育界でも，最近のカウンセリングでは，この視点を改めて強調し始めている。キャリア・カウンセリングとも呼ばれるこの視点は，職業や専攻を選ぶということではなくて，自分がどんな生（キャリア）を生きるのか，それを誰と，どんなところで分かち合うのか，といったこととして問うようになっている。

たとえば，一世代前の男女は，「男は外，女は内」といった生活習慣と価値観の中でキャリアを形成してきた。しかし，現代では，女性の生き方が「女も外」が普通になってきつつあり，家事と育児は選択肢の一つになりつつある。ということは，「男は外」だけで家庭も子どもも得られることはなくなり，もし両方を得たいのであれば，「女は内」というキャリアの配偶者を選ぶか，「男も女も内外」というキャリアを分かち合うしかなくなるだろう。逆に，「女は

内」というキャリアを好む女性は，「男は外」を信奉する男性と役割分業していけばよいわけであるが，子どもが生まれなかった時，子どもが自立した後の長い人生のキャリアも視野に入れて生涯設計や自己実現を考える必要がある。

つまり，男も女も自分のキャリア選択と配偶者選択・家族づくりは別々のものではなく関連性のあるものになっている。女性はそれをいち早く感じて，配偶者選択を考慮し始めたが，まだ，男性は無意識のうちに女性に家庭を任せるつもりのキャリア選択をしている。長い人生においては，何度か選択のし直しも含めて，自己実現を視野に入れた人生を見通す必要があることになる。そして，もし自分自身だけの自己実現を考えるのであれば，家族とか子育てを視野に入れないキャリアもあり得ることを念頭に入れておく必要があるだろう。

「社会構成主義」の見方からすると，人間は一人ひとりが自分が生きている社会の中で学習した言語で捉え，創りあげた物語（ストーリーとかナラティブとも呼ばれる）を生きているわけであるが，その物語はその人にとって相応しいものであるかどうかで，生きにくさが決まる。自分と社会の接点を，自分らしさと社会の平均・標準と比べてどこに決めるのか，それはキャリア選択でも，配偶者選択でも問われることであり，カップルの問題にもつながっていく。今，家庭裁判所に持ち込まれる夫婦の問題の中には，世代による価値観，キャリア観の違いから生ずる問題も多く，それが明確になった時，離婚となるケースもあるだろうし，それは各人に必然の成長であるかもしれない。もちろん，逆に，離婚だと思っていたカップルが，改めて「この人と生きる」決断をするといった成長もあり得る。

調停委員，調査官，裁判官は，自分の生き方と来談者の生き方の違いを受け入れ，自分の見方や地位，権威で相手の自己実現を規定してしまわないよう，同時に，人と共に生きることには「自立」（一人になりたい気持ち）と「親密さ」（誰かと共にいたい気持ち）という相矛盾するかかわりを含んでいることに配慮して，援助を考えたいと思う。

それでは次に，カップルとしての発達の問題を考えてみよう。

2．夫婦（カップル）としての成長

家族面接をする時，私たちが常に念頭に入れていることは，個人と同時に夫婦がカップルとして，今，家族の発達段階のどこにいるかということである。つまり，夫婦は一人の人間として個人の発達課題を達成しつつ，同時進行的に

夫婦としても家族のライフサイクルを生きており、発達課題を達成する必要があるわけである。家族の発達と発達課題については、先の表16‐1の真ん中から右側の欄を見てほしい。家族のライフサイクルは、数人の家族療法家たちがいくつかの分け方をしているが、ここに示したものは家族のライフサイクルを6段階に分けるカーターとマクゴールドリック（Carter, B. & McGoldrick, M., 1989）のものである。彼女たちは子どものいない家族、一人親の家族、再婚の家族などさまざまな家族のライフサイクルと発達課題について細かく解説しており、その中の標準的なものの引用で、これも参考資料の一つである。彼女たちの段階の分け方の特徴は、家族の第一段階を独身の若い成人の時期にしていることである。つまり、家族とは結婚から始まるのではなく、実家からの自己分化から始まると考えている。家族の多世代の関係を重視する家族療法家たちは、家族・カップルの関係を前の世代からの関係も含めて見ようとするので、第一の段階（巣立ちの時期）を重視したカップル理解を取り入れる傾向がある。

a．巣立ちの時期の課題
○自己分化

この時期は、エリクソンの前成年期と同じであるが、この時期の重点課題は、子どもたちが、源家族から経済的に自立する時期であると同時に、心理的にも自立を果たす時期ということである。これを自然システム理論の創唱者ボーエン（Bowen, M.）は、自己分化と呼んだ。つまり、家族と共に生活しているかいないかにかかわらず、結婚していない成人の家族メンバーとしての発達課題があり、それは自己分化だということである。

自己分化とは、情緒システムと知性システムが融合的になることなく分化して機能することを言い、マーラー（Mahler, M.）の分離‐個体化、エリクソンのいう同一性の確立や親密性とも関係のある概念である。この時期の発達課題は、親子の心理的分離を受容し、同世代との親密な関係をつくることである。そのような関係を創るためにボーエンは、自己を出生家族から分化させることが重要と考えた。ボーエンは、人間は情緒システム優勢な存在としてこの世に生まれ、周囲との関係の中で知性システムを分化させ、発達させていくと考えたのである。

自己分化が低い場合は、発生的に古いシステムである情緒システムが優勢に働くので、情緒システムに支配された感情的な反応をしやすくなる。その意味

で，他人との関係でも感情に流されやすく，不安や葛藤に支配される傾向がある。

　自己分化が中位の人は，緊張場面やストレスの負荷の高い場面では情緒システムが優位になりがちであるが，平穏な時は情緒・知性が適切に働く。

　自己分化の高い人は，情緒と知性のプロセスが分かれて機能しており，情緒を豊かに働かせながら，感情的にならずに感情を捉えて表現することができる。それによって，対人関係の中でも柔軟に，適応的に，自立的に動くことができる。たとえば，親の未分化を受け継いで他者に投影した関係を結ぶことや，二者間の不和を無意識のうちに第三者を巻き込んで緩和を図るといった三角関係化を起こすことがなく，また，親しい人に情緒的に巻き込まれ過ぎたあげくに，その人と情緒的遮断をして縁を切るといった関係を創ることもないと考えられている。

○三角関係化・情緒的遮断

　いわゆる一般にいう「三角関係」のことを家族療法では「三角関係化」の一種と考えるが，それは自己分化の低い人がつくりがちな関係，二人が組んで一人を排除するような三者関係のことを言う。特に三角関係化は，夫や妻が愛人と組んで配偶者を排除するような関係のみならず，むしろ親子関係の中で起こることが問題と考えられている。たとえば，結婚後の嫁-姑問題は，妻にとって夫と母親が組んで自分を排除している関係であり，また父親にとっては，母親（自分にとっては妻）と息子が組んで自分が排除されている関係になる。それは，自己分化の低い親が子どもとつくりがちな関係であり，その中で子どもの自己分化は低く，配偶者選択にも影響すると考えられている。つまり，父と母との三角関係化に巻き込まれた息子や娘は，そこから逃れるために配偶者を選択し，親から自立するというよりは親と情緒的に遮断してしまうことがある。その場合，親子関係も問題であるが，結婚は新たな依存関係をつくることにもなりやすいだろう。配偶者選択に当たっては，親や実家との親密な関係を崩さないで新たに親密な関係を創る作業が必要であり，それには自己分化が重要な機能を果たすことになるわけである。

　結婚をしようとする男女は，ある程度の自己分化を果たしていて，実家から自立している必要があると考えられる。配偶者選択，夫婦関係には親子関係が投影されやすく，また，親密な関係は退行した関係にもなりやすいと言われている。対象関係の持ち方の問題は，まったく異なる家族システムの結合として

の結婚という現実にもさまざまな影響を及ぼすことを理解しておくことが必要である。

　私たちがカップルの問題を援助するに当たっては，自己分化の課題をどの程度カップルは抱えているか，現在の問題はその側面から解決できるかといった観点から理解していくことも，援助の重要な鍵となる。

　初めに述べたなかなか結婚できないで結婚前につまずいているカップルや「成田離婚」と呼ばれるような現象は，自己分化と関係があるかもしれない。

b．新婚期の課題
○夫婦間契約という視点

　配偶者選択には，実はさまざまな理由が絡まっている。サガー（Sager, 1994）は，カップルが結婚を決めるにあたって配偶者に持つ期待・約束を「夫婦間契約」と呼んだが，それには意識的なものと無意識的なものとがあるとされている。その契約が意識化され，明言されて，合意されていれば理想的である。しかし，多くの場合それは不可能であり，時には，一方の独り合点だったり，何らかの事情で期待を敢えて言語化しないこともある。

　サガーは，夫婦間契約には三つの気づきの段階があり，それによって，夫婦の問題の援助を考えることが有効だとしている。第一の段階は，結婚に対する期待を夫婦が意識化し，表現していて合意が明確なものである。第二の段階のものは，相手に対する期待や望みが意識されてはいるけれども，相手に伝えられてないものである。典型的なものは政略結婚であるが，一方の意図は相手には伝わっておらず，相手は自分に期待されていることを知らぬまま結婚することになる。問題が起こった時，黙っていたことが裏目に出たり，問題になったりする可能性がある。第三の段階は，相手に対する期待に気づいてない無意識のものでありながら，無意識のところではしっかり結婚の条件になっているようなものである。人は相手に対する期待をすべて気づいているとは限らない。たとえば，「マザコン」だとか「ファザコン」を意識化し，言語化している人もいるが，意識化されている結婚の理由は，相手が好きであるとか，相手が優しいといったことが，無意識のところでは母親役や父親役を期待しているといったことである。このレベルの契約は夫婦には気づかれてないので，カウンセラーの援助の重要な課題になるだろう。

　新婚期の夫婦相互適応性を確立するプロセスで，あるいは夫婦に問題が起こって初めて，夫婦間契約に疑念が生まれたり，ずれがあったことがわかったり

する。夫婦間契約とそれがどの段階の気づきにかかわっているかを検討することは, 夫婦援助の重要なステップになるだろう。

新婚期の課題には, 表16－1にあるように, 異なった二つの家族（AとB）の結合による新しい家族（C）としての夫婦システムの形成, そのプロセスにおける夫婦相互適応性の確立, 夫婦がそれぞれの実家の親との新たな付き合いと配偶者の親との付き合いを確立すること, 夫婦の合意による子どもを持つ決心などがあり, どれをめぐっても葛藤や問題の解決をしながら, 夫婦は解決の方法・スキルをも身に付けていくことになる。

この段階の問題は, その他の段階の夫婦の問題にも引き継がれていくこともあり, 他の段階でも広く考慮することが必要である。

○垂直の忠誠心と水平の忠誠心

必ずしも新婚期の問題だけに関係しているわけではないが, 新婚期に現れる夫婦の問題を理解する上で役に立つのがナージ（Boszoemeny-Nazy, I.）の「忠誠心の葛藤」である。彼は, 家族には忠誠心（loyalty）ともいえる親密感が育つと言う。未熟で生まれる人間の子どもは, 一方的に親の世話を受けて成長するので, その恩義を世話してくれた人に返そうとし, それによって公平な関係を築こうとするというのである。つまり, 人間は一方的に与えられるだけの関係では満足しない。与えられた人は返そうとするし, 与えた人は与えるだけでは満足しないというのである。もらった人は恩義を感じるので礼を言うし, 与えた人は礼を言われるとか, 何らかの反応があることで報われる。

親子の間では, この関係が極めて自然に形成され, 子どもは親に笑顔を返すとか, 近寄る, 親のしていることを真似る, 親の期待に応えるといった返し方をする。そのような気持ちのやり取りが忠誠心である。親からもらったものを親に返すとか, 次の世代に伝えようとする気持ち・忠誠心のことをナージは,「垂直の忠誠心」と呼んだ。しかし, そこには葛藤も生じる。

たとえば, 父と母は仲が悪いとか葛藤状態にある時, 子どもはどちらにも忠誠心を持ちたいにもかかわらず, 引き裂かれる思いを持つとか, 時にはどちらかの味方をさせられるからである。結果的にはどちらかの味方になって, 両親の一方を見捨てることもあるが, それが子どもの本心でない場合も少なくない。そんな時, 子どもは表面上は一方を見捨てているようでも, 隠された「見えない忠誠心」を一方に抱き続けることもあり得る。また, 祖母との関係が親密な孫が, 祖母と母親の葛藤に巻き込まれて三世代にわたる垂直の忠誠心の葛藤が

起こる場合もある。ナージは，アルコール依存症とか，家庭内暴力・虐待などのケースの中に，ゆがんだ形で「見えない忠誠心」が表現されていることがあると述べている。

忠誠心には，夫婦などの間に生まれる，同世代の人に向ける「水平の忠誠心」もある。親との「ギブ・アンド・テイク」の関係を同世代の人に応用していくプロセスで，それが配偶者や親友，同僚などに向けられるのである。これにも葛藤がある。「会社と自分はどちらが大切なのか」とか「友達と私のどちらかを選べ」などと配偶者に問い詰められるような場合である。

また，垂直の忠誠心と水平の忠誠心の葛藤は，馴染みの嫁姑問題に表現されている。「お母さんと私のどちらが大切なの」と妻に問われる夫はその葛藤に陥る。これには，先に述べた自己分化の問題が絡まっている場合もあるが，よく考えてみると両方に対する忠誠心を持つことは当たり前で，いずれかを選ぶ必要はないことも少なくない。親を見限って結婚する夫婦両家の親同士が葛藤状態にあるため結婚できないでいるカップルなどには，忠誠心の葛藤から来る問題が見えることも多々ある。援助者はそのあたりを見極めながら問題解決にかかわることが大切である。

c．子育て期の課題

表16‐1では，第Ⅲ，第Ⅳの段階である。ここでの主たる課題は親になることであるが，同時に夫婦連合をめぐって三角関係化・迂回連合・情緒的離婚などが問題になりやすい。

○夫婦連合

子どもを産むことになった夫婦は，親役割を取得しなければならない。最近では，幼児虐待や母親の育児不安など親役割をとりきれない夫婦が増えているようだが，その中には，夫婦間契約の中に親になることが入っていない夫婦もいるのではないかと思われる。もし，夫婦が子どもを含んだ家族を考えないのであれば，夫婦連合を敢えて問題にすることはないかもしれない。しかし，ミニューチン（Minuchin, S.）は，子どもたちが同胞サブシステムの中で自己のアイデンティティを確立するためには，子どもたちと明確な境界を持った夫‐妻サブシステムが必要であり，それを夫婦連合と呼んだ。夫婦連合とは，夫婦が夫婦として子ども抜きで性のこと，経済のこと，親役割のことを話し合う関係を維持することであり，そのような問題は自分たちの世代のこととして取り扱うことで，家族を守る役割をとることになる。つまり，夫婦は子どもの親と

しての役割だけでなく相互に夫・妻としての役割もとっていくことが重要なわけである。そして，この時期の家族には，夫婦連合の欠如による問題が起こることも多々ある。

○三角関係化・迂回連合・情緒的離婚

三角関係化については先にも触れたが，ここでは改めて子どもができたカップルの問題として子どもを巻き込んだ三角関係化について考えておきたい。

夫婦が疎遠であったり，葛藤状態にある時，夫婦はほとんど無意識の共謀的かかわりとして，三角関係化を起こすことがある。たとえば，夫婦関係が不安定になった時，妻は問題をそのままにして子育てに熱中すれば一時的安定を得ることができる。夫も直接自分たちの問題に直面せずにすみ，仕事に集中できる。しかし，二対一の関係が一時的なものでなく固定化されると，夫婦連合が崩れることになる。カップルは夫婦としてより親としての役割しかとらなくなり，子どもなしには関係が危うくなっていく。このような関係を家族療法では「子どもと結婚しているような妻と，会社と浮気をしている夫」などと描写したりするが，自己分化が不十分な子どもがこのような関係に巻き込まれると，心理的には夫代わりをして母親を支える役割を背負ったり，親離れがしにくくなったり，父親との忠誠心を隠したりして，自己分化が進まなくなる。

一方，外された夫は，子どものお陰で妻との二者関係を極端に融合させたり離反させることなく家族のために働いているという口実を頼りに，ますます会社のために精を出し，結果的に家族と離れていく。夫婦は情緒的離婚状態になり，時に，夫婦関係は修復されないまま，子どもが青年期，前成年期を迎えて自立し，40代・50代の親の離婚問題に発展することもある。

また，児童相談所・家庭裁判所などの少年事件や学校やクリニックで出会う不登校・摂食障害などの子どもたちの問題には，家族の中で三角関係化に巻き込まれた挙句，身動きできなくなっている子どもの訴えが潜んでいることも多々ある。たとえば，密着してコントロールを強めている母親から逃れようと，子どもは事件や問題を起こしているとも見ることができるし，父親の関心を引こうと無意識のうちに症状を出しているのかもしれない。

離反的な夫婦の場合，子どもを取り合う形で，あるいは子どもを間に置く形で夫婦関係を維持することもある。子どもが問題や事件を起こしたり，症状を出したりすると夫婦は二人で子どもにかかわることで協力できるが，子どもが平穏だったり，いない時は，夫婦の関係はうまくゆかないといった状態である。

あるいは，子どもの問題をテーマに「おまえのやり方がまずい」「あなたのやり方では効果ない」と言い争い，本人たちは子どもが問題を起こしたのでけんかになったと思っているが，実は子どもとは直接関係ない二人の意見の対立であり，二人の調整機能が働いていない状態である。このように，子どもの問題を関係の維持や不和の言い訳に使い，子どもを間に挟んで夫婦の関係を維持しているような状態を「迂回連合」と言う。基本的な夫婦関係は不和，あるいは疎遠なのだが，「子はカスガイ」になっているような状態である。

一般的にも，夫婦連合のない夫婦は，子どものことしか共通の話題がないといった状態に陥ることがあるが，特に問題なのは，夫婦関係を維持するためには，子どもがいつも問題や症状を持っていた方がよいという形で関係が固定化されることである。夫婦は，子どもが問題を持っている限り自分たちの問題に目を向けないですみ，逆に子どもの問題を無意識に支持していることになる。少年院や一時保護の子どもが何度も出たり入ったりしている時，子どものことだけを見るのでなく，迂回連合している親・夫婦の問題を視野に入れなければ，問題は解決しない時があると思われる。

また，先にも触れたが，三角関係化や迂回連合に巻き込まれた子どもは，情緒的遮断をして親との縁切りをすることがある。家庭内でも，「メシ，風呂，金」以外の口をきかない，同席しない，帰りを遅くして顔を合わせない，などの行動となって現れるが，時には家出をしたり，外に情緒的融合関係をつくったりして，家族とまったくかかわりを断ってしまうこともある。非行や暴走族の子どもの中には，外の関係が親子関係の雛形になることも少なくない。つまり，親との情緒的遮断で支えを失った子どもは，非行の集団や暴力団など，情緒的結びつきが強い人々とのかかわりの中で孤立を補おうとし，また，そのようないきさつから配偶者選択をする可能性が高い。夫婦や子どもの問題を理解する時，個人や夫婦の問題だけに囚われず，ぜひ家族内の関係，世代間の関係を視野に入れて理解していくことが必要なゆえんである。

以上，結婚前，新婚期，子育ての時期の夫婦の問題について，多世代家族療法の視点を述べた。夫婦の問題はその後の時期にも起こるが，後はこれまでの応用問題と考えることができる。要点は，面接で訴えられる問題は，被面接者の認知によって問題とされていることであり，援助者はそれも含めて夫婦には見えない夫婦の関係，歴史を少し離れたところから理解してみることも助けに

なるかもしれないということである。それは，正しい答でも，あるべき方向でもないが，問題を見る視野を広げる役に立つであろう。

Ⅱ　夫婦関係の問題とは

これまで夫婦関係を心理的発達，家族システムの発達の視点から見てきたが，次に夫婦に起こりやすい問題のある関係のいくつかを取り上げていくことにする。夫婦関係の理解・援助に役立てていただきたい。

1．相補的関係と対称的関係

この2種類の関係は，ベイトソン（Bateson, G.）が増幅的になり得る関係として指摘したもので，夫婦の問題を理解する上で非常に有効である。

相補的（complementary）関係とは，夫婦の欲求や能力が相補い合うような関係で，それによって特別な関係のパターンをつくり，それを維持しようとする行動が起こることを言う。たとえば，支配的な夫と従順な妻は，それぞれの特徴が相手の特徴に合致することで相互に満足する関係をつくることができる。しかし，その合意は，その関係を維持しようとすればするほど，支配的な夫は支配的な言動を続け，従順な妻は従順であり続けようとして，それぞれの役割を強化・増幅する傾向を帯びていく。

対称的（symmetrical）関係とは，同質性，対等性が認められ，それを維持しようとするような夫婦関係である。いわゆる似た者夫婦で，相手が同じような性向，態度などを持っているために，一致することで満足する関係をつくることができる。一方，対等に立とうとすることで，たとえば，「私は，あなたと同じぐらい暖かい」ということを示し続ける必要があり，結果的に双方が共に相手と競争する関係をつくることになる。つまり，走るのが好きな二人は，良きライバルでもあり，対称性は増幅するのである。

相補的関係も対称的関係もある均衡を保っている間は，満足をもたらす関係であるが，その傾向に拍車がかかり，ある限度を超えると，「相補性のエスカレーション」「対称性のエスカレーション」が起こる。その結果，関係に亀裂や破綻が生じることがある。ベイトソンは，相補性のエスカレーションには対称性を導入することで，対称性のエスカレーションには相補性を導入することで危機を乗り越えることができると示唆している。先の例の相補的な夫婦は，

夫が支配を止めるとか妻が従うことを止めて，対等になろうとすればエスカレーションは防げるし，また，暖かさを競っている夫婦は，いずれかが少し冷たくなるとか，厳しくなるとかして相補的になることによって競争を止めることができる。

多くの夫婦の問題には，結婚した時は気に入っていた相手の性向や言動が，嫌いになったとか，不和や争いの原因として述べられる。つまり，大恋愛中は気に入っていたこと，結婚を決める鍵となった相手の特徴が，エスカレートすると我慢ならないことになっていることも多い。真面目な夫婦ほどそうなることもあって，そのことに気づくと関係を見直すことができる。援助者もその視点を取り入れて，たまには「ルール違反」をしても関係が良くなること，柔軟性が必要なことを援助に活用することが必要だろう。

2．共謀的関係

次に，対象関係論に基づく精神力動的な視点から夫婦関係を考えてみよう。共謀的関係とは，夫婦の相互作用において夫婦システムが搾取されるような「共生的」「共依存的」関係を言う。この関係には，投影性同一視が働いており，無意識に共有されている感情を互いに相手のものだとし，自分の中の退行的，空想的な部分を補ってくれる相補性を相手の中に見出そうとしたり，誘い出そうとするプロセスがある。つまり，自分が相手に期待しているものを相手が持っていると思い込んで相手を理想化して，そのイメージと付き合っているわけで，それに呼応して相手が対応することで，ますます空想のイメージが膨らむ。膨らんだイメージに相手が合わせることによって共生的な関係がつくられていく。甘えてどんどん赤ちゃん返りをしているような妻と包容力厚く包んでいるように見える夫は，相補的夫婦でもあるが，いわば無意識の共謀的夫婦間契約とも考えられる。

ある夫婦の例で説明しよう。妻は，ある時突然，不安と混乱でパニック状態に陥って，心療内科で投薬を受けていた。しかし，状態が一向に回復しないので，夫婦カウンセリングを勧められ，夫が妻を伴って来談した。カウンセリングの中でわかったことは，パニックになると妻は職場でもどこでも電話をかけて大騒ぎをして，夫に助けを求め，夫はものわかりよく，すぐさまそれに優しく対応する。妻は大変な時はすぐ泣き喚いて，夫の保護と関心を引き寄せ，夫は一生懸命妻を支え続けていた。妻は，「主人は優しくて，実家の両親とは大

違い＝何が起こってもすぐ対応し，何でも聴いてくれる，頼りになる人」と言う。夫はその思いに寄り添って，カウンセラーのように（？）かかわっている。

　個人療法で，妻からだけそのカップルの話を聞いていると，妻はパニック・ディスオーダーで，夫はいかにも包容力のある人と思われるだろう。つまり，妻は子どものように駄々をこね，夫は「わかった，わかった」と一生懸命カバーしてあげている，うまくいっているカップルと思えなくもない。しかし，カップルの相互作用を見ると，妻のパニックを夫が一方的に受け止め続けることによって，妻の退行が進んでいると見ることもできる。夫の妻をカバーしようとする対応は，お互いがお互いを無意識のうちに問題から抜け出られない状態へ陥れ，ますます対等でない共謀関係を結んでいくことになっている。つまり，夫の側にも，単に包容力があるだけでなく，相手の困難を自分が解決すべき，ケアしないではいられないという状態があるということである。

　夫がすでにカウンセラーのように振る舞っているところに妻だけを支えるカウンセラーが付くということは，妻をますます依存的な人にしていく可能性がある。もしカウンセラーが，夫は頼りになるという捉え方をして，夫に協力するとか，夫を協力者にするといった動きをすると，妻は「問題を持っている人」「助けが必要な人」になり，妻の無意識の思うつぼに加担していくことになるかもしれない。個人カウンセリングでも，夫婦療法でも，このような夫婦相互作用の構造を理解しないと，時にカウンセラーも共謀関係の仲間に加わることになりかねない。

　対象関係論では，このような妻は幼児期の「悪い母親」と「良い母親」体験をスプリットさせて夫に「良い母親」だけを投影させ，配偶者を理想化して安定を図っていると理解する。夫が理想化された部分を提供している限り，妻は安定するのだが，理想化された部分が少しでも崩されると不安定になって「もっと」保護を要求する。その要求には必ずしも保証はなく，いつ崩されるかわからないので，パニックを起こして大丈夫であることを確かめるという悪循環も起こり得る。

　精神分析家のヴィリー（Willi, 1982）は，このような共謀関係になる原型を「夫婦が無意識に共演する四つの基本型」として示している。それらは「自己愛的共謀関係」「口愛的共謀関係」「肛門 - サディズム的共謀関係」「男根 - エディプス的共謀関係」であり，その原形のどれかは一般のカップルにも該当す

ることを発見する。精神分析用語で表現されており、病理的な印象を受けるかもしれないが、カップル理解には非常に参考になるので一読をお薦めする。ここでは簡単に引用しておくことにする。

「自己愛的関係」は、「一体としての愛」がテーマになる関係で、結婚生活や愛情関係において「相手のために自分自身をどこまで放棄しなければならないのか、また二人の関係において、どの程度自分自身でいられるのか」「どの程度、相手は自分と一体になるつもりなのか」といったことがくり返し問題になる。このテーマを共謀的に担うと、夫婦は、愛には自分を相手のために放棄するか、相手が自分のためにすべてを放棄するか、二つに一つの可能性しかないと思っていて、争いや意見の相違があったり、けんかをしたり異議を唱えたりしても愛を崩すことはないとは考えも及ばないことになる。二人は相互の過剰要求を打開できず、破綻することになる。

「口愛的関係」のテーマは、「互いに配慮し合うのが愛」であり、結婚生活や愛情関係は、二人の一方が「母親」として頼りない「子ども」である相手を世話するという考えが基礎になって成立している。母親役は汲めども尽きぬ援助をし、その報酬も要求しないし、自分を助けてもらいたいとも思わないことになっている。先に述べたパニックを起こす妻と庇護的な夫の関係のように、面倒を見たがる人と世話されたい人の間で、庇護者的態度と退行的態度をくぎ付けにして、他の役をとることには不安を持つ。

「肛門-サディスティックな関係」は、「互いに完全に相手に属することが愛」という関係で、自律段階の関係のテーマがくり返し問題になる。つまり、二人の関係を壊すことなく、どの程度夫婦の自律的志向を許容し得るか、またどのような指導的・管理的態度をとって、夫婦関係における相互の依存性や自己確実性を守るべきかがテーマである。問題になる関係では、二人とも自由で自律的な態度をとることは関係の崩壊につながると考え、支配-服従の権力闘争やサド・マゾ、不貞と嫉妬を演ずることで結びついている。相手の依存性を非難しても、非難することによって相手の依存性を強化し、一方、退行的た相手は、自律への道を一歩踏み出そうとすると、途端に罰せられ、元の鞘に収まることになる。相補性のエスカレーションを防ぐ時のように、支配者には自分の依存性を認め、依存している人には自立を目指す援助が必要である。

「男根-エディプス期的関係」は、「男性性の確認としての愛」がくり返しテーマになる関係で、現代社会において、変化と混乱の様相を呈している性役割分業の問題の基となっている考え方といえる。つまり、夫婦が無意識的合意によって夫はより強くなり、妻はそれによって夫が本当に優れていると思うことができるようになりたい関係である。そのような共謀関係にある時、夫は自分

の弱さや受動性，女性性を受け入れたり，素直に援助を求める気持ちにはなれず，妻は自分の活動性や強さの表現を抑圧することになる。このパターンは，肯定的には両親の結婚生活の反復，否定的には反対のものを求めるという形で形成されやすいので，この領域の夫婦の問題の援助には，世代間の伝達の視点を取り入れることも重要である。

　この共謀の4類型は，夫婦の問題にどんなテーマが潜んでいるか，夫婦の精神的力動がどのような関係の問題をつくっているかを理解する上で助けになる考え方である。類型を当てはめて夫婦を理解するのではなく，夫婦の心理・関係を理解する手だてとしてほしい。

以上，関係がつくる問題として，共謀的関係という視点を提示した。夫婦は一人ひとりの成長・発達の問題を抱えつつ，同時に関係の問題を発展させる。それは，夫婦サブシステムの問題として現れることもあるが，時には子どもや親，第三者を巻き込んで，しかし一見すると，ある個人の問題や症状であるかのように表現されている場合もある。家族は歴史的，関係的集団であることを念頭において，家族の問題を理解し，時の流れの中で援助していくようにしたいものである。

3．親密さの問題

　夫婦の問題には，親密さの問題が常にかかわってくる。親密さとは，二人の人が，互いに融合することなく，しかも最も高度の親しい調和的関係を結ぶことである。この状態は，自己同一性の確立，自己分化の所産であり，また逆に，親密になれないことや親密になる欲求がないことは，夫婦の機能不全を起こしやすいと言われている。

　親密さには，友情，闘争，リーダーシップ，愛のみならず，痛み，弱さ，傷つくことへの怖れ，誤りやすさ，もろさなどの分かち合いと，自分の内的資質と他者のそれとの融和がある。それは，共に楽しみ，責任を取り合うといった夫婦連合を示す態度や，相手の良い面を認め，ケアし合い，いたわり合い，ねぎらい，許し合い，痛みを分かち合うといった行動によって表現される。

　一方で，夫婦には親密さへの恐怖もある。それは，接近することに対する恐怖といってもよく，相手と調和することが相手に依存してしまうことにならないかという恐怖にもなる。それは，自己コントロールを失うこと，相手からコントロールされることへの恐怖にもつながっていく。つまり，親しくなること

は相手に合わせることでもあり，自立を失う恐怖が生じるのである。また，親しい関係では，自分をより曝け出す可能性が高くなる。隠しておきたいこと，知られたくないことをオープンにすることには，傷つく怖れがつきまとう。さらに，その結果，見捨てられるとか拒絶されることもあり得る。その恐怖にもかかわらず相手に近づくならば，受容や慰めを体験することができるかもしれないが，その恐怖を克服する必要がある。またさらに，親しい関係では，そうでない関係よりもはるかにさまざまな感情に気づき，それを扱う必要がある。特に近しい関係の中では，愛するがゆえに相手を傷つけるような感情，怒りや憎しみなどを体験する可能性も高くなり，そのようなマイナスの感情を持つことへの恐怖もある。

夫婦の問題には親密さへの恐怖が潜んでいて，それを自分たちだけでは乗り越えられないで苦悩しているカップルも多くある。親密さに到達するには，自己分化を助けるようなかかわりも必要であると同時に，セラピーという護られた環境の中で，時には葛藤や怒りを表現しながら，傷つき，癒され，受容される体験も必要である。

夫婦には，実家の親子関係の問題も含めて，癒しを必要としているカップルにはセラピーを薦めることが重要である。個人の自己実現とカップルとしての関係の発達は，矛盾に満ちたプロセスである。それを共感的に理解しながら，両立を助けるのがカップル・セラピーの目標となるであろう。

Ⅲ 離婚にまつわる問題とカウンセリング

最後に，夫婦問題の援助には，離婚のプロセスへかかわることが含まれる。ここでは詳しく説明することはしないが，離婚カウンセリングのプロセスに詳しいカスロー（Kaslow, 1995）が，表16-2（次頁）のような段階を一覧表にしているので，参考までに訳したものを載せておく。右側の欄には，それぞれの段階におけるセラピーと調停のテーマ，かかわりが示されている。夫婦の離婚の援助において，それぞれのカップルの状態や問題の段階に応じて必要な夫婦関係調整機能と離婚調停機能を区別し，有効な援助をするための参考になるだろう。

表16-2 離婚プロセスの段階

局面	段階	感情	言動	セラピーのアプローチ	調停の問題
離婚前: 沈思と失望の時	1. 情緒的離婚	幻滅 不満 疎外 不安 不信 失望 恐れ 苦悩 両価感情 ショック 空虚感 怒り 混乱 不適切感 低い自尊心 喪失 うつ 分離	問題の回避 不機嫌と/又は悲嘆 パートナーへの対決 口論 否認 引っ込み (物理的・情緒的) すべて順調と振舞う 愛情を回復する試み 友人,家族などへの 助言の依頼	夫婦療法(1カップル) カップル・グループ療法 夫婦療法(1カップル) 離婚療法 カップル・グループ療法	
離婚中: 法的関係の時期	2. 法的離婚	自己憐憫 無力感	取り引き 叫び 脅かし 自殺未遂 弁護士・調停者と相談	家族療法 大人の個人療法 子どものセラピー	調停の段階を設定 関係者にプロセスと 必要性の理解
	3. 経済的離婚	混乱 激怒 悲哀,孤独 安堵 復讐	物理的別離 法的離婚申立 経済的清算の考慮 養育/勧問日程決定	離婚の子どものグループ セラピー 子どものセラピー 大人のセラピー	調停のルール決定 問題の明確化と調停の問題と セラピーの問題の分離

		子どもへの関心	悲嘆と悲哀		公式化
	4. 共同養育と養育の問題	両価感情 無感覚 不確実	親戚・友人への通知 仕事への復帰 （主婦だった妻） 選択力の回復	上記と同様プラス	問題と選択を調整する 合意に到達する合意を分析し 公式化
公式化	5. 地域社会離婚	不決断 楽観 あきらめ 興奮 好奇心 後悔 悲しみ	離婚の決定 新しい友人開拓 新しい活動開始 子どもの新たなライフ スタイルと日常生活 の安定化 新たな関心の探索と 新たな就職	大人： 個人療法 独身者のグループ療法	
	6. 宗教上の離婚	自己疑惑 境界の承認の獲得 望み 神の怒りへの 恐れ	境界の受容の獲得 宗教上の離婚式 霊的自己との和解	全家族に対する離婚式 大人のセラピー 牧界カウンセリング	
離婚後：	7. 心理的離婚	受容 自己信頼 エネルギー 自己価値 全体性 気分高揚 独立 自律	アイデンティティの 再統合 心理的離婚の完成 新たな愛情対象を探し 永続する関係へ関与 新たなライフスタイル と大人への適応 子どもが親の離婚を受容 し両親との関係の 継続を援助	親−子セラピー 家族療法 グループ療法 子どもの活動グループ 療法	状況の変化により合意の再 調整の必要に応じ調停へ

注) Kaslow, F.W., 1995 The Dynamics of Divorce Therapy. Mikesell, R.H. et al. (eds.) Integrating Family Therapy. APA. p.272-273（平木訳）

文　献

1) Bateson, G. : *Steps to an Ecology of Mind*. Harper & Row, 1972.（佐藤良明訳：精神の生態学．思索社, 1990.）
2) Boszormenyi-Nazy, I. & Spark, G.M. : *Invisible Loyalties*. Brunner/Mazel, 1973.
3) Carter, B. & McGoldrick, M. : *The Changing Family Life Cycle ; A Framework for Family Therapy* (2nd ed). Allyn & Bacon, 1989.
4) 平木典子：講座　家族心理学２——夫と妻．1988.
5) 平木典子：家族との心理臨床——初心者のために．垣内出版, 1998.
6) Kerr, M.F. & Bowen, M. : *Family Evaluation; An Approach Based on Bowen Therapy*. Norton, 1988.（藤縄昭, 福山和女監訳：家族評価——ボーエンによる家族探求の旅．金剛出版, 2001.）
7) Sager, C.J. : *Marriage Contracts and Couple Therapy ; Hidden Forces in Intimate Relationships*. Jason Aronson, 1994.
8) Willi, J. : Die Zweierbeziehung. Rowohlt Verlag Gmb?, 1975.（中野, 奥村訳：夫婦関係の精神分析．法政大学出版局, 1985.）

17. 危機介入事例のカンファレンスと スーパーヴィジョン

はじめに

　この数年，事例研究やスーパーヴィジョンのケースの中に，危機介入を必要とするものが多くなってきた。それは，近年臨床家が出会うケースが，拒食を伴う摂食障害，家庭内・学校内暴力，虐待，境界例など，自傷・他傷の危険をはらむものが増えてきたことによると思われる。つまり，それらのケースには「難問発生状況」が「急性」で，「習慣的な解決」の試みが成功せず，当事者たちを「脅威」に陥らせ，「システムの新たなバランスの獲得」が必要とされているといった危機状態の特徴が備わっているということである。

　もっとも，心理臨床のケースは，広義にはどれも危機介入を必要とするものであるといえる。本論では，特に「急性」で「脅威」といった危機状態を備え，当事者にも，カウンセラーにも危機介入を必要とするケースのスーパーヴィジョンのプロセスを紹介することにする。

　本論のテーマにはもう一つ「カンファレンスとスーパーヴィジョン」がある。カンファレンスはどちらかといえば共同研究のニュアンスがあり，スーパーヴィジョンは監督訓練の意味が強く，厳密にいえば異なった活動である。ただ，両者には具体的なケースを通して臨床の実際をふりかえり，学び，実践に生かすという共通点がある。そこで，共同研究と監督訓練の双方を取り入れ，加えて集団のダイナミックスを生かした「グループ・スーパーヴィジョン」の例を紹介することにする。わが国においては，まだスーパーヴィジョンについて十分に理解されているとはいいがたく，グループ・スーパーヴィジョンを含めてその基本が広く了解されているとは考えられない。ケース検討に入る前に，まずスーパーヴィジョンの基本を確認しておきたい。

I　スーパーヴィジョンの目的と機能

　英語で"supervise"は，"oversee"の意でもあり，スーパーヴィジョンとは「見渡すこと」，つまり「熟達した専門家がある人の仕事を考察・検分すること」である。心理臨床におけるスーパーヴィジョンとは，臨床家になろうとする者が，テキストや講義で習ったさまざまなセラピーの理論・技法を現場で実践し，問題解決やケース援助の具体例をスーパーヴァイザーの指導のもとにふりかえり，検討することを通して，その専門性と実践能力の向上を図ることになる。

　ホロウェイ（Holloway, 1995）によれば，スーパーヴィジョンの目的と機能は以下のようにまとめられると述べている。

1．スーパーヴィジョンの目的

1）カウンセリング・スキル：スーパーヴァイジーにとって必要と思われる介入技術としてのコミュニケーション，共感，個人化，カウンセリングの技術を教えること。
2）ケースの概念化：クライエントの主訴，言動や心理，そしてそれらがクライエントにもつ意味をカウンセリングの理論・知識に照らして理解し，介入法を探り，カウンセリング関係に生かすこと。
3）専門家としての役割：適切な外的資源の活用，専門的・倫理的実践原則の適用，現場における記録や実務手順・適切な専門家同士の関係維持についての学習，スーパーヴィジョンを受けること，など専門家としての質を維持すること。
4）内的・対人的情緒反応への気づき：クライエントやスーパーヴァイザーとの関係の中での自己の感情，考え，言動への気づき――特にクライエントとの面接の中で起こる自己のその場の情緒反応および習慣的な情緒反応に気づくこと。
5）自己評価：自己の実力とクライエントの進歩に対する有効な介入の限界を知るための自己評価を怠らないこと。

多くのスーパーヴィジョンで特に強調されるのは2）の目的である。

2．スーパーヴィジョンの機能

1）モニターと評価：スーパーヴァイジーの仕事を見極め，構成的，総合的評価をすること。
2）指導と助言：スーパーヴァイザーの専門的知識と技法に基づいた情報・意見・示唆を与えること。
3）モデリング：スーパーヴィジョン関係の中で暗黙のうちに示されたり，ロールプレイなどで明示される専門的な言動によってモデルとなること。
4）コンサルテーション：臨床的・専門的状況において，スーパーヴァイジーから情報や意見を聴取することで，問題解決を共働的に促進すること。
5）支持と分かち合い：スーパーヴァイザーの共感的関与，激励，スーパーヴァイジーの行動・情緒・態度に対する建設的な直面化により，対人関係により深いレベルでスーパーヴァイジーを支持すること。

ホロウェイは，続けてスーパーヴィジョンの目的と機能は，スーパーヴィジョンにおいて何を，いかに果たすかを意味し，目的＋機能＝プロセスだと述べて，スーパーヴァイザーとスーパーヴァイジーの共働作業における文脈を重視したかかわりを強調している。

Ⅱ　グループ・スーパーヴィジョンの特徴

次に，本論で活用するグループ・スーパーヴィジョンの方法について一言ふれておきたい。

スーパーヴィジョンには，「個人」と「グループ」の2種類の形態があり，また，形式として「一回限り」のものと「継続的」なものがある。その方法としては，「記憶，記録を中心とした対話によるもの」「テープ録音，またはビデオ録画の全部，または一部を再生することによるもの」，そして「ライブ・スーパーヴィジョン」がある。どの方法も個人とグループのいずれにも，適用できる。

ただし，グループで行う場合は，個人に焦点を当てるか，グループ・ダイナミックスを活用するかによって具体的な進め方に違いがある。個人に焦点を当てる場合は，個人スーパーヴィジョンを公開するといった趣になり，グルー

プ・メンバーはどちらかというと聴衆として他者のスーパーヴィジョンの場に臨席して学ぶということになる。したがって，臨床家だけが集まるという条件で，かなり大きな集団でも行うことができる。しかし，グループ・ダイナミクスを活用する場合は，グループ・メンバーは参加者であり，スーパーヴァイジーはもとより，メンバーもケース理解，アプローチなどについて仲間との相互作用の中で多角的に刺激を授受し，学習する。そのため，グループサイズは5〜6名，多くて10名までで，クローズド・グループで，各人が一つのケースについてある程度の目途が立つまで継続的に受けることができる。この方式では，危機介入のケースもグループで検討ができる。この変形としては，一人1回だけケースが提出でき，全員が提出し終わったところで終えるという方法もある。それぞれに一長一短があるので，目的や状況によって使い分ける必要があるのはいうまでもない。

　日本では，個人スーパーヴィジョンよりもグループ・スーパーヴィジョンが多用されているが，その主な理由は，スーパーヴァイザーの人数が少ないのに比してスーパーヴィジョンを必要とする若い臨床家が多いことと，個人的にせよ機関が提供するにせよ，個人スーパーヴィジョンは経費がかかることなどがある。しかし，そのような消極的理由からだけでなく，グループ・スーパーヴィジョンの本質を見直し，積極的に活用することが奨励される。

　グループ・スーパーヴィジョンの利点は，経済性に加えてスーパーヴァイジーが，異なった視点や発想に触れて自分の知識や技術を仲間と比較検討することができること，仲間との相互批判，示唆による支持を受けとることで，スーパーヴァイザーへの依存から仲間への依存，そして自立（Friedman & Kaslow, 1986）へとスムースな成長をたどることができること，特に家族療法家にとっては集団の力動を体験することで家族力動の理解，集団にかかわる能力向上の機会が得られること，などがあげられるだろう。

　ただし，グループ・スーパーヴィジョンでは，ときにグループのニードと個人のニードが一致しないことがあるので，スーパーヴァイズを受けているスーパーヴァイジーに対する細やかな配慮が不可欠となる。また，スーパーヴァイザーは，個人スーパーヴィジョンの素養や能力はもとより，グループ・ダイナミックスとグループ・プロセスなど集団状況を効果的に運用できる実力をもっている人でなければならない。

　初心の臨床家にとっては，まず個人スーパーヴィジョンで基礎をしっかり身

につけることが重要であるが，一般的には個人と集団の両方のスーパーヴィジョンを受けることが望ましい。

Ⅲ　グループ・スーパーヴィジョンにおける手順

次に紹介するのは，数人の参加メンバーが集まって継続的にケースを提出することになっている，簡単な記録を中心としたグループ・スーパーヴィジョンにおける危機介入事例の検討のプロセスである。

スーパーヴィジョンは次の手順で行われた。

1．スーパーヴァイザーのセラピー・アプローチを含めた自己紹介（初回のみ）

筆者は，家族臨床において多世代理論を軸とした統合的なアプローチを行っているので，スーパーヴァイジーに役立つかぎりにおいて，その視点からケース理解と介入法を考えること，また，参加者の特徴と力動を生かしたグループ運営を心がけていることを伝え，メンバーの積極的な参加を奨励した。

スーパーヴァイザーが，プロとしてあるオリエンテーションをもったセラピーのアプローチをしていることを参加者に知らせておくことは非常に重要である。スーパーヴィジョンを受けようとするスーパーヴァイジーはそれらを承知して参加するが，簡単にでも紹介して開始したい。信奉する特定の理論的立場や流派が特にない場合でも，自分のケース理解や介入技法の傾向や好みを伝えておくことは重要であると思う。

2．スーパーヴァイジーの職場の特徴・仕事上の役割・位置づけなどを含めた自己紹介

本論のケースの提出者は，精神神経科の病院で10年以上の臨床経験をもち，当時教育相談所のカウンセラーをしている中年の女性で，家族療法は初心者であった。

スーパーヴァイジーの訓練の背景やセラピーの経歴，職場の状況などを簡単にメンバーが了解しておくことは重要である。初心者には初心者の，ベテランにはそれなりの訓練目標が立てられてしかるべきであるし，職場の違いや課された役割によってセラピストが果たしている機能も異なる。スーパーヴァイジ

ーの置かれている状況，役割機能に適した指導・訓練がなされるための前提である。

3．スーパーヴァイジーの事例提出の意図と検討事項の提示

セラピストの提起したスーパーヴィジョンにおける検討課題は「機能不全の家族史をもつと思われる父親とIPの暴力問題のケース理解と危機介入の方法」で，特に「多世代理論の視点から家族関係を理解し，アプローチすること」への示唆を希望していた。

筆者は，スーパーヴァイジーがケースを提示するに当たって，検討の意図と課題を自ら明示することは非常に重要だと考えている。その理由は，第一に，スーパーヴァイジーが望んでいる援助を提供すべきであること，特に危機介入事例では，クライエントと同時にセラピスト自身が緊急に助けてもらいたいと思っているポイントがあるわけで，それを明確にしておく必要がある。また，それを本人が前もって考えること自体が重要な訓練・学習である。第二の理由は，セラピストのケース提出の意図と課題を全員が知ることで，スーパーヴィジョンの焦点をしぼることができる。限られた時間内では，参加者たちが関心をもつすべての課題を検討することは不可能であり，またそれは第一の理由とも関連して不必要である。もし，スーパーヴァイジーが重要なポイントを見逃しているときは，スーパーヴァイザーが適宜提起してよい。

4．ケース・プレゼンテーション，質疑応答，討議，スーパーヴィジョン

本ケースでは，1ケースについて、時間をおいて3回行われた。この部分は新たな節を設けて詳しく紹介することにする。

Ⅳ　ケース・プレゼンテーション

スーパーヴァイジーは記録にしたがってケースを紹介し，検討課題を提示する。スーパーヴァイザーを含めて参加者は，途中で自由に質問することができる。一通りケースの紹介が終わったら，討議，スーパーヴィジョンに入る。

なお，初心者のスーパーヴィジョンでは，記録の書き方が指導の焦点となることもあるが，ここには提出されたそのままの記録でなく，ある程度整理された一つの見本を載せた。また，事例はプライバシー保護のため，危機介入事例

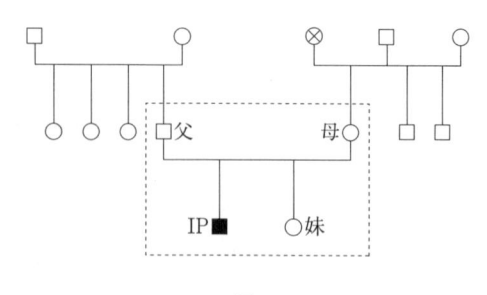

図17-1

の特徴を損なわない程度に変え，要約してある．

初回のスーパーヴィジョンに提出された事例の概要
クライエント：IPである小学校5年（10歳）男児と母親。
臨床像：IPはやや痩せ気味，じっと座っていることができず，上目遣いで他者の言動をうかがう。ときどき悪態をつく。母親は，小太りで，質素な身なり。過去についてサラリと話すのと対照的にIPに対するイライラした気持ちを強く表現する。
主訴：IPの家庭内・学校内暴力および不登校。
家族構成：父（34歳），母（31歳），IP（10歳），妹（8歳），父方祖父（70歳），父方祖母（68歳）。

父—4人同胞の末っ子で長男。大学卒。会社員。仕事多忙で帰宅が不規則。家事・育児は母親任せ。IPから「優しい」と言われている。

母—異母弟がいるが一人っ子のように育つ。高校卒。会社勤めをしていたが，IPの妹誕生で退職。IPから「殴ったり，蹴ったりするきつい人」と言われている。祖母（母の実母）は，母の幼児期に死亡，祖父（母の実父）が男手一つで厳格に育てたが，折檻をすることなどがあり，母は学校や警察の保護を受けたこともある。みかねた親戚の世話で母が小学校6年のときに祖父は再婚した。

妹—小学校3年生。しっかりしていて素直（母談）。IPからは「冷たい」と言われている。

父方祖母—祖父—アルコール依存症で暴力を振るう。

父方祖父（夫）の怒りや暴力を受けないよう，ことなかれ主義で，IPの養

育も IP の言いなり。
　家族歴：父24歳，母21歳のときに職場で知り合い結婚。祖父母とは別居していたが，すぐに IP が生まれたことで同居。しかし，妹が生まれたので母親は退職し，父親の実家のそばに家を新築して祖父母と別居。
　IP の生育歴および現症歴：乳幼児期より祖母に「きちんとしつけられたいい子で，優しい子だった」（母談）が，妹が生まれたので，3年保育で保育園に。4歳のときに，保育園で癇癪を起こすなど問題行動が出て，母は祖父母に隠れて殴る蹴るで押えつけ，妹とは極端に違った対応をした。
　小学3年のとき，担任より「級友や教師にかみついたり，集団生活を乱したりする」という注意を受け，児童相談所で IP は遊戯療法を，母親はカウンセリングを受ける。両親の努力もあって落ち着きを取り戻したが，小学5年で支配的なクラス運営をする担任に替わって，再び特定の女子へのいじめと登校しぶりが始まる。刃物をもって級友や母親を脅し，けがをさせるという事件を起こし，学校は対応の術をなくして教育相談所へリファー。そこのカウンセラーであるスーパーヴァイジーの担当となった。
　IP の心理テスト：わからないことが出てくると落ち着きをなくし，席を立ったり動き回ったりする。注意を促すとセラピストに食ってかかり，怒りをつのらせてやる気をなくし，検査室から出て行こうとして，放棄。「どうして母親に包丁を突きつけたのか」という問いに対しては，「『おまえは生まれてこなければよかった』と言われたから」と答える。（小学校3年時児童相談所で受けた WISC-R の結果は IQ＝92）。

質疑・問題点の提起・スーパーヴィジョン（1回目）

　来談までの経過について出された主な質問は，2点で，IP が4歳のときに保育園でどんないきさつから癇癪を起こしたのか，スーパーヴァイジーの見立て，処遇の方針は何かであった。
　IP の癇癪については，妹にチョッカイを出すので母が注意すると，激しくものを投げたり当たり散らす。それを止めようとして叩いたり蹴ったりすると，そのときは謝るが，反抗は止まらない。保育園でも同じように他の子どもに迷惑をかけて，母が責められる。母は腹を立てて注意する。IP はそれに反抗するという状態だったとのこと。
　スーパーヴァイジーの見立て・方針は，父は助けにならず，母親，IP とも

かなり危険な状態にあり，また，祖父母の問題にも巻き込まれている可能性が高く，家族，学校ともお手上げの状態であること，IPは行為障害の疑いがあるとのことであった。危機介入としてIPを家族・学校から離した方がよいのではないかという意向をもっていた。

スーパーヴァイザーを含めた参加者の討議の結果，このケースにおける「危機を促進している事件の重大さ」「当事者たちの不安，ストレスの大きさ」「当面の問題に対する有効な対処法の欠如」といった危機介入の「緊急性」と「脅威」が揃っており，児童・思春期精神科への入院を勧めることが適切ではないかということになった。

前半（1～4回目）のセラピー経過の概要

セラピストは，スーパーヴィジョン直後に父母面接を行い，IPの入院を勧めた。父母は，そのアドバイスにほっとした様子で同意。すぐさまセラピストの知り合いの医者のいる病院へリファー。

医者の見立てと方針は，行為障害の疑いはあるが，家族歴から推察してIPの「育て直し」の必要性も考慮する。当面，IPの刃物を振るう暴力の危険があり，また，母親の養育態度を含めて家族の対応にも限界があると判断されるので，IPを一時入院させる。精神科医，看護婦がIPの育て直しの視点からかかわり，親指導も適宜行うが，家族療法の視点から父母面接をカウンセラーに依頼する，というものであった。

IP入院後，セラピストは1/2Wの両親面接を行うことを提案したが，父親が多忙のため，隔回で母親のみ来談。セラピーの方針を，①家族内人間関係の理解の促進，②IPの養育方法の学習，としたと報告された。

スーパーヴィジョン以前，父母合同2回，母2回の面接で話されたことは，主としてIPと母親の対立とIPに対する父母の養育方針の食い違いについてであったとのこと。

IPと母親との対立の様子は，「小さいときは厳しくしても聞きわけがよかった」が，問題を起こし始めてから母親が我慢するようになり，小遣いやおもちゃなど要求されたことを断れなくなった。しかし，「一方的な要求を押しつけてくる」ので断ったり，注意したりすると激しく反抗する。それを厳しく叱ると，「ものは飛んでくるし，刃物を持ち出すし」で，どうしたらよいかわからなくなる。また，IPは，祖母が祖父の機嫌を損ねないためにIPの要求を何で

もきくのを承知していて,祖母に甘えてわがままを通す。祖母は両親に隠れて言われるままに小遣いを与え,母が注意すると「もう来るな」とIPに八つ当たりする。母はIPの怒りを買うのも,祖父に暴れられるのも困るので,祖母に文句を言うこともできない。

母親だけの来談時には,幼い頃,祖父(母の父)に折檻され,辛くて布団をかぶって泣いていたこと,舅も飲むと荒れるので姑は怒らせないように柔順に従っていること,夫はあまり話をせず,日頃はおとなしく,引っ込んでしまう方だが,切れるとIP同様暴力を振るうこと,などが話された。母親はIPが外泊で帰宅するときのことを早くから心配する。父母のIPへの対応についての意見のくい違いは,食事,小遣いの与え方,しつけなどについて起こる。父がたまにIPの要求を断ると,要求が母に向かうので,母は「むかつき」父に文句を言うとのこと。実際の面接場面では,意見が対立してギクシャクしそうになると,父親が引っ込み,母親がいら立って怒りをぶつけることがみられたとのこと。

セラピストは,「引っ込んで依存的になっている父と,イライラしながら支配的に世話している母」と描写し,IP外泊までの父母面接の目標を父母の具体的なIPへの対応法にしぼって援助してきた。IPの要求への対応は「父母が話し合ってどこまで受け入れるかを決めるように」。決めたことは「父が言葉できちんと伝える」また「IPに父母の怒りをぶつけて,IPの怒りを引き出さないように」。これは病院での面会時にも練習するよう助言。土・日の外泊前には,IPに父親と一緒にやりたいことのリストをつくらせ,父のできるものを一緒にするよう,また,父母でIPにつき合う時間をできるかぎり分担するようにアドバイスしたとのことである。

質疑・問題点の提起・スーパーヴィジョン(2回目)

外泊を前にした経過の検討を行った。グループで出された主な質問は,父母面接におけるやり取りの実際,病棟におけるIPの様子,面接の目標をIPへの具体的対処法に絞った理由であった。

父母のやり取りについての具体例では,母は「好き嫌いを言わせずなんでも食べさせるべき」と言うと,父は「食が細い子なのだから,好きなものを食べさせた方がいい」と反論する。家庭での例として,IPがおもちゃを壊したとき,母は「また買えばいい」,父は「買う必要はない」となるので父とIPの対

立となる。結果は，断りきれず買うことになって，母が「イライラしてそのことにまた口をはさみたくなる」とのこと。母は「父親がビシッと叱って，父親としての役割を果たすべき」と責める。父は，「仕事が忙しくて，子どもに接する時間はないし……」と歯切れ悪く答える。

病棟における IP の様子については，落ち着きがなく動き回ったり，関心や注目が注がれないと怒鳴ることもあるが，大きなトラブルもなく過ごしているとのこと。医者と看護婦の観察からは，評価されることに敏感で，自信がない様子で，多少の甘えを認めながら，現実的対応の仕方をていねいに教えていくようにしているとのこと。他の子どもにチョッカイを出したりすることはあるが，看護婦がきちんと話すと非を認めるときもあり，徐々に落ちついて来ているとのこと。

セラピーの目的を父母の IP への具体的対応にしぼったことについては，第一に，新学期が始まるに当たり，学校から IP を学級に返すことの相談があり，それに備えるため外泊を成功させたいこと。また，IP には衝動のコントロール，社会性などが育っていない部分があった。しかし，日常性を離れた入院という守られたところでの落ち着きではあるが，周囲の対応によって成長している様子が認められるので，父母の対応能力の向上が先決と考えたとのことであった。

参加者の中からは，父母の意見の不一致が IP をめぐって頻繁に表面化していて，IP をはさんだ迂回連合，三角関係化が起こっている可能性があること，暴力の悪循環があることが指摘され，そのような家族状態の理解促進を図ることの必要性が提起された。また，IP は適応力のある子どもであり，行為障害というよりは情緒障害・未熟さに注目すべきではないかというスーパーヴァイジーの観測を支持する意見も述べられた。当面の介入は，IP 入院中の父母への心理教育的アプローチであり，具体例に則した訓練の方向性は適切であろうという感想も出された。また，学校との連携をとり，IP の受け入れ態勢の準備が必要であろうということになった。

すなわち，危機介入の第一段階としての「適切な社会的支援の提供」「ストレス状況の緩和」「援助的調整活動」の一部が行われており，緊急の事態は過ぎたと考えられた。しかし，退院を前にまだ「脅威」は残されており，父母教育をどこまで達成するかが大きな課題となるということになった。

外泊をはさみながらの後半（5～10回目）のセラピーの経週

報告は，外泊時のIPへの対応をめぐる父母の心理教育的アプローチの継続と学校との連携活動についてであった。

最初の土・日1泊の外泊では，IPは父と釣りに出かけたり，母の買い物につき合ったりして「聞きわけがよくなった」と父母。父母は落ち着いて対応し，妹も譲ったり，かばったりして，大きな問題はなく過ごす。2回目の外泊でも，近所の子どもたちが遊びに来たとき，以前のように妹を仲間はずれにすることもなく，トラブルも起こさなかった。しかし，母がIPを父に預けて買い物に出かけ，父が長時間IPの相手をすることになり，「外泊はうまくいっても，息子とのつき合いは疲れる」と父は面倒をみることに消極的になる。また，母が油断をして多少拒否的な態度をとると，相変わらず母に対してIPの怒りが爆発。「その場を父親は回避して，治めようとしない」と母は父を責め，IPが巻き込まれた父母の葛藤状況に大きな変化はない。

一方，母親面接の席では，実母に抱かれた記憶も思い出もないこと，幼児期の実父の暴力のこと，結婚後も舅姑のけんかが絶えず，怒鳴り声をきくのがたまらないことなどが語られる。ただ，3度目の外泊のとき，母の手伝いをしてくれたIPに，「初めて憎らしいだけでなく可愛いと感じた」と肯定的な気持ちを語る一方で，妹の方は初めから可愛いのに自分がIPを嫌うのは，両方の父親（実父と舅）と夫に通じるところがあるからではないかと内省的な揺れる思いを語るようになる。

病棟では，IPは入院中の子ども仲間の殴り合いのけんかに巻き込まれ，外泊禁止を受ける。実際は，IPは殴られる側になっており，むしろ他の殴られた子どものことを心配していたことがわかる。

およそ1カ月後には退院してもよいだろうとの医師からの連絡を受けているとのこと。

また，IPの入院中に校長と担任が替わり，学校からは，クラブ活動の試合に父母同伴で参加しないかとの誘いや，試験通学の申し入れがあった。父は躊躇するが，母が試合を見に出かけ，他の父母の温かい態度に触れて，心なごむ体験をする。母は，今の担任がいる間になるべく早く退院させたいと焦り，学校もその意志を示す。ただ，学校側は「子どもは悪くないのだが，親が問題だ」との見方をしている。

質疑・問題点の提起・スーパーヴィジョン（3回目）

　討議の主なテーマは，IPの退院の準備ができてきたことで，セラピストの学校への介入を含めて父母，学校，病院の協力体制を整えることと父母の葛藤解決と夫婦連合の確立であった。学校との対応へのアドバイスとしては，機能不全の家庭に育った親に対して，その言動を責めるのではなく，サポートすることの重要性を伝え，協力してもらうことであった。

　スーパーヴァイザーは緊急の危機が過ぎたこの時点での夫婦のセラピーでは，特に夫婦の癒し（破壊的権利付与の認容——Boszormenyi-Nazy & Krasner, 1986）の必要性を強調した。またこの家族には，父母の源家族の怒りが父母を迂回してIPに投影され，それをIPがまた父母や周囲に返しているといった多世代にわたる怒りのたらい回しがある。世代間境界を強化し，怒りのたらい回しを夫婦が止められるようになることが重要である。そのためには夫婦の内面を強化することが必要だが，それはまず，父母の心理的傷つきを癒すことから始まるだろうと伝えられた。

　母は自分の傷つきを癒されることで実父を許すことができるかもしれない。そのとき初めて，家族の悪者の位置から下りることができるのではないだろうか。特に，父がアルコール依存症の父（IPの祖父）の暴力をめぐる母姉ら5人の女性のおそらく受け身的な対応の中で，末っ子ながらただ一人の男性として頼られて生き抜く術としては，巧妙な回避しかなかったかもしれない。それを理解してくれる人は，おそらくこれまで，誰もいなかったのではないだろうか。父はIPの暴力には困惑しながらも，自分の役をIPに肩代わりしてもらっていることを無意識のうちに支持してはいないだろうか。その矛盾に気づき，アサーティブに自己表現できれば，母もIPもこれほど怒りを爆発させないですむかもしれない。

　一方，母は個人面接を受ける機会をもったことで，多少の気づきと癒しを得ているが，たまにしかセラピーに出席できず，セラピーの席では母に責められて悪者にされている父は，セラピーで得ることは少なかったのではないだろうか。

　次の段階の具体的危機介入は，心理教育的なものだけでなく，治療的なものの導入であろう。面接を3週に1回に減らしてでも，毎回夫婦がそろった形で行うことが必要だろう。それは父母の傷を癒すためにも，夫婦が多世代伝達のメカニズムを理解し，機能不全の家族構造を変えるためにも必要である。その

可能性を早急に見通して，IPの退院の準備を整えることが必要となるであろう。以上が，スーパーヴァイズのポイントであった。

おわりに

以上，簡単ではあるが危機介入事例のグループ・スーパーヴィジョンの経過を紹介した。危機介入には，危機状態のアセスメント，セラピー的調整活動の計画，調整活動の実施といった三つの段階があり，危機介入終了の目安は，当事者の新たな対処機制の確立が日常生活の一部になっていることである（Aguilera & Messick, 1974）。その意味で本ケースは最終段階が残されていることをつけ加えておく。

文　献

1) Aguilera, D.C. & Messick, J.M.：*Crisis Intervention；Theory and Methodology*(2nd Ed.). C.V. Mosby, 1974.（小松源助，荒川義子訳：危機療法の理論と実際——医療・看護・福祉のために．川島書店，1978.）
2) Boszormenyi-Nazy, I. & Krasner, B.R.：*Between Give and Take；A Clinical Guide to Contexual Therapy*. Brunner/Mazel, 1986.
3) Friedman, D. & Kaslow, N.J.：（心理療法における専門家としてのアイデンティティの発達——スーパーヴィジョン・プロセスの6段階．）Kaslow, F.(Ed.) *Supervision and Training: Models, Dilemmas, and Challenges*. Haworth Press, 1986.（岡堂哲雄，平木典子訳編：心理臨床スーパーヴィジョン．誠信書房，1990.）
4) Holloway, E.L.：*Clinical Supervision；A Systems Approach*. Sage, 1995.

あとがきに代えて
──変われないことを受け容れること──

　その面接は,「家族療法を試みてはどうか」という主治医の勧めによりリファーされた16歳の娘をもつ父母面接から始まった。娘は小学校の後半からほとんど拒食状態で入院し,中学を院内学級で卒業して引き続き入院治療していたが,長年の治療にもかかわらず栄養食のドリンクも密かに捨てるという状態が続いていた。母親は,完全看護であるにもかかわらず娘の食行動を見守るべく週に数日は病室に泊り込み,夜中かかってドリンクを飲む娘につき合い,朝帰宅する生活をしていた。父親は,有能なサラリーマンであったが,家族のためにはできる限りのことをするのが男の務めという強い信念の持ち主で,一言も愚痴をこぼすことなく,妻と娘の生活を見守り,支えていた。

　おそらく「家族療法とは何か」も知らずに,万策尽きた思いと,それでも娘のためにはなんでもする気概で来談したかにみえた夫妻は,途方にくれた面持ちで5年に及ぶ娘の長い経過を語った。初日から終結まで一貫して変わることのなかった父母の態度の特徴は,淡々とした語りの中にうかがえるわが道を行く父親の信念の強さと,娘の問題で困惑しているものの,その行動力には,自信に満ちたエネルギーが感じられる母であった。カウンセラーはそこにこの家族の凝集性と動機づけの高さを感じ取ると同時に,娘の大変さを想像したことを覚えている。

　初回,カウンセラーは,家族そろって力を尽くしてきたことへの感嘆と,力を注ぐ方向を少し変えることが必要かもしれないことを次に考えたいと伝え,娘には「家族療法に父母で出かけたら,カウンセラーから父母が仲良いことに感心したことと,医者からOKがでたらTさんにも会いたいこと」を伝えてほしいと言って終わった。

　それから月1回の父母面接を4回した頃のこと,娘が週末の外泊を認められ,帰宅していたとき,この家族にとって大きな出来事が起こった。娘はまだまったく固形のものを食べる状態ではなかったのだが,驚いたことに,父親が食べていた豆の煮物を「一つ食べようかな」と言って食べたのである。そして間も

なく，娘は病院からの外出許可をもらって父母とともに面接に現れ，そのときのことを「そろそろ食べようかなと思っていたときだったから」と言うのだった。透き通るような色白の顔色で，ほとんど表情を変えることなく「幼い頃から母親に言われたことを守ってやってきたが，言われた通りしても認められず，一方母親は人に言うようにはやっていない」ことなどを批判的に語った。それに対して，母親は「誰も完璧にはできないの」と言い，幼少期の厳しさを「わるかった」と謝りながらも，どこか悪びれる様子もなく，他方父親は，妻の言行不一致を認めてはいるものの，母親をとがめることもなく，ただ娘の気持ちがわからないことに困惑していることを訴えていた。

その後，娘は2カ月に1回ぐらいの割合で父母に同行して面接に来るようになった。詳細は省くが，その後の回復は早く，波はありながらも徐々に野菜，果物，スープ，ご飯と食するようになり，退院にこぎつけ，何年ぶりかの家での生活が始まった。しかし，食べようと思えばほとんど何でも食べられるほどになったとき，嘔吐が始まった。その後2年ほどの経過は，以下に簡単にまとめて，この家族から学んだことに移ろう。

娘が，幼いときの母親の口うるささと身勝手さについて感情を込めて涙ながらに語れるようになり，そのときの気持ちをわかってもらいたいと訴えることが増えていくにつれ，父母は自分たちの意図とはまったく違ったところで，娘が受けていた影響に気づき，あらためて娘の寂しさやつらさを理解し，驚きをもって受け容れるようになっていった。

また娘は，父母がそれぞれまったく内容は異なりながらも，青年期まで厳しい生育歴を持ってきたことを聴き，父母が互いに支え合い，自分を愛情もって厳しく育てた気持ちを共有するに及んで，かなり自由に話し合いができるような関係になっていった。

しかし，このような受容の関係が進むにつれ，お互いに激しく応酬し合う場面も増えた。家庭ではもちろん，面接の場でも，母と娘が何かにつけお互いに激しく「あなたは私のことをわかってない」と言い争う場面が増え，娘の一日5回の嘔吐は「わが家のストレスゆえ」という理由で，相変わらず続いたのである。それまで父母の強さをただ受け止め，語ることなく耐えてきた娘が，父母から受け継いだかとも思える芯の強さでぶつかるようになったとき，母親はだんだん娘の怒りに触れぬようこれまでの堂々とした言動を控えるようになっていた。

そんなある日の面接の場で，娘が母親の言動の理不尽さを鋭く指摘したとき，母親が「どんなに努力しても，あなたの批判を受けてしまう。もうどうしたらよいかわからないんです」とカウンセラーを見ながら訴え，泣き崩れたのである。しばらくの沈黙の後，娘は「前から思っていたが，お母さんはこれ以上変われないんだ」とぽつりと言ったのである。母親は何も言わなかった。父親は娘を見つめて「みんなそうなの」と言い，静かな沈黙が流れた……。

人々が関係の中で変われないことをお互いに認め，受容する瞬間に出会うことはそれほど多くはない。人が他者とともに生きようとするとき，多くの関係療法の中では，相手に合わせ，妥協し，協働するために変わろうとする。

この家族は，エネルギッシュで，真摯な取り組みをし続け，それゆえにこそ自分と他者を変える努力をギリギリまでし続けようとしたのであろう。もっともエネルギーのある母親がそれに行き詰まったとき，「自分はもうこれ以上変われない」と叫びをあげ，そうすることによって自分自身を受容した。それを見ていた娘は，初めて変われないものを持つ人の存在を知り，静かに受けとめる体験をしたのではないだろうか。娘のその態度は，その家族の大きな転機となった。時に娘は「そんなお母さんは好きではないが，しょうがない」と，ふざけて言うようになり，以来，決して止めようとしなかった嘔吐を「できるものなら止めたい」と言うようになった。

この家族は，人というのは，時に簡単に変わることもできるが，逆に納得できない変化や安易な受容はしないこともおしえてくれたと思う。

初出一覧

カウンセリングの話　書き下ろし
統合的心理療法　書き下ろし
家族臨床：私の見立て　家族療法研究19巻2号　2002
カウンセラーにおけるジェンダーの問題「隠された家族病理」家族心理学年報18　2000
アサーション・トレーニングの理論と方法　「対人スキルのトレーニング」現代のエスプリ
　　293　至文堂　1991
カウンセラーからみたしつけ　「精神療法家からみたしつけ」　精神療法27巻3号　2001
カウンセラーとクライエントの間隙　カウンセラーの悩みと生きがい　川島書店　1990
家族の問題とカウンセリング　季刊精神療法10巻3号　1984
家族療法の過程と技法　家族心理学年報3　1985
家族ロールプレイⅠ　家族心理学研究3巻1号　1984
家族ロールプレイⅡ　家族心理学研究6巻1号　1989
個人心理療法と家族療法の接点「個人セラピィと家族療法の接点」家族心理学年報1　1983
家族の発達課題とカウンセリング「一女子学生の同棲をめぐって」家族療法の理論と実際1
　　星和書店　1986
摂食障害とカウンセリング　現代のエスプリ254　至文堂，に加筆
家庭内暴力のカウンセリング　思春期・青年期の臨床心理学　駿河台出版社　1994
夫婦面接，その留意点・工夫点　ケース研究262　家庭事件研究会　1999，に加筆
危機介入事例のカンファレンスとスーパーヴィジョン　家族心理学年報17　1999
あとがきに代えて——変われないことを受け入れること　精神療法28巻1号　2002

■著者略歴
平木典子（ひらき　のりこ）
1959年　津田塾大学学芸学部英文学科卒業
1964年　ミネソタ大学大学院修士課程修了（MA）
立教大学カウンセラー，日本女子大学教授，跡見学園女子大学教授を経て
現在，東京福祉大学大学院教授

著書：
「家族カウンセリング入門」安田生命社会事業団
「家族との心理臨床」垣内出版
「新版カウンセリングの話」「カウンセリングとは何か」朝日新聞社
「アサーション・トレーニング」「自己カウンセリングとアサーションのすすめ」
「カウンセラーのためのアサーション」金子書房，
「図解自分の気持ちをきちんと〈伝える〉技術」PHP研究所他，多数。

カウンセリング・スキルを学ぶ
個人心理療法と家族療法の統合

2003年9月20日　発行
2007年12月20日　3刷

著者	平木	典子
発行者	立石	正信

発行所　株式会社 金剛出版
印刷 新津印刷　製本 河上製本
〒112-0005　東京都文京区水道1-5-16
電話 03-3815-6661　振替 00120-6-34848

ISBN978-4-7724-0787-8 C3011　　　Printed in Japan　©2003

心理療法の統合を求めて

ポール・ワクテル著／杉原保史訳
Ａ５判　510頁　定価（本体6,800円＋税）

　本書は精神分析，行動療法，家族療法，それぞれの理論的基礎を精力的に検討することを通して，新しい統合的な治療理論を描き出し，米国で高い評価を得た名著である。精神分析的・心理力動的な心理療法と行動療法との統合が探究され，ワクテルによる実践的な成果として，「循環的心理力動的アプローチ」が詳しく提示されている。さらに，具体的に臨床場面における治療者の言葉，心理療法的視点の社会問題への適用といった幅広い話題が扱われている。

機能分析心理療法
徹底的行動主義の果て，精神分析と行動療法の架け橋

Ｒ・Ｊ・コーレンバーグ，Ｍ・サイ著／大河内浩人監訳
Ａ５判　250頁　定価3,990円

　FAPは，「第三世代（認知行動療法の次の世代）の行動療法」の中心的存在である。そして本書は，その創始者であるコーレンバーグとサイが自ら，彼らだけで書き下ろした最初の本格的な理論書であり，詳細な治療マニュアルガイドラインである。ここでは，これまでもっぱら精神分析学派が貢献をしていた重篤な自己の障害を取り上げるとともに，スキナーを源流とする行動分析を徹底的に追究した果てに，FAPが精神分析と最新の行動療法との間隙を埋めるユニークなアプローチになっていることが例証している。

説得と治療：心理療法の共通要因

Ｊ・Ｄ・フランク，Ｊ・Ｂ・フランク著／杉原保史訳
Ａ５判　380頁　定価5,670円

　本書は，心理療法が共有する有効成分は何なのかという，心理療法における永遠のテーマを扱った名著の待望の邦訳である。心理療法のみならず，幅広い範囲の治療的・説得的活動であるシャーマニズム，聖地への巡礼，信仰復興運動，カルトによるマインド・コントロール，思想改造，プラシーボ投与なども検討される。本書においては，心理的プロセスと身体的プロセスの相互作用にも相当の注意が払われており，身体疾患に対する心理的な治療についても多くの紙数を割いて考察。その斬新な心理療法観はこの領域に重要な議論を刺激するものとなっている。

（価格は税込（５％）です）

心理療法・失敗例の臨床研究
その予防と治療関係の立て直し方

岩壁　茂著
Ａ５判　284頁　定価4,200円

　本書は，そうしたさまざまな失敗について，その原因と回避，失敗に陥った後の解決法などを考えたものであり，セラピーの場で人と人が出会うということへの深い思索と，心理療法に対する新たな世界観の提言に，読者は勇気づけられるはずである。そして，心理療法の底流となる「基本となるもの」に気づかされるに違いない。心理療法の世界は，新しい時代に入ろうとしており，本書はその道標となるものである。学派を超えて，多くの読者に読んでもらいたい一冊である。

女性の発達臨床心理学

園田雅代・平木典子・下山晴彦編
Ａ５判　208頁　定価2,940円

　本書は，女性が生まれ，育ち，育て，老いてゆく中で，さまざまな時期によって立ち現われる女性特有の心身の変化と，その背後にあるこころの課題や葛藤を，生涯を通じた発達の視点から捉えている。そしてそこに必要な発達援助や心理臨床のアプローチについて，臨床心理学や発達心理学，精神医学などの立場から考え，多くの事例をもとに説いたものである。
　本書を通じ，読者は女性に関する種々の問題にジェンダーを介在させることで，それらの本質をより包括的な文脈に沿って捉える視点を得ることになるであろう。

喪失と悲嘆の心理療法
構成主義からみた意味の探究

Ｒ・Ａ・ニーマイアー編／富田拓郎・菊池安希子監訳
Ａ５判　340頁　定価5,040円

　本書は，愛する人を失った人への心理的援助（グリーフ・カウンセリング）について，構成主義とナラティヴ・セラピーの知見を取り入れ，さらに社会心理学的概念を援用しながら包括的かつ実践的に述べたものである。死別，喪失，悲嘆といった問題にかかわる心の専門家，愛する人を失った後の人生の変遷に向き合う遺族を支援する臨床心理士，カウンセラー，ソーシャルワーカー，緩和ケアやホスピスの専門職の人々が現場で使うことのできる臨床書。

（価格は税込（５％）です）

家族評価
ボーエンによる家族探究の旅
M・E・カー，M・ボーエン著／藤縄昭，福山和女監訳
Ａ５判　420頁　定価（本体6,800円＋税）

　本書は，ボーエンの「家族システムズ論」を弟子のカーが詳細に解説したものである。自然システム論から説き起こし，ボーエン理論の核心となる重要な概念を克明に検証した上で，家族の情動過程のメカニズムと臨床症状が世代を超えてどのように形成されるかを，簡潔な事例と多くの家族図を用いて解き明かしている。そして治療の基礎となる家族評価において，どのような情報を探求し解釈するかが詳述される。終章に付された，「探究の旅」と題する回顧と展望は，ボーエン理論を読み解く上で貴重なものであり，深い感動を与えるだろう。

心理療法と行動分析
ピーター・スターミー著／高山　巖監訳
Ａ５判　300頁　定価（本体4,500円＋税）

　本書は，児童・思春期，成人，その家族にかかわる諸分野，発達障害や老人，入院患者の精神保健，行動医学等あらゆる分野の臨床家のためにかかれたものである。行動療法の実践において最も重要な基礎となる機能分析（治療計画へつなげる診断手法）についての実践的な解説書として，概念やすすめ方，機能査定に用いる諸用具と中心的な技法，具体的事例，介入の焦点を問題行動にあてる構成主義的アプローチ，優れた関連論文の紹介等が総合的に詳しく紹介されている。

弁証法的行動療法実践マニュアル
境界性パーソナリティ障害への新しいアプローチ
マーシャ・M・リネハン著／小野和哉監訳
Ａ５判　302頁　定価4,410円

　「弁証法的行動療法」（Dialectical Behavior Therapy：DBT）の開発者マーシャ・M・リネハンが，この治療法の実践を，段階を追って詳述。さらに，患者たちと話し合うべきトピック，ドロップアウトや自殺的行動を防ぐためのコツやルールの設定など，治療上役立つ注意点についても丁寧に触れられている。また本書の後半は，患者に配る宿題シートや資料となっており，トレーニングに使いやすいように工夫がされた，極めて実用的な１冊。

（価格は税込（５％）です）

認知行動療法
下山晴彦編
A5判 252頁 定価3,360円

　本書では，まず認知行動療法の理論とその歴史的発展，最近の動向を概観した上で，導入の手続きから病態別の介入の実際，日本での臨床実践に基づいて発展してきたプログラムが詳述されている。
　メンタルヘルスの領域においてもっとも有効な介入方として広く用いられている認知行動療法について，必要な理論について深く理解できるだけでなく，第一線の治療者たちによる日本の臨床現場における認知行動療法の実際を知ることができる，理論と実践の橋渡しをする1冊である。

新訂増補 精神療法の第一歩
成田善弘著
四六判 200頁 定価2,520円

　精神療法家・成田善弘の出発点であり，かつ現在の姿をも示す名著，待望の復刊。本書では新たに現在の著者の思考が「補注」「付章」としてつけ加えられている。本書は限られた技法に焦点を当てるのではなく，「精神療法とは何か」を問い，いかにその第一歩を踏み出すかを示すものであり，変わることなく精神療法家の道標となりつづけるものである。本書は精神療法家を志す人のまぎれもない「第一歩」となるとともに，これまで著者の著作に慣れ親しんできた読者には，著者の思考の源流を辿るように読まれるだろう。

乳幼児精神保健ケースブック
フライバーグの育児支援治療プログラム
J・J・シリラ，D・J・ウェザーストン編／廣瀬たい子監訳
A5判 238頁 定価3,570円

　本書は，類いまれなる児童精神分析家にして乳幼児精神保健のパイオニア，セルマ・フライバーグの治療モデルを12の詳細な事例研究をもとに，心理，社会福祉，教育，看護，特別支援教育など多岐にわたる分野の執筆者が解説したものである。
　乳幼児-親関係性障害の評価，障害の予防や乳幼児の持つ回復力など，基礎的な理論をふまえた上で，乳幼児と家族との直接的な関わりや，専門職相互の治療的連携の臨床的方法など乳幼児支援の実際が，臨場感あふれる事例描写を通して詳述される。

（価格は税込（5％）です）

改訂増補 統合失調症患者の行動特性
昼田源四郎著　統合失調症の姿をわかりやすく解説し好評を得た初版に，国際障害機能分類の解説，現場での活用の可能性への考察を加えた改訂増補版。　3,780円

虐待サバイバーとアディクション
K・エバンズ，J・M・サリバン著　斎藤学監訳　白根伊登恵訳　多様な心理療法とAAアプローチを組合せ展開される統合的・実用的治療プログラム。3,780円

過食症サバイバルキット
シュミット，トレジャー著　友竹正人他訳　摂食障害患者が，治療のエッセンスを理解し，回復へと向かうのをサポートする，またとないガイドブック。2,940円

自傷行為治療ガイド
B・W・ウォルシュ著　松本俊彦他訳　豊富な実証的知見・臨床経験を基に，治療法をプラクティカルに解説した自傷行為治療の最良の治療ガイド。　3,990円

子どもたちとのナラティヴ・セラピー
M・ホワイト，A・モーガン著　小森康永・奥野光訳　子どもたちやその家族とのセラピーの実践とアイデアが惜しみなく盛り込まれた1冊。　2,730円

アノレクシア・ネルヴォーザ論考
下坂幸三著　著者の第一論文集を新装版で刊行。現在でも摂食障害を論じるときには必ず引用される著者の初期主要論文がここに集大成されている。　7,140円

精神分析的精神療法セミナー[技法編]
高橋哲郎著　精神分析的精神療法の新しい効果的な演習方法を公開。臨床実践の中で本当に使える技法と理論を学ぶことができる。　3,780円

パーソナリティ障害治療ガイド
J・マスターソン，A・リーバーマン編　神谷・市田監訳　著者らの長年の研究・臨床の成果に最新の臨床知見を加え，解説したBPD治療の入門書。　3,570円

臨床動作法への招待
鶴光代著　動作を通して援助を行っていく心理療法「臨床動作法」の入門書。わかりやすいイラストや写真，多彩な事例をもとに，具体的に解説する。3,360円

臨床心理学ノート
河合隼雄著　臨床心理学を実践と理論が結びついた世界として確立した著者が，一臨床家としての実際的にして実践的な論考をまとめた。　2,000円

学校臨床のヒント
村山正治編　実践に不可欠な知識やヒントをキーワードとして73にしぼり，ガイドとしても用語集としても使える学校教職員・心理職必携の一冊。　3,360円

DV被害女性を支える
S・ブルースター著　平川和子監修・解説　和歌山友子訳　DV被害女性を支えるために必要な原則をわかりやすくまとめたガイドブック。　2,730円

医療心理学実践の手引き
乾吉佑著　医療現場に力動的心理療法の視点を導入し，よりよい支援の方法が具体的に示されている。医療現場にかかわるすべての人に必読の一冊。3,150円

犯罪心理臨床
生島浩・村松励編　臨床現場の主要な問題・アプローチを網羅し，臨床の知見が凝集した，専門家のための実践ガイドブック。　3,780円

抑うつの精神分析的アプローチ
松木邦裕・賀来博光編　5つの臨床論文を通して，「抑うつ」からくるさまざまな症状，そしてその背景にあるこころの葛藤が理解される。　3,780円

臨床家のための家族療法リソースブック
日本家族研究・家族療法学会編　学会の総力を結集して，家族療法の歴史・展開・臨床的な広がりをコンパクトにまとめ，歴史的・基礎的文献を紹介。4,200円

（価格は税込（5％）です）